Verfassungsrechtliche Bewertung des gesetzlichen Ausstiegs aus der Kernenergie

Europäische Hochschulschriften Recht

European University Studies in Law

Publications Universitaires Européennes de Droit

Band/Volume 6675

Ines Sabine Wacht

Verfassungsrechtliche Bewertung des gesetzlichen Ausstiegs aus der Kernenergie

Dargestellt unter besonderer Berücksichtigung von Vertrauensschutz bei politisch motivierten Strategiewechseln des Gesetzgebers

PETER LANG

Bibliografische Information der Deutschen Nationalbibliothek
Die Deutsche Nationalbibliothek verzeichnet diese Publikation in der Deutschen Nationalbibliografie; detaillierte bibliografische Daten sind im Internet über http://dnb.d-nb.de abrufbar.

Zugl.: Trier, Univ., Diss., 2021.

Gedruckt auf alterungsbeständigem, säurefreiem Papier.
Druck und Bindung: CPI books GmbH, Leck

D 385
ISSN 0531-7312
ISBN 978-3-631-85564-5 (Print)
E-ISBN 978-3-631-86019-9 (E-PDF)
E-ISBN 978-3-631-86020-5 (EPUB)
E-ISBN 978-3-631-86021-2 (MOBI)
DOI 10.3726/b18638

Diese Publikation wurde begutachtet.

www.peterlang.com

Vorwort

Die vorliegende Arbeit wurde im Wintersemester 2020/21 vom Fachbereich Rechtswissenschaft der Universität Trier als Dissertation angenommen. Entstanden ist sie in meiner zweijährigen Zeit als wissenschaftliche Mitarbeiterin an der Universität Trier zwischen April 2018 und März 2020.

Mein herzlicher Dank gebührt all jenen, die mich bei meinem Promotionsvorhaben und generell auf dem Weg meiner persönlichen Entwicklung unterstützt, gefördert und geprägt haben. Insbesondere bedanke ich mich bei meinem Doktorvater *Herrn Prof. Dr. Timo Hebeler* für die wertvolle Übernahme der Betreuung des Dissertationsvorhabens. *Frau Prof. Dr. Birgit Peters* danke ich für die rasche Erstellung des Zweitgutachtens. Für die Durchsicht des Manuskripts und kritische Hinweise danke ich meinem Vater *Armin Wacht*, *Vanessa Bauer* sowie *Anne Allar* und *Daniel Nebenführ*.

Einen großen Dank geht zudem an meine Freunde und meine Familie. Allen voran danke ich meinen Eltern, *Armin* und *Inge Wacht*, für ihre bedingungslose Unterstützung. Die Disziplin meines Vaters hat meinen Charakter ebenso stark geprägt wie das Verständnis meiner Mutter von den „Dingen des Lebens“. Ihnen ist diese Arbeit in Liebe und Dankbarkeit gewidmet.

Zu guter Letzt gilt mein Dank dir, lieber *Patrik*. Deine stets ermutigenden Worte haben mich so manchen Zweifel überwinden lassen. Deine eigene berufliche Ausdauer, Entschlossenheit und Beharrlichkeit werden mir immer zum Vorbild sein.

Trier, im Mai 2021
Ines Sabine Wacht

Inhalt

Abkürzungsverzeichnis

a.A.	andere Ansicht
a.a.O.	am angegebenen Ort
ABl.	Amtsblatt der Europäischen Union
Abs.	Absatz
aF	alte Fassung
AO	Abgabenordnung
Art.	Artikel
AtomG	Atomgesetz
Aufl.	Auflage
Bd.	Band
Beil.	Beilage
Beschl.	Beschluss
BGBl.	Bundesgesetzblatt
BGH	Bundesgerichtshof
BGH	Bundesgerichtshof
BMWi	Bundesministerium für Wirtschaft und Technologie
BR	Bundesregierung
BT	Bundestag
BT-Drs.	Bundestag Drucksachen
BVerfG	Bundesverfassungsgericht
BVerfGE	Entscheidungen des Bundesverfassungsgerichts
BVerwG	Bundesverwaltungsgericht
d.	der/des
ders.	derselbe
ders.	derselbe
dies.	dieselbe
EStG	Einkommenssteuergesetz
EU	Europäische Union
EuGH	Europäischer Gerichtshof
EuZW	Europäische Zeitschrift für Wirtschaft
EVU	Energieversorgungsunternehmen
f.	folgende
ff.	fortfolgende
FS	Festschrift
GG	Grundgesetz

h.M.	herrschende Meinung
HStR	Handbuch des Staatrsrechts
Insb.	insbesondere
Jg.	Jahrgang
nF	neue Fassung
Nr.	Nummer
NVwZ	Neue Zeitschrift für Verwaltungsrecht
NVwZ-RR	Neue Zeitschrift für Verwaltungsrecht, Rechtsprechungsreport
OLG	Oberlandesgericht
RdE	Recht der Energiewirtschaft
Rn.	Randnummer
S.	Seite
SachsRettDG	Sächsisches Rettungsdienstgesetz
st. Rspr.	ständige Rechtsprechung
str.	streitig
TWh	Terawattstunden
u.a.	unter anderem
Urt.	Urteil
v.	von/vom
vgl.	vergleiche
z.B.	Zum Beispiel
Ziff.	Ziffer
zw.	zwischen

A. Einführung in die Thematik

I. Einleitung

Der Ausstieg aus der friedlichen Nutzung der Kernenergie zur Stromgewinnung ist einer der komplexesten Vorgänge in der jüngeren deutschen Rechtsgeschichte. Neben seiner Bedeutung für eine umweltverträgliche Zukunft Deutschlands, ist die Eile, mit welcher der Gesetzgeber das Schicksal eines ganzen Wirtschaftsbereichs änderte, bislang einmalig. Dieser mit dem Schlagwort »Atomausstieg« paraphrasierte Wandel der deutschen Atompolitik vollzog sich in mehreren Phasen, die jeweils eigene verfassungsrechtliche Probleme aufwerfen. Im Kern wurde die gewerbliche Nutzung einer Technologie für die Zukunft ausgeschlossen, die seit 40 Jahren Bestand hatte. Im Jahr 2002 wurde hierzu erstmals die energiepolitische Weichenstellung[1] vorgenommen. Die folgenden Jahre zeichnen sich jedoch weniger durch Konstanz als durch zum Teil abrupte Richtungswechsel aus. Bereits im Jahre 2010 wurde das bestehende Ausstiegskonzept verworfen und die Laufzeiten der Kraftwerke verlängert,[2] um sie nur ein paar Monate später unter dem Eindruck der Atomkatastrophe von Fukushima erneut zurückzunehmen und einen noch ambitionierteren Ausstiegsfahrplan zu schmieden.[3] Dieses ständige Steuern und Nachsteuern auf dem Gebiet der Kernenergie führte immer wieder zu neuen gesetzlichen Rahmenbedingungen für die Energieversorger. Das plötzliche Verwerfen der einst getroffenen Grundsatzentscheidung, den Wirtschaftsbereich zu fördern beziehungsweise ermöglichen zu wollen, verunsicherte die Investoren. Diese Strategiewechsel sind umso problematischer, weil der Gesetzgeber sie aufgrund einer geänderten politischen Wertung anstatt aufgrund neuer Erkenntnisse oder Gefahren für das Gemeinwohl vollzog. Das Vertrauen der Bürger in die wirtschaftliche Freiheit im Staatsgefüge und in einen technologieoffenen Staat wurden hierdurch auf eine harte Probe gestellt.

Angesichts dessen ist es das Anliegen der vorliegenden Arbeit, den gesetzlichen Ausstieg aus der Kernenergie einer verfassungsrechtlichen Bewertung zu unterziehen. Es soll geklärt werden, welche Grenzen dem Gesetzgeber bei

1 Gesetz zur geordneten Beendigung der Kernenergienutzung zur gewerblichen Erzeugung von Elektrizität v. 22.04.2002, BGBl. I S. 1351 (2002).

2 11. Gesetz zur Änderung des Atomgesetzes v. 08.12.2010, BGBl. I S. 1814 (2010).

3 13. Gesetz zur Änderung des Atomgesetzes v. 31.07.2011, BGBl. I S. 1704 (2011).

der Vornahme politisch motivierter Strategiewechsel gesetzt sind. Besonderes Augenmerk wird dabei auf die bereits angedeutete zeitliche Komponente gelegt. Aufgrund der mitunter plötzlichen und unerwarteten Kehrtwenden des Gesetzgebers ergeben sich verfassungsrechtliche Problemstellungen, die einer sorgfältigen Nachschau auch im Hinblick auf zukünftige „Ausstiege" bedürfen. Dies gilt umso mehr als im Bereich der Umwelt- und Energiepolitik eine Tendenz des Gesetzgebers erkennbar ist, abrupte Strategiewechsel zu vollziehen. Die Gründe hierfür sind vielfältig und daher nur schwer eingrenzbar. Im Wesentlichen lässt sich diese Tendenz wohl auf die mit dem Regelungsgegenstand verbundene Zeitnot und den mangelnden gesellschaftlichen Konsens hinsichtlich der Art und Weise der Energiewende zurückführen. So sieht sich der Gesetzgeber zum einen aufgrund der Dringlichkeit des Handlungsbedarfs zum Zweck des Umwelt- und Klimaschutzes häufiger zu abrupten Eingriffen gezwungen. Insbesondere lassen eine Verkürzung zeitlicher Intervalle auf eine verdichtete Regulierungsbereitschaft schließen. So bedürfe es zur Einhaltung der völkerrechtlichen Vereinbarung aus dem Pariser Abkommen drastische Maßnahmen, um das darin selbstgesteckte Klimaschutzziel, die durch Treibhausgase verursachte Erderwärmung bis 2100 auf 1,5 Grad Celsius gegenüber vorindustrieller Zeit zu beschränken, rechtzeitig zu erreichen.[4] Zum anderen bedeuten Nachhaltigkeit und Ressourcenschonung für viele Wirtschaftsbereiche, dass die dort verwendeten Technologien umgestellt und Produktionsabläufe angepasst werden müssen. Das Unternehmensziel der Gewinnmaximierung sieht sich durch diesen Transformationsprozess gefährdet. Dies führt unweigerlich zu Konflikten in der Gesellschaft. Der Gesetzgeber findet sich allzu oft in einem Schlingerkurs zwischen dem gesellschaftlichen Wunsch nach Wirtschaftlichkeit und Nachhaltigkeit wieder. Mangels eines gesellschaftlichen Grundkonsenses über den Weg zur Verwirklichung einer umweltverträglichen Zukunft leidet daher insbesondere die Energiewende an politischen Strategiewechseln des Gesetzgebers.

Dabei ist bei der rechtlichen Analyse das folgende Spannungsgefüge omnipräsent: das Verhältnis zwischen dem individuellen Bestandsinteresse des Einzelnen am geltenden Recht und dem kollektiven Änderungsinteresse des Gesetzgebers. Immer dann, wenn der Gesetzgeber von seinem Recht und seiner Pflicht zur Regulierung von Wirtschaftsbereichen Gebrauch macht, stellt sich die Frage nach dem Investitionsschutz der Unternehmer, die auf die bis dahin geltende Rechtslage und deren Fortwirken in die Zukunft vertrauten. Es stehen

---

4 *IPCC*, Summary for Policymakers in: Global warming of 1.5°C, 2018, Figure SPM. 1, Page 8, abrufbar unter https://www.ipcc.ch/sr15/, zuletzt abgerufen am 05.05.2020.

das Interesse des Gesetzgebers an der zügigen (Neu-)Regulierung einer wirtschaftlichen Tätigkeit zu öffentlichen Gemeinwohlzwecken und den privatwirtschaftlichen Interessen der Marktteilnehmer gegenüber.

Ziel ist es, die Entwicklung der Kernenergie sowie das diese tragenden Rechts im Rückblick zu würdigen, um hieraus mögliche Lehren für das Verhältnis zwischen der gesetzgeberischen Handlungsfreiheit und den individuellen Abwehrrechten insbesondere dem Investitionsschutz des Einzelnen zu ziehen. Anlass zu dieser rückblickenden Gesamtschau bietet insbesondere das Urteil des Bundesverfassungsgerichts vom 6. Dezember 2016[5]. Das Gericht entschied über den beschleunigten Ausstieg aus der Kernenergie durch die 13. AtomG-Novelle vom 31. Juli 2011, indem es vorerst einen Schlusspunkt unter die turbulente Geschichte der Kernenergie setzte und das Ende der Kernenergienutzung in Deutschland nun auch verfassungsrechtlich besiegelte. Gleichzeitig lieferte die Entscheidung des Gerichts der juristischen Literatur weiteren Zündstoff. Fest steht, dass die Entscheidung des Bundesverfassungsgerichts einen Meilenstein in Bezug auf das Verständnis verfassungsrechtlichen Eigentums- und Investitionsschutzes bildet. In Anbetracht seiner Bedeutung für das deutsche Verfassungsrecht ist es ein zentrales Anliegen dieser Arbeit, die Entscheidungsgründe aufzuarbeiten und die Folgen der Rechtsprechung des Bundesverfassungsgerichts im Kontext gesetzgeberischer Strategiewechsel zu bewerten.

II. Einordnung, Abgrenzung und Gang der Untersuchung

Die rechtlichen Probleme, die sich im Bereich der wirtschaftlichen Nutzung der Kernenergie in den letzten Jahren ergeben haben, sind äußerst vielfältig. Umso wichtiger ist es, den Kreis der vorliegend behandelten Probleme exakt zu bestimmen und von denjenigen, die keinen Eingang in die Arbeit finden konnten, abzugrenzen.

Kaum eine Technik löste in der Geschichte Deutschlands ähnliche Kontroversen aus wie die Kernenergie. Seit jeher teilt sich die gesellschaftliche Meinung diesbezüglich in zwei Lager: In diejenigen, die in der Kernenergie einen wirtschaftlichen Nutzen sowie technischen Fortschritt sehen und jene, die sie aufgrund ihrer Risiken für Mensch und Natur ablehnen. Angesicht dieses fortwährenden Dissens verwundert es nicht, dass die Gesetzgebung im Bereich der Kernenergie im Laufe der Jahre erhebliche Kehrtwenden je nach politischer Mehrheit erfahren hat. Die maßgeblichen politischen Ereignisse werden

---

5 BVerfGE 143, 246.

nachstehend erörtert (A.III.). Es wird jedoch stets versucht, die Bedeutung des Atomausstiegs für das deutsche Verfassungsrecht abseits der politischen Kontroverse zu untersuchen. Eine erneute Darstellung der Argumente der oben genannten Lager soll nicht stattfinden.

Mit dem Atomrecht verbunden, aber nicht Gegenstand der vorliegenden Arbeit, ist außerdem die verfassungsrechtliche Beurteilung der Kernbrennstoffsteuer mit Gesetz vom 8. Dezember 2010[6] sowie die weiterhin ungelösten Problematiken der Zwischen- und Endlagerung von atomarem Müll und des Rückbaus der Kernkraftanlagen.

Der Fokus dieser Arbeit liegt auf der verfassungsrechtlichen Bewertung der *gesetzlichen* Beendigung der wirtschaftlichen Nutzung der Kernenergie. Da das Gesetz für den Staat als vorzugswürdiges Mittel seiner Gewalt dient, befasst sich diese Arbeit ausschließlich mit den jeweiligen Gesetzesänderungen des Atomrechts. Zwar wurde der Ausstieg auch durch verwaltungsrechtliche Mittel bewirkt, allerdings bildeten das Ausstiegsgesetz aus dem Jahre 2002 und die 13. AtomG-Novelle aus dem Jahre 2011 die zentralen Instrumente zur Anordnung und Abwicklung des Atomausstiegs. Das dreimonatige Atom-Moratorium der Bundesregierung vom 16. März 2011 wird dementsprechend keiner verfassungsrechtlichen Bewertung unterzogen.

Zentraler Schwerpunkt bei der verfassungsrechtlichen Beurteilung des Atomausstiegs ist der Investitionsschutz der Energieversorgungsunternehmen. Bevor jedoch auf diesen konkret eingegangen werden kann, bedarf es einer Darstellung und Analyse der rechtlichen Maßstäbe, an denen sich der Gesetzgeber bei der Vornahme eines solchen Strategiewechsels messen lassen muss.

Als erstes wird daher untersucht, ob das Grundgesetz dem Gesetzgeber Vorgaben hinsichtlich seiner Energiepolitik setzt (B.). Es bedarf der Klärung darüber, ob der Gesetzgeber bei seiner Entscheidung über den Atomausstieg bereits durch energiepolitische Belange mit Verfassungsrang gebunden war.

Sodann folgt unter C. eine kritische Auseinandersetzung mit dem verfassungsrechtlichen Grundsatz des Vertrauensschutzes. Es wird untersucht, inwieweit Änderungen des bestehenden Rechts aus Vertrauensschutzgründen Grenzen gesetzt sind und welche Maßstäbe an die Verhältnismäßigkeit eines gesetzlichen Strategiewechsels gelegt werden müssen. Die Qualität des Vertrauensschutzes wird insbesondere vor dem Hintergrund der Rechtsprechung des Bundesverfassungsgerichts zur Rückwirkung analysiert und auf Schutzlücken hin untersucht.

6 BGBl. I S. 1804 (2010).

Besondere Aufmerksamkeit erfährt außerdem der aus den Grundrechten abgeleitete Vertrauensschutz.

Ziel ist es, einen verfassungsrechtlichen Rahmen herauszuarbeiten, in dem sich die Gesetzgebung bei Änderung der Rechtslage *de lege lata* bewegen darf, bevor dieser auf den besonderen Fall des Atomausstiegs angelegt wird (D.). Die Analyse des Atomausstiegs ist dabei auf das deutsche Verfassungsrecht beschränkt und geht nicht auf Fragen des Europa- oder Völkerrechts ein. Insbesondere ist das Schiedsgerichtsverfahren von Vattenfall vor dem Washingtoner Schiedsgericht für Investitionsstreitigkeiten nicht Gegenstand dieser Arbeit. Untersucht wird, ob der Atomausstieg und die bundesverfassungsrechtliche Rechtsprechung hierzu zu mehr Rechtssicherheit für die Unternehmer führte oder dem Gesetzgeber Tür und Tor für weitere abrupte Strategiewechsel öffnete. Dies gilt umso mehr als eine differenzierte Auseinandersetzung mit dem Investitionsschutz der Unternehmer in den bisherigen Untersuchungen zum Atomausstieg unterblieb oder lediglich kursorischen Einschlag gefunden hat. Die Literatur zum Atomausstieg ist zwar umfangreich, allerdings gliedert sich diese weitestgehend in Auseinandersetzungen zur Grundsatzentscheidung im Jahr 2002[7], zum beschleunigten Atomausstieg durch die 13. AtomG-Novelle[8] und zum Urteil des Bundesverfassungsgerichts vom 6. Dezember 2016[9] auf. Die vorliegende Arbeit nimmt demgegenüber eine umfassende Analyse der Strategiewechsel des Gesetzgebers im Bereich der Kernenergie vor.

Eine thesenartige Darstellung der wichtigsten Ergebnisse beschließt die Arbeit (E.).

---

7 *Borgmann*, Rechtliche Möglichkeiten und Grenzen des Ausstiegs aus der Kernenergie, 1994; *Roßnagel/Roller*, Die Beendigung der Kernenergienutzung durch Gesetz, 1998; *Di Fabio*, Der Ausstieg aus der wirtschaftlichen Nutzung der Kernenergie, 1999; *Ossenbühl* AöR 1999, Bd. 124, 1 ff.; *Denninger*, Verfassungsrechtliche Fragen des Ausstiegs aus der Nutzung der Kernenergie zur Stromerzeugung, 2000; *Schmidt-Preuß*, Rechtsfragen des Ausstiegs aus der Kernenergie, 2000.

8 *Schlömer*, Der beschleunigte Ausstieg aus der friedlichen Nutzung der Kernenergie, 2013; *Di Fabio/Durner/Wagner*, Kernenergieausstieg 2011, 2013; *Ossenbühl*, Verfassungsrechtliche Fragen eines beschleunigten Ausstiegs aus der friedlichen Nutzung der Kernenergie, 2012; *Ludwigs*, Der Atomaussieg und seine Folgen, 2016.

9 *Berkemann* DVBl. 2017, 793 ff.; *Shirvani* DÖV 2017, 281 ff.; *Börner* RdE 2017, 119 ff.; Däuper NuR 2017, 169 ff.; *Froese* NJW 2017, 444 ff.; *Ludwigs* NVwZ 2016, 1 ff.; *Roller* ZUR 2017, 277 ff.; *Roßnagel/Hentschel/Emanuel* UPR 2017, 128 ff.; *Burgi* NVwZ 2019, 585 ff.

III. Historischer Hintergrund

Bevor der eigentliche Ausstieg aus der Kernenergie näher betrachtet werden kann, ist es zweckmäßig, zunächst die Entwicklung des Aufbaus der deutschen Atomwirtschaft zu beleuchten.[10] Es folgt daher eine Darstellung der wesentlichen historischen sowie rechtserheblichen Ereignisse in der Geschichte der Kernenergie, aufgrund derer die Zukunftstechnologie zum Auslaufmodell wurde.

1. Atomgesetz 1959 und EURATOM

Grundstein legte das im Jahr 1959 verabschiedete Atomgesetz, in dessen Ausgangsfassung[11] der gesetzgeberische Wille für die friedliche Nutzung der Kernenergie erstmals verbindlich wurde. Bis dato galt das Gesetz Nr. 22 der Alliierten Hohen Kommission vom 2. März 1950[12] in der Fassung der Gesetze Nr. 53 vom 26. April 1951[13] und 68 vom 14. Dezember 1951[14], welches ein reines Verbotsgesetz, zum Teil mit Erlaubnisvorbehalt, darstellte. Es verhinderte sowohl die militärische als auch die friedliche Nutzung der Kernenergie in der Bundesrepublik. Mit Wiedererlangung der Souveränität Deutschlands im Jahr 1954 durfte das Gesetz Nr. 22 aufgehoben werden.

Der im Jahr 1957 von Frankreich, Italien, den Beneluxstaaten und der Bundesrepublik Deutschland verabschiedete Vertrag zur Gründung der Europäischen Atomgemeinschaft, kurz EURATOM-Vertrag[15], ebnete den Weg für die deutsche Atomwirtschaft. Dieser, sowie der Vertrag zur Gründung der Europäischen Wirtschaftsgemeinschaft (EWG), gemeinsam auch *„Römische Verträge"* genannt, gelten zusammen mit dem 1951 unterzeichneten Vertrag zur Gründung der Europäischen Gemeinschaft für Kohle und Stahl (EGKS) als Grundpfeiler der Europäischen Integration. Der EURATOM-Vertrag sollte dabei als sektorspezifisches Primärrecht der gemeinsamen Förderung der Erforschung der Kernenergie dienen, da die Investitionskosten für die Kernenergie die Möglichkeiten der einzelnen Staaten überschritten. Ziel war, die Energieversorgung

---

10 Siehe zum Ganzen: *Hohmuth*, Die atomrechtspolitische Entwicklung in Deutschland seit 1980, S. 12 ff.

11 Gesetz v. 23.12.1959, BGBl. I S. 814 (1959).

12 Amtsblatt der Alliierten Hohen Kommission in Deutschland, S. 122.

13 Amtsblatt der Alliierten Hohen Kommission in Deutschland, S. 882 und 990.

14 Amtsblatt der Alliierten Hohen Kommission in Deutschland, S. 1361.

15 Vertrag zur Gründung der Europäischen Atomgemeinschaft in seiner Fassung v. 25.03.57, abrufbar unter https://eur-lex.europa.eu/legal-content/DE/TXT/PDF/?uri=CELEX:11957A/TXT&from=DE, zuletzt abgerufen am 05.05.2021.

der Industriestaaten durch die Atomkraft abzusichern, da befürchtet wurde, die Kohle- und Ölvorräte würden bald erschöpft sein.[16] Man erhoffte sich beim europäischen Wiederaufbau nach dem Zweiten Weltkrieg eine grenzenlose Energieversorgung durch die Atomkraft.[17] Hierzu wird in der Präambel des EURATOM-Vertrags verkündet, dass die Vertragsparteien „in dem Bewusstsein handeln, dass die Kernenergie eine unentbehrliche Hilfsquelle für die Entwicklung und Belebung der Wirtschaft und für den friedlichen Fortschritt darstellt". Weiterhin heißt es, sie (die Vertragsparteien) seien „entschlossen, die Voraussetzungen für die Entwicklung einer mächtigen Kernindustrie zu schaffen, welche die Energieerzeugung erweitert, die Technik modernisiert und auf zahlreichen anderen Gebieten zum Wohlstand ihrer Völker beiträgt". Seiner Zeit herrschte in Politik, Wirtschaft und Gesellschaft der Grundkonsens, dass die Kernenergie von großem Nutzen sei. Aufgabe der Atomgemeinschaft sollte es sein, die Erforschung und Entwicklung der Kernenergie zu fördern, für die Schaffung der Technik notwendige Investitionen zu erleichtern sowie einen gemeinsamen Sicherheitsstandard für Arbeitskräfte und Bevölkerung zu gewährleisten.[18] Darüber hinaus wurden im EURATOM-Vertrag Regelungen über den Erwerb, die Lagerung und die Veräußerung von Stoffen[19] sowie über Eigentums- und Verwendungsfragen zur Eindämmung der Proliferation getroffen[20].

Seinem Wesen nach wird der EURATOM-Vertag einerseits als fakultativer Fördervertrag und andererseits als obligatorischer Disziplinierungsvertrag für die Mitgliedstaaten und ihre Kernindustrie verstanden.[21] Mit Eintritt in die Europäische Union ist ein Staat auch gleichzeitig Mitglied der Europäischen Atomgemeinschaft.[22] Dies bedeutet jedoch nicht, dass eine Verpflichtung besteht, diese Form der Energietechnik auch selbst zu nutzen. Diese Entscheidung überlässt der EURATOM-Vertrag den Nationalstaaten.[23] Unabdingbar ist allerdings, dass

16 *Schroeder* JA 1995, 728.

17 *Papenkort*, Der Euratom-Vertrag im Lichte des Vertrags über eine Verfassung für Europa, S. 21.

18 Vgl. Art. 1 und 2 EURATOM-Vertrag 1957.

19 Art. 52 ff. EURATOM-Vertrag 1957.

20 Art. 86 ff. EURATOM-Vertrag 1957.

21 *Frenz/Ehlers* RdE 2011, 43.

22 So auch: *Tauschinsky/Böttner* EuZW 2018, 674 ff. sowie *Scheuing* in Bayer/Huber, Rechtsfragen zum Atomausstieg, 87 (89); a.A. *Di Fabio*, Der Ausstieg aus der wirtschaftlichen Nutzung der Kernenergie, S. 45 ff.

23 *Roßnagel* in Roßnagel/Roller, Die Beendigung der Kernenergienutzung durch Gesetz, 9 (22 f.).

die Europäische Atomgemeinschaft vom Haushalt der Europäischen Union profitiert und so jedenfalls mittelbar finanziell von allen Mitgliedern der Europäischen Union gefördert wird. Auch von denjenigen Nationalstaaten, wie Deutschland, Italien und Österreich, die aus der Atomkraft ausgestiegen sind, erfolgt so eine finanzielle Förderung der Atomkraft.

Nutzt ein Staat die Kernenergie, so hat er die im Vertrag festgeschriebenen Verpflichtungen zu erfüllen. Art. 192 des EURATOM-Vertrag 1957 besagt, dass die Mitgliedstaaten alle geeigneten Maßnahmen zur Erfüllung der Verpflichtungen, die sich aus dem Vertrag oder aus Handlungen der Organe der Gemeinschaft ergeben, treffen. Gleichzeitig sollen die Mitgliedstaaten alle Maßnahmen unterlassen, welche die Verwirklichung der Ziele dieses Vertrages gefährden könnten. Daraus ergibt sich eine gegenüber den Vertragsparteien unmittelbar wirkende Verpflichtung. Insbesondere im Bereich des Gesundheitsschutzes haben die Nationalstaaten Vorkehrungen wie beispielsweise nach Art. 34 und 35 EURATOM-Vertrag 1957 zu treffen.

Die verpflichtende Wirkung ist notwendig, um auf sicherheitsrelevante Aspekte effizient reagieren zu können. So enthält Art. 83 EURATOM-Vertrag 1957 einen Katalog von Zwangsmaßnahmen, die die Kommission im Falle einer Pflichtverletzung verhängen kann. Darunter zählt beispielsweise der Entzug gewährter finanzieller Unterstützung oder technischer Hilfe. So können Verstöße gegen Strahlenschutz- oder Versorgungvorschriften sanktioniert werden. Der EURATOM-Vertrag ist in seiner letzten konsolidierten Fassung vom 1. September 2016[24] noch immer in Kraft und hat bemerkenswerterweise seit seiner Unterzeichnung kaum schwerwiegende Änderungen erfahren.

Im Kontext des EURATOM-Vertrags wurde daraufhin am 23. Dezember 1959 im Deutschen Bundestag das Gesetz über die friedliche Verwendung der Kernenergie und den Schutz gegen ihre Gefahren (Atomgesetz) verabschiedet. In seiner Begründung wird dem Atomgesetz eine Förderungsfunktion zugesprochen. Sinn und Zweck sei es, möglichst viele Kräfte zur Mitarbeit zu gewinnen und der Wirtschaft und Wissenschaft einen möglichst großen Ansporn zur Betätigung auf dem Gebiet der Erforschung und friedlichen Nutzung der Kernenergie zu geben.[25] Hier wird der gesetzgeberische Dirigismus in der Atomwirtschaft deutlich. Die Regierung wollte, dass die Industrie in die Atomstromproduktion einsteigt. Die Energieerzeuger folgten dem Ruf.

24 ABl. C 203 v. 07.06.2016, S. 1-112.
25 BT-Drs. 03/759 (1958), S. 18.

Die Genehmigung zum Betrieb eines Atomkraftwerks wurde gemäß § 7 AtomG 1959 unbefristet erteilt, wenn die notwendigen Voraussetzungen dafür vorlagen.[26] Dazu zählten die Zuverlässigkeit und Fachkunde des Atomkraftwerkbetreibers, die Einhaltung technischer, haftungsrechtlicher und sicherheitsrelevanter Standards und die Eignung des Standorts. Laufzeitbeschränkungen kannte das AtomG 1959 nicht. Die Genehmigungen konnten lediglich auf Grundlage von § 17 AtomG 1959 konkret zum Schutz von Leben, Gesundheit und Sachgütern beschränkt werden. Darüber hinaus konnten sie nach § 17 Abs. 2 AtomG 1959 unter gewissen Voraussetzungen widerrufen werden. Dies hatte allerdings eine grundsätzliche Entschädigungspflicht in Geld zur Folge.[27] Dieses Grundkonzept des Atomgesetzes blieb auch nach der Neufassung des Atomgesetzes in den Jahren 1976 und 1985 bestehen.

2. Entwicklungen von 1998 bis 2009 – Der Ausstieg

a) Atomkonsens I

Eine maßgebliche Wendung nahm die atomrechtspolitische Entwicklung nach den Bundestagswahlen 1998 und durch den damit einhergehenden Wechsel von einer schwarz-gelben zu einer rot-grünen Bundesregierung unter Kanzler Gerhard Schröder. Die neue Regierungskoalition aus SPD und Bündnis 90/Die Grünen avisierte erstmals in ihrer Koalitionsvereinbarung eine Beendigung der Nutzung der Atomkraft. In Ziffer 3.2. heißt es konkret, dass der Ausstieg aus der Nutzung der Kernenergie umfassend und *unumkehrbar* gesetzlich geregelt werden soll.[28]

Um Entschädigungszahlungen vorzubeugen, schloss sich die damalige Bundesregierung mit den Energieversorgungsunternehmen zusammen, um einen gemeinsamen Atomausstieg zu vereinbaren. Der „Atomkonsens"[29] wurde nach einschlägigen Verhandlungen, die mit einer ersten sogenannter „Konsensrunde" am 26. Januar 1999 begannen, am 15 Juni 2000 paraphiert. Die Unterzeichnung erfolgte am 11. Juni 2001, wobei für die Bundesregierung Bundeskanzler

---

26 § 7 AtomG in seiner Fassung v. 23.12.1959, BGBl. I S. 814 (1959).

27 § 18 AtomG in seiner Fassung v. 23.12.1959, BGBl. I S. 814 (1959).

28 „Aufbruch und Erneuerung – Deutschlands Weg ins 21. Jahrhundert", abrufbar unter https://www.spd.de/fileadmin/Dokumente/Beschluesse/Bundesparteitag/koalitionsvertrag_bundesparteitag_bonn_1998.pdf, zuletzt abgerufen am 05.05.2021.

29 „Vereinbarung zwischen der Bundesregierung und den Energieversorgungsunternehmen vom 14. Juni 2000" abgedruckt in: *Hohmuth*, Die atomrechtspolitische Entwicklung in Deutschland seit 1980, S. 649 ff.

Schröder, Bundesumweltminister Trittin und Bundeswirtschaftsminister Müller auftraten. Diesen gegenüber standen für die Energieversorgungsunternehmen die Vorstandsvorsitzenden von E.ON AG, RWE AG, Energie Baden-Württemberg AG (EnBW) und der Hamburgische Elektricitäts-Werke AG (HEW). Schwerpunkt der Vereinbarung sind die für jedes Kernkraftwerk einzeln ausgehandelten Restlaufzeiten.

In der Einleitung erklären beide Parteien, dass sie mit dieser Vereinbarung die künftige Nutzung der vorhandenen Kernkraftwerke befristen wollen. Die Bundesregierung und die Versorgungsunternehmen verpflichten sich, dass der Inhalt des Atomkonsenses dauerhaft umgesetzt wird. Dabei gehen beide davon aus, dass die Vereinbarung und ihre Umsetzung nicht zu Entschädigungsansprüchen zwischen den Beteiligten führen. Es wird von den Beteiligten insbesondere der Wille betont, den über Jahrzehnte hinweg bestehenden Konflikt, um die Nutzung der Kernenergie zu beenden und so zu einer Befriedung der Gesellschaft beizutragen.[30]

Die Vereinbarung sieht keine datumsmäßig bestimmten Abschalttermine für die Kernkraftwerke vor. Die Befristung der Laufzeit der Atomkraftwerke richtet sich vielmehr nach den jeweils zugeteilten Reststrommengen. Diese geben die Strommenge an, die jede Anlage gerechnet ab dem 1. Januar 2000 bis zu ihrer Stilllegung maximal produzieren darf.[31] Die Berechnung der Reststrommengen ist ebenfalls in der Vereinbarung geregelt[32] und basiert auf einer Referenzmenge, die für jedes Kraftwerk als Durchschnitt der 5 höchsten Jahresstromproduktionen zwischen 1990 und 1999 berechnet wird. So stellt das Produkt der bei einer Regellaufzeit von 32 Jahren verbleibenden Restlaufzeit der jeweiligen Anlage und der um einen Zuschlag von 5,5 % erhöhten Referenzmenge die Reststrommenge dar. Dabei setzten die Parteien voraus, dass eine Amortisation der Anlagen nach einer Regellaufzeit von 32 Kalenderjahren ab Beginn des kommerziellen Leistungsbetriebs stattgefunden hat. Die einzelnen Restlaufzeiten für die in Deutschland noch vorhandenen Kernkraftwerke, deren Betrieb danach enden soll, sind der Vereinbarung tabellarisch angehängt.[33]

30 So auch nach Ansicht der Fraktionen SPD und Bündnis 90/Die Grünen, Entwurf eines Gesetzes zur geordneten Beendigung der Kernenergienutzung zur gewerblichen Erzeugung von Elektrizität, BT-Drs. 14/6890 v. 11.09.2001, S. 13.

31 Vgl. Ziff. II. 1. der Vereinbarung zw. der Bundesregierung und den EVU v. 14.06.2000.

32 Vgl. Ziff. II. 2. der Vereinbarung zw. der Bundesregierung und den EVU v. 14.06.2000.

33 Siehe Anlange 1 der Vereinbarung zw. der Bundesregierung und den EVU v. 14.06.2000.

Bezüglich des Rechtsstreits über das Kraftwerk Mülheim-Kärlich[34] wurde dahingehend eine Einigung erzielt, dass der Betreiber RWE den Genehmigungsantrag über das Kernkraftwerk sowie Schadensersatzansprüche gegen das Land Rheinland-Pfalz zurückzieht und die Reststrommengen des Kraftwerks auf andere Kernkraftwerke übertragen werden können. Mit der Vereinbarung sollen alle rechtlichen und tatsächlichen Ansprüche im Zusammenhang mit dem Genehmigungsverfahren sowie mit den Zeiten des Stillstands der Anlage abgegolten sein.[35]

Außerdem wird konstatiert, dass der bestehende von Recht und Gesetz geforderte Sicherheitsstandard weiterhin von Seiten der Energieversorgungsunternehmen gewährleistet wird. Im Gegenzug sagt die Bundesregierung zu, den ungestörten Betrieb der Anlagen nicht durch Verschärfung der zugrundeliegenden Regelungen zu beeinträchtigen. Insbesondere sollen die wirtschaftlichen und steuerlichen Rahmenbedingungen nicht maßgeblich zu Lasten der Anlagenbetreiber geändert werden.[36]

Von den Betreibern sollen Standortzwischenlager eingerichtet werden, die bis zur Bereitstellung eines Endlagers zur Zwischenlagerung des atomaren Abfalls dienen.[37] Der Transport von Brennelementen ins Ausland zur Wiederaufbereitung kann erneut aufgenommen werden.[38] Dies allerdings nur bis zum

---

34 Hintergrund war, dass im Genehmigungsverfahren für das von der RWE AG betriebene Kernkraftwerk Mülheim-Kärlich Fehler gemacht wurden. Die Anlage wurde trotz im Nachhinein festgestellter Erdbebengefährdung ohne erneutes Baugenehmigungsverfahren auf Basis der Freigabe nach der ersten Teilgenehmigung etwa 70 Meter entfernt vom ursprünglich geplanten Standort gebaut. Mit Urt. v. 09.09.1988 (BVerwGE 80, 207) hatte das BVerwG die erste Teilgenehmigung für die Errichtung des Kernkraftwerks vom 09.01.1975 aufgehoben. Der Reaktor musste nach nur 13 Monaten im Leistungsbetrieb vom Netz. Eine anschließend überarbeitete, neu erteilte erste Teilgenehmigung wurde von den Verwaltungsgerichten abermals aufgehoben und letztinstanzlich durch Urt. v. BVerwG v. 14.01.1998 (BVerwGE 106, 115) bestätigt. Daraufhin erhob die RWE AG Klage auf Feststellung einer Schadensersatzpflicht des Landes Rheinland-Pfalz. Der BGH verwies diesen Rechtsstreit im Revisionsverfahren mit Urt. v. 16.01.1997 zur Nachverhandlung an das OLG Koblenz zurück (BGHZ 134, 286). Während dieses Verfahrens wurde die Atomkonsensvereinbarung getroffen. Siehe hierzu: *Hohmuth*, Die atomrechtspolitische Entwicklung in Deutschland seit 1980, S. 40 f.

35 Vgl. Ziff. II. 5. Der Vereinbarung zw. der Bundesregierung und den EVU v. 14.02.2000.

36 Ziff. III. 2. Der Vereinbarung zw. der Bundesregierung und den EVU v. 14.06.2000.

37 Ziff. IV. 1. Der Vereinbarung zw. der Bundesregierung und den EVU v. 14.06.2000.

38 Ziff. IV. 4. Der Vereinbarung zw. der Bundesregierung und den EVU v. 14.06.2000.

1. Juli 2005. Anschließend soll die Entsorgung radioaktiver Abfälle aus dem Betrieb von Kernkraftwerken auf die direkte Entsorgung beschränkt sein.[39] Die Bundesregierung verpflichtete sich schließlich dazu, die im Atomkonsens getroffenen Vereinbarungen in einer Novelle zum Atomgesetz umzusetzen. Insbesondere sollte auch ein Verbot des Neubaus von Atomkraftwerken gesetzlich verankert werden.

Der Atomkonsens bot den Energieversorgungsunternehmen deutliche Vorteile gegenüber einem einseitig erlassenen Gesetz ohne vorherige Vereinbarung, da sie auf diesem Weg ihre Interessen umfassend vertreten und Postulate aufstellen konnten. Den Betreibern wurde die vollständige Amortisation ihrer bisher getätigten Investitionen ermöglicht. Darüber hinaus wurde ihnen die Erzielung eines angemessenen Gewinnes zugesagt. Sie war ein „ausgewogenes, die Interessen der Betreiber umfassend berücksichtigendes Gesamtpaket", wie es in der Begründung zum Gesetzentwurf heißt.[40] Auch wenn manche im Atomkonsens vielmehr einen „sanften Oktroi"[41] zugunsten der Energieversorger sehen, so schaffte die Vereinbarung jedenfalls notwendige Voraussetzungen, um langfristig die Rechts- und Planungssicherheit der Energieversorgungsunternehmen zu verbessern und trug so zum Vertrauensschutz bei. Auf den Vertrauensschutzaspekt des Atomkonsenses muss an anderer Stelle noch zurückgekommen werden.[42]

b) Atomausstiegsgesetz 2002

Die Bestimmungen des Atomkonsenses bildeten die Grundlage für das „Gesetz zur geordneten Beendigung der Kernenergienutzung zur gewerblichen Erzeugung von Elektrizität vom 22. April 2002"[43], das die seit 1959 geltende Rechtslage grundlegend änderte. Der Inhalt des Atomkonsens wurde im Gesetzentwurf vom 11. September 2001[44] umgesetzt und erfuhr im Rahmen des Gesetzgebungsverfahrens nur geringfügige Änderungen.

Der Gesetzentwurf regelt die geordnete Beendigung der Kernenergienutzung zur gewerblichen Erzeugung von Elektrizität durch eine Neuordnung der Kernenergierechts.[45] Die wichtigsten Änderungen des Atomgesetzes stellen sich

39 Ziff. IV. 2. Der Vereinbarung zw. der Bundesregierung und den EVU v. 14.06.2000.
40 BT-Drs. 14/6890, S. 15 f.
41 So *Moench* in Ludwigs, Der Atomausstieg und seine Folgen, 13 (16).
42 Siehe unten D.II.1.a)cc).
43 BGBl. I S. 1351 (2002).
44 BT-Drs. 14/6890.
45 BT-Drs. 14/6890 S. 1.

wie folgt dar:[46] Zunächst wurde der Förderzweck in § 1 Nr. 1 AtomG durch den Gesetzeszweck, die Nutzung der Kernenergie zur gewerblichen Erzeugung von Elektrizität geordnet zu beenden und bis zum Zeitpunkt der Beendigung den geordneten Betrieb sicherzustellen, ersetzt.[47] Die Neuerteilung von Errichtungs- und Betriebsgenehmigungen für Kernkraftwerke wurde in § 7 Abs. 1 Satz 2 AtomG ausgeschlossen. Für die bereits in Betrieb befindlichen Anlagen sollten die in § 7 Abs. 1a AtomG i.V.m. den in Anlage 3 zum AtomG festgesetzten Reststrommengen den Leistungsbetrieb begrenzen. Danach wäre das letzte Atomkraftwerk voraussichtlich im Jahr 2023 vom Netz gegangen.[48] Die Betreiber konnten nach § 7 Abs. 1b AtomG die Elektrizitätsmengen ganz oder teilweise von einer älteren Anlage auf eine jüngere Anlage übertragen. Für die verbleibende Nutzungsdauer sollte der Betrieb der Kernkraftwerke auf einem hohen Sicherheitsniveau sichergestellt bleiben.[49] Neu geregelt wurde außerdem die Pflicht zur periodischen Sicherheitsprüfung (§ 19a AtomG). Durch Änderung des § 9a Abs. 1 AtomG wurde die Entsorgung auf die direkte Endlagerung beschränkt und die Abgabe bestrahlter Brennelemente aus Kernkraftwerken an Wiederaufarbeitungsanlagen ab dem 1. Juli 2005 für unzulässig erklärt. In § 9 Abs. 1b AtomG wurde eine Nachweispflicht für die sichere Lagerung radioaktiver Abfälle in Zwischenlagern geregelt. Die Deckungsvorsorge wurde mit Änderung des § 13 Abs. 3 Satz 2 AtomG sowie einer umfassenden Änderung der Atomrechtlichen Deckungsvorsorge-Verordnung (AltDeckV)[50] erhöht.

Die Neuerungen des Ausstiegsgesetzes von 2002 waren aus mehreren Gründen Gegenstand rechtspolitischer Debatten.[51] Umstritten war insbesondere die Qualität der Eigentumsbeeinträchtigung gegenüber den Energieversorgungsunternehmen. Ein Teil des Schrifttums vertritt die Ansicht, dass es sich hierbei um eine entschädigungspflichtige (Legal-)Enteignung handelte,[52] während andere in ihr eine bloße Inhalts- und Schrankenbestimmung[53] des Eigentums

46 Vgl. *Hohmuth*, Die atomrechtspolitische Entwicklung in Deutschland seit 1980, S. 60.
47 BT-Drs. 14/6890, S. 2, 4 und 13.
48 So auch: *Sellner/Fellenberg* NVwZ 2011, 1025 (1026).
49 BT-Drs. 14/6890, S. 1 und14.
50 Verordnung über die Deckungsvorsorge nach dem Atomgesetz v. 25.01.1977, BGBl. I S. 220 (1977).
51 Siehe ausführlich hierzu *Schneehain*, Der Atomausstieg, S. 111 ff.
52 Vgl. u. a. *Schmidt-Preuß* NJW 2000, 1524 (1525); *Ossenbühl* AöR 1999, Bd. 124, 1 (29); *Di Fabio*, Der Ausstieg aus der wirtschaftlichen Nutzung der Kernenergie, S. 137.
53 Vgl. u. a. *Komorowski* JURA 2001, 17 (19); *Koch* NJW 2000, 1529 sowie zur „de facto-enteignenden Inhalts- und Schrankenbestimmung" *Dederer* JA 2000, 819 (820).

sehen. Geklärt wurde diese Frage erst mit Urteil vom Bundesverfassungsgericht vom 12. Dezember 2016 zur Frage der Vereinbarkeit der 13. AtomG-Novelle mit dem Grundgesetz.[54] Insgesamt kann jedenfalls festgehalten werden, dass der Gesetzgeber mit den Regelungen seiner Verpflichtung aus dem Atomkonsens I nachkam. Das Atomausstiegsgesetz 2002 ist damit die Kodifizierung der Ausstiegs-Vereinbarung zwischen der Bundesregierung und den Energieversorgungsunternehmen.

3. Entwicklungen 2009/2010 – Ausstiegsverzögerung

Unmittelbar nachdem der Atomausstieg 2002 kraft Gesetzes beschlossen wurde, setzten sich die Parteien CDU/CSU und FDP zum Ziel, diese Entscheidung wieder rückgängig zu machen. In den kommenden Bundestagswahlkämpfen forderten Sie eine Revision der Ausstiegsentscheidung. [55] Die Hintergründe waren vielfältig. Wesentlich war jedoch der zunehmende Einfluss der in den Fokus geratenen Klimaschutzpolitik auf die Energiepolitik. So wurde unter anderem der Ausbau der Kernenergie, als vergleichsweise kohlenstoffdioxidarme Art der Stromerzeugung, weiterhin von der Europäischen Union zur Erreichung der klimapolitischen Ziele gefördert.[56] Nach dem Wahlerfolg der CDU/CSU und FDP im Jahr 2009 vereinbarte man schließlich am 26. Oktober 2009 im Koalitionsvertrag zur 17. Legislaturperiode des Bundestages[57], die Laufzeiten der noch bestehenden Anlagen zu verlängern. Die Atomenergie sollte in Deutschland als „Brückentechnologie" dienen, bis eine Energieerzeugung auf Basis ausschließlich erneuerbarer Energien sichergestellt werden könne.[58] Außerdem sollte eine

54 BVerfGE 143, 246; siehe unten D.II.3.e).

55 Siehe nur Bürgerprogramm 2002, Programm der FDP zur Bundestagswahl 2002, S. 26, abrufbar unter http://www.portal-sozialpolitik.de/uploads/sopo/pdf/2002/2002-05-12_bt_wahlprogramm_fdp.pdf, zuletzt abgerufen am 05.05.2021; Regierungsprogramm 2002/2006 von CDU und CSU, Leistung und Sicherheit, Zeit für Taten, S. 56, abrufbar unter https://www.cdu.de/system/tdf/media/dokumente/regierungsprogramm-02-06-b.pdf?file=1, zuletzt abgerufen am 05.05.2021.

56 So zum Beispiel im Energiekonzept „Energie 2020 – Eine Strategie für wettbewerbsfähige, nachhaltige und sichere Energie" (KOM(2010) 639).

57 Deutschlands Zukunft gestalten, Koalitionsvertrag zwischen CDU, CSU und FDP v. 26.10.2009, 17. Legislaturperiode, S. 29, abrufbar unter https://www.csu.de/common/_migrated/csucontent/091026_koalitionsvertrag_02.pdf, zuletzt abgerufen am 05.05.2021.

58 BMWi, Energiekonzept für eine umweltschonende und bezahlbare Energieversorgung, September 2010, S. 15 f., abrufbar unter https://www.bmwi.de/Redaktion/DE/

Abhängigkeit Deutschlands von Energieimporten vermieden werden.[59] In der Konsequenz wurden den Kernkraftwerken weitere Strommengen zugeteilt, sodass sich die Restlaufzeit der Atomkraftwerke um durchschnittlich 12 Jahre verlängerte.

a) Atomkonsens II

Auch die christlich-liberale Bundesregierung verständigte sich zunächst mit den betroffenen vier Energieversorgungsunternehmen sowie den Kernkraftwerk-Betreibergesellschaften über die geplanten Änderungen, um darauf aufbauend eine 11. Novelle zum AtomG vorzubereiten. Diese auch „Atomkonsens II" genannte Eckpunktevereinbarung[60] zum späteren Förderfondsvertrag[61] beinhaltet im Kern eine Laufzeitverlängerung der Anlagen im Austausch gegen einen Förderbeitrag zur Finanzierung von Maßnahmen zur Umsetzung des Energiekonzepts der Bundesregierung.[62]

Konkret sah die Vereinbarung vor, dass für jede ab 2017 aus der Laufzeitverlängerung in das Netz zusätzlich eingespeiste Megawattstunde ein Förderbeitrag an ein Sondervermögen des Bundes, den „Förderfonds", geleistet wird. Der Förderbeitrag wird laut Vereinbarung auf grundsätzlich 9 € pro Megawattstunde beziffert. Ziel war die Abschöpfung der Zusatzgewinne aus der Laufzeitverlängerung zugunsten der Finanzierung von erneuerbaren Energien und Energieeffizienz. Im zweiten Teil der Anlage zum Atomkonsens II finden sich die Zusatzmengen für jedes sich noch im Betrieb befindliche Kernkraftwerk. Insgesamt erhielten die Energieversorgungsunternehmen eine Zusatzstrommenge von 1.804,279

Downloads/E/energiekonzept-2010.pdf?__blob=publicationFile&v=3, zuletzt abgerufen am 05.05.2021.

59 Gesetzentwurf zur 11. AtomG-Novelle, BT-Drs. 17/3051, S. 1.

60 Eckpunktevereinbarung oder „Term Sheet" zum Förderfondsvertrag vom 06.09.2010, abrufbar unter https://archiv.bundesregierung.de/resource/blob/656928/401580/51cf8704b490c3e9132e55b236b5eba8/2010-09-09-foerderfondsvertrag-data.pdf zuletzt abgerufen am 05.05.2021.

61 Förderfondsvertrag zwischen der Bundesrepublik Deutschland und den Kernkraftwerksbetreibergesellschaften und deren Konzernobergesellschaften in Deutschland v. 10.01.2011, Finaler Entwurf vom 27.9.2010, abrufbar unter https://www.verivox.de/dateien/foerderfondsvertrag-59308.aspx, zuletzt abgerufen am 05.05.2021.

62 Energiekonzept für eine umweltschonende, zuverlässige und bezahlbare Energieversorgung v. 28.10.2010, S. 6, abrufbar unter https://www.bmwi.de/Redaktion/DE/Downloads/E/energiekonzept-2010.pdf?__blob=publicationFile&v=5, zuletzt abgerufen am 05.05.2021.

TWh. Diese Elektrizitätsmengen sollten gemäß § 7 Abs. 1b AtomG ebenso ganz oder teilweise auf andere Anlagen übertragen werden können, wenn die empfangende Anlage den kommerziellen Leistungsbetrieb später als die abgebende Anlage begonnen hatte.

Zudem spricht die Vereinbarung von der Einführung einer Kernbrennstoffsteuer, auf die sich die Vertragsparteien jedoch nicht einigen konnten.[63] Die Kernkraftwerk-Betreibergesellschaften gingen bereits zu diesem Zeitpunkt von der rechtlichen Unzulässigkeit der Steuer aus und hielten sich rechtliche Schritte gegen das Gesetz offen.[64]

b) 11. AtomG-Novelle

Den Atomkonsens II machte sich die Bundesregierung zur Grundlage für einen Gesetzentwurf zur elften Änderung des Atomgesetzes.[65] Die 11. AtomG-Novelle wurde ohne ausdrückliche Zustimmung des Bundesrats verabschiedet und trat am 14. Dezember 2010 in Kraft.[66]

Im Wesentlichen wurde das Atomgesetz dahingehend geändert, dass Anlage 3 zu § 7 Abs. 1a AtomG um eine weitere Spalte erweitert wurde, durch die den einzelnen noch in Betrieb befindlichen Kernkraftwerken zusätzliche Elektrizitätsmengen zur Verlängerung der Laufzeiten zugeteilt wurden. Damit wurde die Laufzeit der 17 Kernkraftwerke in Deutschland um durchschnittlich zwölf Jahre verlängert. Den neueren Kernkraftwerken wurde die Laufzeit um acht Jahre verlängert, während den älteren Kernkraftwerken, deren Leistungsbetrieb bis einschließlich 1980 begann, eine Zusatzstrommenge gewährt wurde, die einer Laufzeitverlängerung von 14 Jahren entsprach. Die bisherigen Regelungen zur Übertragbarkeit sollten auch für die Zusatzstrommengen gelten. Die Erteilung von Genehmigungen blieb weiterhin ausgeschlossen.

---

63 Siehe Punkt (D) der Präambel des Förderfondsvertrags 2010.

64 Das Gesetz zur Besteuerung von Kernbrennstoffen trat schließlich am 01.01.2011 in Kraft (BGBl. I S. 1804 (2010)) und sah vor, dass die Steuer immer dann entsteht, wenn ein Brennelement in den Kernreaktor eingesetzt und eine sich selbsttragende Kettenreaktion ausgelöst wird (Vgl. § 5 KernbrStG). Der EuGH bewertete die Kernbrennstoffsteuer mit Unionsrecht vereinbar (EuGH, Urt. v. 04.05.2015, Rs. C-5/14, ECLI:EU:C:2015:354). Das BVerfG beschloss am 13.04.2017, dass die Kernbrennstoffsteuer verfassungswidrig ist (BVerfGE 145, 171).

65 Gesetzentwurf zur 11. AtomG-Novelle, BT-Drs. 17/3051.

66 BGBl. I S. 1814 (2010).

Gegenstand einer heftigen rechtwissenschaftlichen Debatte war die Frage nach der Zustimmungsbedürftigkeit der 11. AtomG-Novelle.[67] Von der Bundesregierung wurde die Zustimmungsbedürftigkeit mit Bezug auf eine Entscheidung des Bundesverfassungsgerichts zum Luftsicherheitsgesetz[68] verneint. Die Opposition und die Bundesländer teilten diese Auffassung nicht und strengten entsprechende Klagen zur Überprüfung der Zustimmungsbedürftigkeit an.[69] Auch wurden in der Literatur kritische Stimmen zur Novelle insgesamt laut.[70] Mit dem Reaktorunglück von Fukushima und der zeitnahen Reaktion der Bundesregierung hierauf wurde diese Auseinandersetzung jedoch obsolet.

4. Reaktorkatastrophe von Fukushima und die 13. AtomG-Novelle

Ein Super-GAU in Japan sollte die deutsche Rechtslage erneut auf den Prüfstand stellen. Am 11. März 2011 ereignete sich im pazifischen Ozean ein Erdbeben, das einen Tsunami auslöste, welcher die Überflutung der nahegelegenen Küstenregionen zur Folge hatte. Das im japanischen Fukushima gelegene Kernkraftwerk wurde derart von der eintreffenden Welle beschädigt, dass es zu einem Ausfall der Notstromaggregate und damit auch der Notkühlsysteme kam. Eine Kernschmelze konnte nicht mehr verhindert werden. Es kam zu einer Detonation von drei Reaktorblöcken und in der Folge zur Freisetzung radioaktiver Stoffe in die Umwelt.[71]

---

67 *Reyes y Ráfales*, Der Staat 2013, 597 (608); *Kloepfer* UPR 2012, 41 (43).

68 BVerfGE 126, 77.

69 Im Jahr 2011 stellten die Länder Rheinland-Pfalz, Nordrhein-Westfalen, Bremen, Brandenburg und Berlin einen Antrag auf abstrakte Normenkontrolle beim BVerfG und verständigten sich auf eine gemeinsame Prozessvertretung. Mit dem Atomausstieg hatte sich das Verfahren vor dem BVerfG faktisch zwar erledigt. Der Normenkontrollantrag wurde dennoch nicht zurückgenommen, da E.ON und RWE Verfassungsbeschwerden gegen die 13. AtomG-Novelle (Atomausstieg) eingereicht hatten und die Länder von einer möglichen Bedeutung der Verfassungsmäßigkeit der 11.AtomG-Novelle in diesem Verfahren ausgingen. Mittlerweile sind auch diese Verfassungsbeschwerden erledigt. Es besteht daher Einvernehmen der antragstellenden Bundesländer Berlin, Brandenburg, Bremen, Rheinland-Pfalz und Nordrhein-Westfalen, den Antrag zurückzunehmen.

70 Siehe nur *Moench/Rutloff* DÖV 2011, 354 ff.; *Gaßner/Kendzia* ZUR 2010, 456 ff.; *Kendzia* DÖV 2011, 359 ff.

71 *Kuczera* atw 56. Jg. 2011, 2 f.

Die japanische Atom-Katastrophe führte zu einer historischen Kehrtwende der Bundesregierung. Die Akzeptanz der Kernenergie in der Öffentlichkeit war so gut wie verschwunden. Insbesondere das „hinzunehmende Restrisiko" wurde vor dem Hintergrund, dass selbst in einem technisch so hoch entwickelten Land wie Japan große Unfälle nicht vermieden werden konnten, in Frage gestellt. Als weiteres Motiv wird die damals anstehende Landtagswahl gesehen, bei der die Koalitionsparteien angesichts der nunmehr ablehnenden Haltung der Gesellschaft gegenüber der Atomkraft Stimmeinbußen fürchteten.[72] Am 14. März 2011 kündigte Bundeskanzlerin Angela Merkel ein dreimonatiges „Moratorium" der in der 11. AtomG-Novelle beschlossenen Laufzeitverlängerungen an. Nach einer entsprechenden Weisung des Bundesministeriums für Umwelt, Naturschutz und Reaktorsicherheit zwei Tage später am 16. März 2011 ordneten die für die atomrechtliche Aufsicht zuständigen Landesministerien die einstweilige Betriebseinstellung der sieben ältesten Atomkraftwerke für die Dauer von drei Monaten an.[73] Außerdem wurde die Reaktor-Sicherheitskommission beauftragt, alle 17 deutschen Kernkraftwerke einer Sicherheitsprüfung und Belastungstests zu unterziehen. Diese Untersuchung ergab, dass die älteren Reaktoren nicht wieder in Betrieb gehen dürfen.[74] Darüber hinaus wurde eine Ethik-Kommission namens „Sichere Energieversorgung" beauftragt, Entscheidungsgrundlagen und Schlussfolgerungen für eine sichere Energieversorgung zu erarbeiten, die eine „langfristige Basis für eine international wettbewerbsfähige Wirtschaft, die Beschäftigung, den Wohlstand und den sozialen Frieden in Deutschland" darstellen sollten.[75]

---

72 So *Winter* ZfU 2012, 209 (217).

73 Vgl. *Rebentisch* NVwZ 2011, 533; die Anordnung betraf eigentlich die acht Kernkraftwerke Biblis A, Neckarwestheim 1, Biblis B, Brunsbüttel, Isar 1, Unterweser, Philippsburg 1 und Krümmel, wobei das Kernkraftwerk Krümmel zu diesem Zeitpunkt bereits außer Betrieb war.

74 Stellungnahme der Reaktor-Sicherheitskommission „Anlagenspezifische Sicherheitsüberprüfung (RSK-SÜ) deutscher Kernkraftwerke unter Berücksichtigung der Ereignisse in Fukushima-I (Japan), abrufbar unter https://www.bmu.de/fileadmin/bmu-import/files/pdfs/allgemein/application/pdf/sicherheitsueberpruefung_stellungnahme_rsk.pdf, zuletzt abgerufen am 05.05.2021.

75 Vgl. Bericht der Ethik-Kommission „Sichere Energieversorgung" v. 30.05.2011, Deutschland Energiewende, Gemeinschaftswerk für die Zukunft, S. 8, abrufbar unter https://www.nachhaltigkeitsrat.de/wp-content/uploads/migration/documents/2011-05-30-abschlussbericht-ethikkommission_property_publicationFile.pdf, zuletzt abgerufen am 05.05.2021.

Aufgrund der Ergebnisse der Ethik-Kommission und der Reaktor-Sicherheitskommission brachten Bundesrat[76] am 6. Juli 2011 und Bundesregierung[77] am 22. Juli 2011 identische Gesetzentwürfe zur 13. AtomG-Novelle ein. Diese sahen insbesondere vor, dass die Laufzeitverlängerung der 11. AtomG-Novelle rückgängig gemacht und erstmals eine exakte zeitliche Befristung der Betriebsgenehmigungen vorgenommen wurde. Die am 6. August 2011 in Kraft getretene 13. AtomG-Novelle änderte § 7 Abs. 1a S. 1 AtomG dahingehend, dass die im Jahr 2010 zugeteilten Reststrommengen in Anlage 3 gestrichen wurden. Die Berechtigung zum Betrieb der Kernkraftwerke sollte erlöschen, sobald die Reststrommengen aus dem Jahr 2002 oder die sich aus einer Übertragung nach § 7 Abs. 1b AtomG ergebenden Strommengen erzeugt seien. Spätestens jedoch mit dem gesetzlich datierten Ende der Laufzeit sollte das jeweilige Kernkraftwerk vom Netz gehen. Die Betriebserlaubnis der sieben ältesten Reaktoren sowie des Reaktors Krümmel erloschen mit Inkrafttreten der Novelle am 6. August 2011. Die restlichen neun Anlagen wurden namentlich benannt und mit gestaffelten Restlaufzeiten bis längstens Ende 2022 versehen.

Die skizierten Maßnahmen führten insgesamt zu einer Beschleunigung des 2002 beschlossenen Atomausstiegs. Das Handeln des deutschen Gesetzgebers – als Reaktion auf die Katastrophe von Fukushima – war auf der ganzen Welt beispiellos. Die Kernkraftgesellschaften von drei der vier großen in Deutschland tätigen Energieversorgungsunternehmen (E.ON, RWE, Vattenfall) sowie eine Kernkraftwerksbetriebsgesellschaft (Krümmel) hielten die 13. AtomG-Novelle wegen fehlenden Entschädigungsregelungen für verfassungswidrig und wandten sich hiergegen mit Verfassungsbeschwerden. Mit Urteil vom 6. Dezember 2016[78] bestätigte das Bundesverfassungsgericht die grundsätzliche Verfassungsmäßigkeit des Gesetzes. Gleichwohl stellte es im Detail Defizite fest, die bis Mitte 2018 vom Gesetzgeber behoben werden mussten. Auf das Urteil wird an mehreren Stellen noch genauer einzugehen sein.

5. 16. AtomG-Novelle

In Umsetzung des Gesetzgebungsauftrags des Bundesverfassungsgerichts wurde am 13. Juli 2018 die 16. AtomG-Novelle im Bundesgesetzblatt verkündet. Die Gesetzesnovelle zielte darauf ab, durch Einfügung der §§ 7 e bis g AtomG die Anspruchsgrundlagen als auch das Verwaltungsverfahren für eine angemessene

76 BR-Drs. 340/11.

77 BT-Drs. 17/6070.

78 BVerfGE 143, 246.

finanzielle Kompensation zu regeln. Das Gesetz sollte an dem Tag in Kraft treten, an dem die EU-Kommission die beihilfenrechtliche Genehmigung erteilt oder verbindlich mitteilt, dass eine solche Genehmigung nicht erforderlich ist. Auf Anfrage der deutschen Behörden teilte die Generaldirektion Wettbewerb der EU-Kommission mit, die Dienststellen der Kommission gingen davon aus, dass es bezüglich der 16. AtomG-Novelle keiner förmlichen Anmeldung bedürfe. Daraufhin erhoben mehrere Kernkraftwerksbetreiber Verfassungsbeschwerde mit der Begründung, dass die 16. AtomG-Novelle und somit die finanziellen Ausgleichsregelungen nicht in Kraft getreten seien.

Mit Beschluss vom 12. September 2020[79] hat das Bundesverfassungsgericht entschieden, dass die Ausgleichsregelungen der 16. AtomG-Novelle nicht die durch das Urteil des Bundesverfassungsgerichts von 2016 festgestellte Grundrechtsverletzung behebt, weil die Novelle zum einen nicht in Kraft getreten sei und zum anderen weiterhin einen unverhältnismäßigen Eingriff in die Eigentumsrechte der Energieversorgungsunternehmen bewirkt. Die 16. AtomG-Novelle verstoße gegen den Bestimmtheitsgrundsatz, da entgegen dem Gesetzeswortlaut auch eine unverbindliche Mitteilung das Inkrafttreten auslösen soll. Außerdem seien § 7f AtomG in der Sache ungeeignet, den durch die 13. AtomG-Novelle bewirkten Eingriff verhältnismäßig auszugestalten. Die Art und Weise, in der die Regelung einen Ausgleichsanspruch mit der Bemühensobliegenheit koppelt, ausgleichsfähige Elektrizitätsmengen zu angemessenen Bedingungen auf andere Unternehmen zu übertragen, sei unzumutbar. Die Beschwerdeführerinnen könnten nämlich nicht wissen, auf welche Übertragungsbedingungen sie sich einlassen müssen.

Der Gesetzgeber war daher erneut zur zeitnahen Neuregelung des finanziellen Ausgleichs für bestimmte Kraftwerksbetreiber verpflichtet, um die festgestellten Grundrechtsverstöße zu beseitigen.

6. 18. AtomG-Novelle und vertragliche Einigung

Zur schlussendlichen Behebung der sich aus der 13. AtomG-Novelle ergebenden verfassungsrechtlichen Beeinträchtigungen wurde am 12. März 2021 unter Berücksichtigung des Urteils des Bundesverfassungsgerichts vom 6. Dezember 2016 und des Beschlusses des Bundesverfassungsgerichts vom 29. September 2020 der Entwurf über ein achtzehntes Gesetz zur Änderung des Atomgesetzes[80]

79 BVerfG NVwZ 2021, 390.

80 Entwurf eines Achtzehnten Gesetzes zur Änderung des Atomgesetzes der BR, abrufbar unter: https://www.bmu.de/fileadmin/Daten_BMU/Download_PDF/Glaeserne_

eingebracht. Gemeinsam mit einem am 25. März 2021 geschlossenen öffentlich-rechtlichen Vertrag zwischen der Bundesrepublik Deutschland und den Energieversorgungsunternehmen[81] sollen hiermit alle verbleibenden strittigen Rechtsfragen zwischen den Parteien im Einvernehmen abschließend geregelt werden.

7. Zusammenfassung

Die vorstehenden Ausführungen zum geschichtlichen Hintergrund zeigen, dass kaum eine Technologie in Deutschland derartige politische Kontroversen und teils abrupte gesetzgeberische Strategiewechsel ausgelöst hat, wie die Kernenergie. Die Auseinandersetzung innerhalb Deutschlands begann in den 1950er Jahren, als mit dem Atomgesetz von 1959 eine geeignete Grundlage zur Förderung der Atomwirtschaft geschaffen wurde. Die wachsende Sorge um den Schutz der Umwelt, der stetig wachsende Energiebedarf, die schwindenden Energieressourcen sowie die Angst der Bevölkerung vor dem Super-GAU beeinflussten den weiteren Gang des Gesetzgebungsverfahrens. Nach 40 Jahren der Stromproduktion mittels dieser Technologie wurde im Jahr 2002 der sichere und geordnete Ausstieg aus der friedlichen Nutzung der Kernenergie beschlossen. Das Ausstiegsgesetz von 2002 bildet damit die Grundsatzentscheidung zur Beendigung der Kerntechnologie. Nach einer Verzögerung der ursprünglichen Ausstiegspläne durch die 11. AtomG-Novelle 2010 fand die Debatte im Jahr 2011 ihren Höhepunkt, als aufgrund der Atomkatastrophe von Fukushima die Akzeptanz für diese Technik in der Bevölkerung maßgeblich sank und vom Gesetzgeber ein beschleunigter Ausstieg aus der Nutzung der Kernenergie besiegelt wurde. Der sich an die 13. AtomG-Novelle anschließende Rechtsstreit um eine angemessene finanzielle Entschädigung der Energieversorger verdeutlicht, welche verfassungsrechtliche Hürden der Gesetzgeber bei seiner Ausstiegsentscheidung nehmen muss.

Gesetze/19._Lp/18_atg_aend_gesetz/Entwurf/18_atg_aend_gesetz_refe_bf.pdf, zuletzt am 3.05.2021.

81 Öffentlich-rechtlicher Vertrag zwischen der BR und den EVU, abrufbar unter: https://www.bmu.de/fileadmin/Daten_BMU/Download_PDF/Nukleare_Sicherheit/vertragsentwurf_brd_evu_einigung_bf.pdf

B. Verfassungsvorgaben zur Energiepolitik

Der Ausstieg aus der Nutzung der Kernenergie zur gewerblichen Erzeugung von Elektrizität wird nicht ohne Grund auch als „Herzstück der Energiewende"[82] bezeichnet. Kern des Transformationsprozesses Energiewende ist die Neuordnung der Energieversorgung in den Bereichen Strom, Wärme und Verkehr, um eine umweltverträglichere Zukunft Deutschlands zu gewährleisten. Dazu soll Deutschlands Energieversorgung grundlegend umgestellt werden: weg von nuklearen und fossilen Brennstoffen, hin zu erneuerbaren Energien und mehr Energieeffizienz.[83] Durch die Entscheidung des Ausstiegs aus der Kernenergie wird in Deutschland im Jahr 2022 das letzte Kernkraftwerk vom Netz gehen und damit eine Form der Energiegewinnung sowie ein ganzer Wirtschaftsbereich entfallen. Fraglich ist, ob der Gesetzgeber bei seiner Entscheidung über den Atomausstieg durch energiepolitische Belange mit Verfassungsrang gebunden war. Im Folgenden soll daher analysiert werden, ob dem Grundgesetz Vorgaben zur Energiepolitik zu entnehmen sind.

I. Wirtschaftliche Neutralität des Grundgesetzes

Grundsätzlich ist das Grundgesetz wirtschaftlich neutral. Dies hat das Bundesverfassungsgericht bereits in seiner Investitionshilfe-Entscheidung aus dem Jahr 1954 klargestellt.[84] Es bietet somit keinen Maßstab für die zu einem bestimmten Zeitpunkt allein verfassungsgemäße oder auch verfassungsrechtlich vorzugswürdige Energiepolitik des Staates. Der Verzicht auf eine verfassungsrechtliche Fixierung bestimmter Regelungsmodelle gibt dem Gesetzgeber vielmehr die volle Gestaltungsfreiheit. Vom ihm verlangt das Grundgesetz keine „wirtschaftspolitische Neutralität".[85] Energiepolitische Grundentscheidungen können daher vom Bundesverfassungsgericht nur darauf hin überprüft werden, ob sie offensichtlich und eindeutig unvereinbar mit der verfassungsmäßigen Ordnung sind,

82 So *Degenhart* DVBl. 2013, 207.

83 Bundesministerium für Wirtschaft und Energie, abrufbar unter https://www.bmwi.de/Redaktion/DE/Dossier/energiewende.html, zuletzt abgerufen am 05.05.2021.

84 BVerfGE 4, 7 (17 f.): „wirtschaftspolitische Neutralität des Grundgesetzes".

85 *Hofmann*, Privatwirtschaft und Staatskontrolle bei der Energieversorgung durch Atomkraft, S. 10.

die insbesondere in den Grundrechten oder den Staatszielbestimmungen zum Ausdruck kommt.[86] Das Grundgesetz überlässt die Ordnung des Wirtschaftslebens dem Gesetzgeber, „der hierüber innerhalb der ihm durch das Grundgesetz gezogenen Grenzen frei zu entscheiden hat, ohne dazu einer weiteren als seiner allgemeinen demokratischen Legitimation zu bedürfen."[87]

In der Konsequenz gilt daher, dass der Gesetzgebungsauftrag im Bereich der Wirtschafts- und Energiepolitik zum einen „positiv" durch die Staatszielbestimmungen sowie die grundrechtlichen Schutzpflichten und zum anderen „negativ" durch die Abwehrfunktion der Grundrechte bestimmt wird.

II. Öffentliche Aufgabe Energieversorgung

Vordringlichste Staatszielbestimmung, die die Energiepolitik rahmt, ist die Gewährleistung einer sicheren, umweltverträglichen und bezahlbaren Energieversorgung. Abgeleitet aus dem Sozialstaatsprinzip nach Art. 20 Abs. 1 GG gehört die Energieversorgung unzweifelhaft zu einer der zentralsten Aufgaben des Staates.[88] Die überragende Bedeutung der Energiesicherung hat das Bundesverfassungsgericht bereits mehrfach betont.[89] Die Verfügbarkeit von Energie für die Allgemeinheit ist Voraussetzung für das Funktionieren des modernen Staates und seiner Wirtschaft. Das Bedürfnis des Bürgers nach einer bedarfsgerechten Stromversorgung stellt ein grundlegendes Gemeinwohlinteresse dar und ist Aufgabe staatlicher Daseinsvorsorge.[90]

Dabei kommt es neben der Versorgungssicherheit auch auf bezahlbare Energiepreise an. Abgeleitet aus dem Sozialstaatsprinzip des Grundgesetzes ist der Staat verpflichtet, einen preisgünstigen Stromtarif, als grundlegende Existenzbedingung des Gemeinwesens zu gewährleisten.[91] Im modernen Staat ist der Zugang zu elektrischer Energie inzwischen Grundbedingung für die Teilhabe am öffentlichen Leben. Aus der Staatszielbestimmung des Art. 20a GG zum Schutz

86 BVerfGE 134, 242 (339).

87 BVerfGE 50, 292 (337).

88 *Breuer* in Isensee/Kirchhof, HStR IV, § 93 Rn. 2; die Aufgabe der Energieversorgung muss dabei nicht durch staatseigene Verwaltung wahrgenommen werden, sondern kann als Öffentliche Aufgabe auch anderen Aufgabenträgern wie z. B. juristischen Personen des Privatrechts zugewiesen sein; siehe zur Unterscheidung BVerfGE 107, 59 (90 f., 93).

89 Siehe BVerfGE 134, 242 (286) mit weiteren Nachweisen.

90 BVerwGE 98, 273 (275).

91 *Degenhart* DVBl. 2013, 207 (209).

der natürlichen Lebensgrundlagen folgt außerdem eine Verpflichtung des Staates zu einer Energieversorgung, die umweltverträglich ist. Staatliches Ziel muss eine ressourcenschonende, emissions- und risikoarme Energiegewinnung sein.

Es besteht daher eine Verpflichtung des Staates, für eine sichere, wirtschaftliche und sozialverträgliche Energieversorgung Sorge zu tragen. Diesem verfassungsrechtlichen Ziel war bei der Ausstiegsentscheidung Rechnung zu tragen.

III. Ermessensspielraum des Gesetzgebers bei wirtschafts- und energiepolitischen Entscheidungen

Diese verfassungsrechtliche Zielvorstellung einer sicheren und preisgünstigen Energieversorgung ist bei der gesetzgeberischen Entscheidung eines Ausstiegs aus der Atomkraft als Energiequelle in die Abwägung einzubeziehen. Die Überprüfbarkeit dieser Abwägung hängt jedoch maßgeblich vom Ermessensspielraum des Gesetzgebers ab. Je größer der Ermessensspielraum, desto weniger streng gestaltet sich die Kontrollbefugnis des Bundesverfassungsgerichts.

Die Einschätzungsprärogative des Gesetzgebers bei Prognoseentscheidungen und bei der Wahrnehmung von Schutzpflichten hängt dabei grundsätzlich von der „Eigenart des betroffenen Sachbereichs, den Möglichkeiten, sich ein hinreichend sicheres Urteil zu bilden und der Bedeutung der auf dem Spiel stehenden Rechtsgüter ab“ [92].

In wirtschafts- und energiepolitischen Entscheidungen überließ das Bundesverfassungsgericht dem Gesetzgeber bisher einen großen Entscheidungsspielraum:

> „Bei gesetzlichen Eingriffen in das Wirtschaftsleben, ist es zunächst Sache des Gesetzgebers, auf Grundlage seiner wirtschaftspolitischen Vorstellungen und Ziele und unter Beachtung der Sachgesetzlichkeiten des betreffenden Gebiets zu entscheiden, welche Maßnahmen er im Interesse des Gemeinwohles ergreifen will.“[93]

Dem Gesetzgeber steht bei „wirtschaftlichen Maßnahmen, die den Freiheitsspielraum für die wirtschaftlich tätigen Individuen einengen, hinsichtlich der Auswahl und technischen Gestaltung dieser Maßnahmen ein weiter Bereich des Ermessens“ [94] zu. Die Argumentation der Regierung, erneuerbare Energien zu fördern und gleichzeitig fossile Energieträger sowie die Atomkraft zu ersetzen,

---

92 BVerfGE 50, 290 (333); 77, 170 (214 f.); 88, 203 (262 f.); vgl. *Denninger* Verfassungsrechtliche Fragen des Ausstiegs aus der Nutzung der Kernenergie zur Stromerzeugung, S. 72 ff.

93 BVerfGE 30, 292 (317).

94 BVerfGE 30, 292 (319).

beruht auf der Einschätzung, dass Strom durch erneuerbare Energien sicherer, kostengünstiger und nachhaltiger sei.

Die verfassungsrechtliche Kontrolldichte hinsichtlich der Überprüfung energiepolitischer Entscheidungen, wie die des Atomausstiegs, ist entsprechend vorstehender Ausführungen gering. Durch die Staatszielbestimmung einer sicheren, preisgünstigen und umweltverträglichen Energieversorgung wird lediglich die grobe Richtung der Energiepolitik vorgegeben. Über die konkrete Art und Weise der Stromgewinnung, d.h. über die Zusammensetzung des sogenannten Strom-Mixes kann der Staat grundsätzlich frei entscheiden. Die verfassungsrechtliche Überprüfung der Entscheidung über die Beendigung der Nutzung der Kernenergie ist allenfalls am Maßstab der bloßen „Vertretbarkeitskontrolle“[95] vorzunehmen. Greift der Staat durch eine energiepolitische Entscheidung, wie die des Atomausstiegs in die grundsätzlich gewährte wirtschaftliche Freiheit des Einzelnen ein, ist seine Entscheidung maßgeblich anhand der Abwehrdimension der betroffenen Grundrechte zu messen. Letzteres wird im Folgenden noch ausführlicher zu diskutieren sein.

IV. Zusammenfassung

Der Gesetzgeber ist bei energiepolitischen Strategiewechseln an die Staatszielbestimmung einer sicheren, preisgünstigen und umweltverträglichen Energieversorgung gebunden. Die verfassungsrechtliche Kontrolldichte energiepolitischer Entscheidungen ist allerdings aufgrund der energiepolitischen Neutralität des Grundgesetzes sowie dem vom Bundesverfassungsgericht zugesprochenen weiten Ermessensspielraum des Gesetzgebers in der Energiepolitik sehr gering. Der Gesetzgeber darf „jede ihm sachgemäß erscheinende Wirtschaftspolitik verfolgen, sofern er dabei das Grundgesetz, insbesondere die Grundreche beachtet“[96].

95 Siehe unten D.I.4.a)aa)(2).

96 BVerfGE 50, 290 (338).

C. Vertrauensschutz als maßgebliche Schranke des Gesetzgebers

Zwar überlässt das Grundgesetz die Ordnung des Wirtschaftslebens dem Gesetzgeber[97], jedoch sind die strategischen Entscheidungen innerhalb der durch das Grundgesetz gezogenen Grenzen zu treffen. Insbesondere der Schutz von Investitionen verlangt die Verlässlichkeit des bestehenden Rechts. Der verfassungsrechtliche Anknüpfungspunkt hierzu ist der Grundsatz des Vertrauensschutzes. Er begrenzt die staatlichen Handlungsbefugnisse in zeitlicher Dimension.[98] Dabei gilt: „Vertrauen hat nichts ‚Kapitalistisches' - es schützt den Millionär wie den Bettler"[99]. Um beantworten zu können, welche Rolle der Investitionsschutz zugunsten der Energieversorger beim Atomausstieg spielte, ist eine differenziertere Auseinandersetzung mit dem Institut des Vertrauensschutzes, seinen Voraussetzungen und Rechtsfolgen geboten. Der Grundsatz des Vertrauensschutzes hat in den vergangenen Jahren eine breite juristische Auseinandersetzung erfahren.[100] Angesichts dessen wird im Folgenden nicht der Anspruch an eine erschöpfende Darstellung erhoben, sondern lediglich im gebotenen Umfang untersucht, inwieweit Änderungen des bestehenden Rechts aus Vertrauensschutzgründen Grenzen gesetzt sind und welche Maßstäbe an die Verhältnismäßigkeit eines gesetzlichen Strategiewechsels gelegt werden müssen. Dabei wird sich auf die wesentlichen Inhalte beschränkt, um diese an späterer Stelle auf den Atomausstieg anzuwenden.

---

97 Siehe oben zu B.

98 Vgl. *Maurer* in Isensee/Kirchhof, HStR IV, § 79 Rn. 4.

99 *Leisner*, Das Gesetzesvertrauen des Bürgers, in FS für Berber, 273 (294).

100 Vgl. nur etwa *Schwarz*, Vertrauensschutz als Verfassungsprinzip, 2001; *Maurer* in Isensee/Kirchhof, HStR IV, 2006, § 79 Rn. 1 ff. mit weiteren Nachweisen; *Ossenbühl* DÖV 1972, S. 25 ff.; *Weber-Dürler*, Vertrauensschutz im öffentlichen Recht, 1983; *Stötzel*, Vertrauensschutz und Gesetzesrückwirkung, 2002; *Muckel*, Kriterien des verfassungsrechtlichen Vertrauensschutzes bei Gesetzesänderungen, 1989; *Grzeszick*, Rückwirkung und Vertrauensschutz im Recht der Energiewende, 2018; *Schäfer*, Vertrauensschutz in dynamischen Regulierungsgebieten am Beispiel des Energieeffizienzrechts, 2017; *Numberger* GewArch 2015, 150 ff.; *Kahl/Ellerbrok* EurUP 2018, 12 ff.; *Bäcker* NVwZ 2017, 1414 ff.

I. Gesetzgebung zwischen Kontinuität und Wandel

Bevor die eigentliche Analyse des Rechtsinstituts des Vertrauensschutzes vorgenommen wird, lohnt es sich, den Blick zu weiten und die Bedeutung des Schutzes des Vertrauens im Staatsgefüge zu beleuchten.

Will der Gesetzgeber dem geänderten Mehrheitswillen Folge leisten, so findet er sich in einem Spannungsverhältnis zwischen Kontinuität und Wandel wieder. Das Recht soll als Maxime gesellschaftlichen Zusammenlebens dienen. Damit der Bürger sein Verhalten am Recht ausrichten kann, müssen die Regeln eine verlässliche Grundlage bilden.[101] Erwartungen der Bürger dürfen nicht derart enttäuscht werden, dass jedes Vertrauen in die Beständigkeit des Rechts eliminiert und der Bürger handlungsunfähig wird. Problematisch am Institut des Vertrauens ist jedoch sein Verhältnis zur Zeit, denn „wer Vertrauen erweist, nimmt Zukunft vorweg."[102] Das Recht ist gleichzeitig Ausfluss einer sich ständig entwickelnden und sich neu orientierenden Gesellschaft. Die Demokratie lebt von der Idee der Mehrheitsbildung und ihrer Veränderung im Zeitablauf. Die in Art. 20 Abs. 1 festgelegte Demokratiegewährleistung des Grundgesetzes erfährt insbesondere dann Bedeutung, wenn ein Regierungswechsel erfolgt. Durch diesen hat das Wahlvolk zum Ausdruck gebracht, dass es in einer politischen Sachfrage eine Änderung wünscht.[103] Ein Stillstand des legislativen Änderungsprozesses ist daher unvereinbar mit unserer demokratischen Grundordnung, die eine Flexibilität des Gesetzgebers fordert. In diesem Zusammenhang muss auch berücksichtigt werden, dass Gesetze unter dem stillschweigenden *Vorbehalt jederzeitiger Abänderbarkeit* stehen.[104] Der demokratisch legitimierte Gesetzgeber muss grundsätzlich frei sein, seine einst geschaffenen Regeln an neue Erkenntnisse und geänderte politische Willensrichtungen anzupassen. Nur durch die Möglichkeit einer Neubewertung kann sich das Recht an gesellschaftliche Veränderung sowie neue Erkenntnisse durch wissenschaftlichen Fortschritt anpassen. Insofern ist das Vertrauen in Gesetze nicht schutzwürdig, weil der Bürger jederzeit mit einer Revision rechnen muss. Allerdings ist dieser Änderungsvorbehalt nicht schrankenlos zu gewährleisten, da ansonsten ein sinnvoll planendes Verhalten des Bürgers unmöglich gemacht wird.

---

101 Vgl. *Maurer* in Isensee/Kirchhof, HStR IV, § 79 Rn. 1.

102 So *Luhmann*, Vertrauen, S. 9.

103 *Roßnagel* in Roßnagel/Roller, Die Beendigung der Kernenergienutzung durch Gesetz, 9 (21).

104 *Schwarz*, Vertrauensschutz als Verfassungsprinzip, S. 296 f.; *Weber-Dürler*, Vertrauensschutz im öffentlichen Recht, S. 81, 283.

Dieser Konflikt zwischen Bewahrung und Veränderung der Rechtslage wird vom Grundgesetz erkannt und versucht zu kanalisieren. Der Gesetzgeber ist gemäß der Art. 70 ff. GG zur Gesetzgebung berechtigt und verpflichtet. Beim Erlass von Gesetzen, hat er jedoch die formellen Regelungen des Gesetzgebungsverfahren sowie die materiellen Vorgaben der Verfassung zu beachten. Art. 20 Abs. 3 GG statuiert die Bindung der Gesetzgebung an die verfassungsgemäße Ordnung. Konkret muss das Gesetz mit den Grundrechten und den allgemeinen Verfassungsprinzipien vereinbar sein. Neben dem Vertrauensschutzprinzip sind dabei die klassischen Freiheitsrechte von großer Bedeutung, da sie dem Individuum eine vor staatlichem Zugriff geschützte Individualsphäre verschaffen.[105] Die moderne Industrie- und Massengesellschaft fordert den Staat zunehmend zur Aktivität im wirtschaftlichen und sozialen Bereich heraus, sodass Eingriffe in die Freiheit der Bürger zur imperativen Begleiterscheinung werden.[106] Neben dem Eingriffsrecht verfügt der Gesetzgeber auch über ein Leistungs- und Lenkungsrecht. Durch die Gewährung staatlicher Leistung wird der Einzelne begünstigt und regelmäßig zur Ausübung seiner Freiheitsrechte animiert. Insofern wirkt die Leistungsverwaltung „grundrechtsrealisierend"[107]. Der lenkende Staat verzichtet zwar auf unmittelbaren Zwang, beispielsweise in Form von Verboten. Gleichermaßen bedeutet der Entzug einer zuvor gewährten Begünstigung einen eingriffsgleichen Nachteil des Einzelnen, wogegen die Grundrechte sowie das Vertrauensschutzprinzip als Schutz dienen sollen.

Die Herausforderung des Gesetzgebers bei Vornahme eines Strategiewechsels ist, das individuelle Interesse der von der Rechtsänderung Betroffenen auf Bestand einer einmal geschaffenen Rechtslage und das eigene kollektive Änderungsinteresse gegeneinander abzuwägen und zu einem gerechten Ausgleich zu bringen. Das Demokratieprinzip bildet keinen alle anderen Verfassungsnormen überwindenden Grundsatz. Das Grundgesetz verlangt vielmehr, dass ein gerechter Ausgleich zwischen den widerstreitenden Interessen im Wege der praktischen Konkordanz gefunden wird.[108] Aufgabe des Grundgesetzes ist es daher, das Vertrauen in eine bestehende Ordnung vor zu abrupten Veränderungen sowie die von dem Strategiewechsel betroffenen Grundrechte einzelner vor

---

105 *Werber-Dürler*, Vertrauensschutz im öffentlichen Recht, S. 26 f.

106 Vgl. *Maurer* in Isensee/Kirchhof, HStR IV, § 79 Rn. 9.

107 Vgl. *Werber-Dürler*, Vertrauensschutz im öffentlichen Recht, S. 28 mit weiteren Nachweisen.

108 Vgl. *Kahl/Ellerbrok* EurUP 2018, 17.

unverhältnismäßigen Belastungen zu schützen.[109] Denn Vertrauen und Kontinuität sind Grundlagen einer funktionierenden Rechtsordnung. „Der Gegensatz in die kontinuitätssichernde Kraft des Staates sind Chaos und Angst."[110] Inwiefern das Grundgesetz dieser Aufgabe nachkommt, wird im Folgenden noch zu erörtern sein.

II. Inhalt und Verortung des Vertrauensschutzprinzips

Das Verlangen des Einzelnen nach Konstanz und Vorhersehbarkeit von staatlichem Handeln findet seinen verfassungsrechtlichen Anknüpfungspunkt insbesondere im Gebot der Rechtssicherheit.[111] Abgeleitet aus dem Verfassungsprinzip der Rechtsstaatlichkeit verlangt die Rechtssicherheit, dass jeder staatliche Hoheitsakt so beständig sein soll, dass sich der Bürger auf sie hinreichend verlassen kann. Rechtssicherheit wird als Berechenbarkeit, Verlässlichkeit und Erkennbarkeit des Rechts verstanden.[112] Die darauf basierende subjektive Schutzgewähr zugunsten des Bürgers, der auf den Bestand und die Fortwirkung von Recht vertraut und entsprechende Dispositionen getätigt hat, bildet das verfassungsrechtliche Prinzip des Vertrauensschutzes. Es stellt die Bestandsgarantie im Interesse des Bürgers dar, weshalb das Vertrauensschutzinteresse *prima facie* auch als Gegenpol zum Änderungsinteresse des Gesetzgebers angesehen werden kann.[113] Die Verortung des Vertrauensschutzes in der Rechtsordnung ist indes nicht unproblematisch.[114] Eine explizite Verankerung des Vertrauensschutzgrundsatzes ist im Grundgesetz nicht vorhanden. Im Bereich der Gesetzgebung wird er nach wie vor durch die Rechtsprechung des Bundesverfassungsgerichts bestimmt.[115] In seiner Grundsatzentscheidung vom 19. Dezember 1961[116] leitet

---

109 *Roßnagel* in Roßnagel/Roller, Die Beendigung der Kernenergienutzung durch Gesetz, 9 (21).

110 Vgl. *Birk* in Peezer, Vertrauensschutz im Steuerrecht, DStJG Bd. 27, 2004, 9 (10).

111 Ausführlich dazu *v. Arnauld*, Rechtssicherheit, S. 9 ff., 76 ff., 101 ff., 165 ff., 493 ff., 661 ff.

112 Siehe dazu: *v. Arnauld*, Rechtssicherheit, S. 104 ff.

113 *Maurer* in Isensee/Kirchhof, HStR IV, § 79 Rn. 4.

114 Siehe hierzu ausführlich *Schwarz*, Vertrauensschutz als Verfassungsprinzip, S. 39 ff.; *Weber-Dürler*, Vertrauensschutz im öffentlichen Recht, S. 36 ff.; *Maurer* in Isensee/Kirchhof, HStR IV, § 79 Rn. 35 f.

115 Anders als die Rechtsprechung des BVerwG zu Rücknahme rechtswidriger begünstigender Verwaltungsakte, die vom Gesetzgeber mit Modifikationen in die Verwaltungsverfahrensgesetze (vgl. § 48 Abs. 2 und 3 VwVfG) aufgenommen wurde.

116 BVerfGE 13, 261.

das Gericht den Vertrauensschutz aus dem Institut der Rechtssicherheit ab, das seinerseits ein Element des Rechtsstaatsprinzip sei. Das Gericht führt aus, dass Rechtssicherheit für den Bürger in erster Linie Vertrauensschutz bedeute.[117] Der Rechtsprechung des Bundesverfassungsgerichts folgend, kann der Vertrauensschutzgrundsatz daher als Konkretisierung und Subjektivierung des objektiven Grundsatzes der Rechtssicherheit verstanden werden.[118] Er dient als Individualrecht des Bürgers zum Schutz seines Vertrauens in den Fortbestand der geltenden Rechtslage.[119]

Der Grundsatz des Vertrauensschutzes betrachtet Gesetzesänderungen aus der Perspektive des Bürgers, in dessen Freiheit durch Änderung der Rechtslage eingegriffen wird.[120] Er verlangt den Fortbestand staatlicher Rechtsakte oder zumindest den Erlass von Übergangsregelungen und Härtefallklauseln, um einen schonenden Übergang von der alten zur neuen Rechtslage zu gewährleisten.[121] Vertrauensschutz kann daher als „Schlüsselbegriff staatlichen Ausgleichs“[122] gesehen werden.

III. Entstehung schutzwürdigen Vertrauens

1. Vertrauenstatbestand

Vertrauensschutz meint den Schutz des Vertrauens des Bürgers in den Bestand bzw. den Fortbestand staatlicher Entscheidungen. Bedeutung erlangt er insbesondere dann, wenn der Staat zu Lasten des Bürgers von seinen bisherigen Entscheidungen abweicht.[123] Aufgrund der subjektiven Ausrichtung des Vertrauensschutzprinzips und dessen Ziel vertrauensenttäuschendes staatliches Handeln abzuwenden[124], sind an den Vertrauenstatbestand besondere Voraussetzungen geknüpft. Zunächst muss eine Vertrauensgrundlage als normativer Anknüpfungspunkt für den Vertrauensschutz vorhanden sein. Außerdem bedarf es neben der Kenntnis dieser, das auf einer inneren Willensrichtung beruhende

---

117 BVerfGE 13, 261 (271).

118 Vgl. *Grzeszick* in Maunz/Dürig, GG, Art. 20 Rn. 50 ff., 69; *Sachs* in ders., GG, Art. 20 Rn. 131.

119 So auch *Maurer* in Isensee/Kirchhof, HStR IV, § 79 Rn. 4.

120 *Maurer* in Isensee/Kirchhof, HStR IV, § 79 Rn. 4.

121 *Maurer* in Isensee/Kirchhof, HStR IV, § 79 Rn. 4.

122 So *Maurer* in Isensee/Kirchhof, HStR IV, § 79 Rn. 9.

123 *Maurer* in Isensee/Kirchhof, HStR IV, § 79 Rn. 13.

124 Siehe *Weber-Dürler*, Vertrauensschutz im öffentlichen Recht, S. 129. ff.; *Schwarz*, Vertrauensschutz als Verfassungsprinzip, S. 258 ff., 318 f.

Vertrauen in die Vertrauensgrundlage. Abschließend müssen sich die zuvor genannten Merkmale in einer Vertrauensbetätigung manifestiert haben.

a) Vertrauensgrundlage

Erste Voraussetzung des Vertrauenstatbestands ist die Vertrauensgrundlage. Benötigt wird ein Anknüpfungspunkt, der schutzwürdiges Vertrauen überhaupt entstehen lässt. Dazu muss der Staat durch sein Verhalten eine Vertrauensgrundlage geschaffen haben, auf die sich der Bürger berufen kann.[125] Vom Verhalten des Staates muss der einzelne demnach auf einen bestimmten Rechtszustand schließen können.[126] Die Vertrauensgrundlage kann jedwede Form eines staatlichen Hoheitsakts annehmen. Zu nennen sind hier unter anderem Gesetze, Verwaltungsakte, öffentlich-rechtliche Verträge und tatsächliches Verwaltungshandeln.

aa) Gesetz als Vertrauensgrundlage

Als Vertrauensgrundlage kommen zuvörderst Gesetze in Betracht. Sie bilden in der Gesamtschau staatlicher Machtausübung diejenigen Handlungen, auf die sich der Bürger naturgemäß verlassen soll. Aufgabe des Vertrauensschutzprinzips ist dabei die teilweise Bindung des Gesetzgebers an bereits bestehende Gesetze.[127] Dies bedeutet allerdings nicht, dass ein Gesetz *a priori* Vertrauensschutz gewährleistet. Würde man dies annehmen, so führte dies zu einer konstanten Bindung des Gesetzgebers an vorangegangene Handlungen, welche mit der demokratischen Grundordnung unvereinbar wäre.[128] Regeln wie *„lex posterior derogat legi priori"* sprechen dafür, dass Gesetze, wenn auch nicht ausdrücklich normiert, unter dem Vorbehalt ihrer späteren Änderung stehen.[129]

---

125 Vgl. *Muckel*, Kriterien des verfassungsrechtlichen Vertrauensschutzes bei Gesetzesänderungen, S. 81, der die Vertrauensgrundlage als das Verhalten eines staatlichen Organs, das bestimmte Erwartungen des einzelnen, die sich gerade auf dieses Verhalten beziehen, auslöst, definiert.

126 *Ossenbühl*, Rücknahme fehlerhafter begünstigender Verwaltungsakte, S. 81.

127 *Muckel*, Kriterien des verfassungsrechtlichen Vertrauensschutzes bei Gesetzesänderungen, S. 81.

128 Siehe hierzu auch unten C.III.3.a).

129 Vgl. *Schwarz*, Vertrauensschutz als Verfassungsprinzip, S. 296 f.; *Weber-Dürler*, Vertrauensschutz im öffentlichen Recht, S. 81, 283.

Ob ein Gesetz Vertrauensschutz gewährt und welche Intensität dieser aufweist, wird durch die Ausgestaltung der gesetzlichen Regelung selbst bestimmt.[130] Eindeutig als Vertrauenstatbestände einzuordnen sind Gesetze, die ausdrücklich eine fiskalische Zusicherung enthalten, zum Beispiel solche, die finanzielle Ansprüche eines Beamten regeln.[131] Unsicherheit besteht unter anderem darüber, ob Normen, die erkennbar nur vorläufiger Natur sind, ebenso Vertrauensschutz begründen können.[132] Das Aufstellen einer allgemeinen Regel, die besagt, wann ein Gesetz eine taugliche Vertrauensgrundlage bildet und wann nicht, bereitet aufgrund der Einzelfallbezogenheit des Vertrauenstatbestandes Schwierigkeiten.[133] Als Kriterium zur Beantwortung der Frage, ob eine taugliche Vertrauensgrundlage vorliegt, bieten sich insofern die Grundrechte an, als das Prinzip des Vertrauensschutzes aus dem Rechtsstaatsprinzip abgeleitet wird, welches in den Grundrechten seine Konkretisierung gefunden hat.[134]

Einigkeit besteht darüber, dass das Handeln des Staates geeignet sein muss, Entscheidungen und Dispositionen des Bürgers herbeizuführen oder wenigstens zu beeinflussen.[135] Dies soll dann nicht der Fall sein, wenn der Hoheitsakt nur einen vorläufigen Charakter aufweist, da dieser nur einen vorübergehenden

130 *Muckel*, Kriterien des verfassungsrechtlichen Vertrauensschutzes bei Gesetzesänderungen, S. 82.

131 Siehe die Vorschriften im Gesetz über die Versorgung der Beamten und Richter des Bundes – Beamtenversorgungsgesetz (BeamtVG); siehe auch BVerfGE 76, 256 (347) wonach der rechtstaatliche Grundsatz des Vertrauensschutzes im Bereich des Beamtenversorgungsrechts durch Art. 33 Abs. 5 GG seine besondere Ausprägung erfahren hat.

132 Siehe dazu *Maurer* in Isensee/Kirchhof, HStR IV, § 79 Rn. 48; Beispiele für Gesetze vorläufiger Natur sind vor allem in der Nachkriegszeit zu finden. Insofern ist beispielsweise das Bundesergänzungsgesetz zur Entschädigung der Opfer der nationalsozialistischen Verfolgung v. 18.09.1953 (BGBl. I S. 1387 (1953)) zu nennen, das durch das Bundesentschädigungsgesetz v. 29.06.1956 (BGBl. I S. 559 (1956)) ersetzt wurde. Als Beispiel jüngerer Zeit, bei dem das Gesetz unter einem erkennbaren Vorbehalt steht, dient das Vorläufige Biergesetz v. 29.07.1993 (BGBl. I S. 1399 (1993)), das durch das Gesetz zur Neuordnung des Lebensmittel- und des Futtermittelrechts v. 1.09.2005 (BGBl. I S. 2618 (2005)) aufgehoben wurde.

133 Zur Differenzierung nach Gesetzestypen siehe *Muckel*, Kriterien des verfassungsrechtlichen Vertrauensschutzes bei Gesetzesänderungen, S. 82 f.

134 BVerfGE 45, 142 (186); siehe unten C.V.

135 *Muckel*, Kriterien des verfassungsrechtlichen Vertrauensschutzes bei Gesetzesänderungen, S. 81; *Weber-Dürler*, Vertrauensschutz, S. 79; *Ossenbühl*, Dic Rücknahme fehlerhafter begünstigender Verwaltungsakte, S. 80 f.

Lenkungszweck besitzt und daher von sich heraus keine gesicherte Rechtsposition zu gewähren vermag.[136] Daraus lässt sich schlussfolgern, dass ein Gesetz jedenfalls dann eine taugliche Vertrauensgrundlage darstellen kann, wenn es eine *dauerhafte Lenkungswirkung* entfaltet. Konkret bedeutet dies, dass das Gesetz in der Lage sein muss, eine Handlung beim Einzelnen hervorzurufen, die dem Gesetz anhaftenden gesetzgeberischen Willen entspricht. Derjenige, der in Folge der Lenkungswirkung Dispositionen vornimmt, erweist Vertrauen in die zugrunde liegende gesetzliche Regelung. [137]

Über die Dauerhaftigkeit der Lenkungswirkung hinaus bedarf es einer Wirkung, die den Einzelnen zu einem Handeln verleitet, welches wiederum Schutz durch die *Grundrechte* genießt. Der Vertrauensschutz als Individualrecht wird insbesondere durch die Grundrechte verbürgt. Der Einzelne soll im Vertrauen auf den Rechtsstaat auf Basis der Freiheitsgrundrechte seine Zukunft gestalten.[138]

Zur Beurteilung, ob ein Gesetz einen tauglichen Vertrauensgegenstand darstellt, ist insofern danach zu differenzieren, ob das Gesetz infolge seiner *dauerhaften Lenkungswirkung* zur Schaffung von Rechtspositionen führt, die einen Anknüpfungspunkt in den *Grundrechten* aufweisen. Besitzt das Gesetz eine Lenkungswirkung, die den Einzelnen dazu veranlasst von seinen Freiheitsrechten Gebrauch zu machen, so liegt eine taugliche Vertrauensgrundlage vor.

bb) Kenntnis der Vertrauensgrundlage

Das Vertrauen in die Fortgeltung einer Rechtslage ist grundsätzlich nur denjenigen zuzubilligen, die den zu Grunde liegenden Rechtsakt auch kannten. Einfach gelagert sind dabei die Fälle behördlicher Zusagen, wie zum Beispiel bei Erlass eines begünstigenden Verwaltungsakts. Hier ist die Möglichkeit individueller Kenntnisnahme evident vorhanden. Problematisch ist die Voraussetzung der Kenntnisnahme dann, wenn es sich nicht um einen staatlichen Rechtsakt handelt, der den Bürger direkt adressiert, sondern das Handeln des Staates einen abstrakt-generellen Adressatenkreis aufweist. Zuvörderst sind hier wiederum Gesetze zu nennen. Das Grundgesetz unterstellt aufgrund der Pflicht zur Veröffentlichung eines Gesetzes[139], dass grundsätzlich jeder Bürger die Gesetze

---

136 Dazu BVerfGE 30, 367 (389) unter Berufung auf BVerfGE 13, 39 (45 f.); mit weiteren Nachweisen *Muckel*, Kriterien des verfassungsrechtlichen Vertrauensschutzes bei Gesetzesänderungen, S. 82 f.

137 Zum Ganzen vgl. *Schwarz*, Vertrauensschutz als Verfassungsprinzip, S. 296 ff.

138 Vgl. *Maurer* in Isensee/Kirchhof, HStR IV, § 79 Rn. 61.

139 Vgl. bei Bundesgesetzen Art. 82 Abs. 1 S. 1 GG.

kennt.[140] Vor diesem Hintergrund wird im Bereich des Steuerrechts zum Teil die Auffassung vertreten, dass bei rückwirkender Änderung von Steuergesetzen der Vertrauenstatbestand bereits dann vorliege, soweit das rückwirkend aufgehobene Gesetz vorteilhaft war. Die Kenntnis des Steuerpflichtigen sei nicht erforderlich.[141] Dabei wird argumentiert, dass derjenige, der bewusst auf Grundlage einer Regelung Dispositionen vornimmt, nicht schutzwürdiger sei, als derjenige, der in Einklang mit der Rechtsordnung, aber ohne positive Kenntnis der Vertrauensgrundlage handelt. Ein Steuergesetz lege allen davon Betroffenen eine unmittelbare Steuerlast auf, unabhängig von der jeweiligen positiven Kenntnisnahme des Einzelnen.[142] Darüber hinaus biete die Fiktion praktische Vorteile, da es im Nachhinein nur schwer nachvollziehbar sei, ob ein Bürger Kenntnis eines Gesetzes hatte oder nicht.[143]

Diese Auffassung ist jedoch insofern problematisch, als die Entstehung von Vertrauen naturgemäß die Kenntnis der Vertrauensgrundlage voraussetzt. Vertrauen ohne Bewusstsein über die Grundlage des Vertrauens ist kein Vertrauen. In der Folge ist hier auch kein Vertrauensschutz zu gewähren.[144] Die positive Kenntnis des Gesetzesinhalts ist unabdingbar, weil sie Voraussetzung und zugleich Konsequenz des subjektiven Charakters des Vertrauensschutzes ist. Würde man den Schutz des Vertrauens ohne positive Kenntnis der Vertrauensgrundlage gewähren, so stünde dies im Widerspruch zur individuellen Abwehr- und Schutzfunktion des Vertrauensschutzprinzips. Notwendigerweise setzt daher ein Abwehranspruch des Einzelnen das kognitive Bewusstsein über die Vertrauensgrundlage voraus. Eine Fiktion der Kenntnis birgt die Gefahr zufälliger Vertrauenstatbestände auf Seiten des Normadressaten. Der Verzicht auf die positive Kenntnis, der teilweise vertreten wird, erzeugt einen objektiven, generellen Vertrauensschutz[145], der im subjektiven Vertrauensschutzprinzip keine Berechtigung findet.

---

140 „Ignoratia juris non nocet"; vgl. *Aschke*, Übergangsregelungen als verfassungsrechtliches Problem, S. 4 f.

141 *Arndt*, Probleme rückwirkender Rechtsprechungsänderung, S. 82.

142 *Arndt*, Probleme rückwirkender Rechtsprechungsänderung, S. 83.

143 *Arndt*, Probleme rückwirkender Rechtsprechungsänderung, S. 84. *Aschke*, Übergangsregelungen als verfassungsrechtliches Problem, S. 5 ff.

144 So auch im Ergebnis: *Schwarz*, Vertrauensschutz als Verfassungsprinzip, S. 303 f.; *Weber-Dürler*, Vertrauensschutz im öffentlichen Recht, S. 90 f. mit weiteren Nachweisen; *Muckel*, Kriterien des verfassungsrechtlichen Vertrauensschutzes bei Gesetzesänderungen, S. 90 f.; *Leisner*, Kontinuität als Verfassungsprinzip, S. 467.

145 Vgl. zum Begriff: *Arndt*, Probleme rückwirkender Rechtsprechungsänderung, S. 82.

cc) Vertrauen

Kenntnis der Vertrauensgrundlage allein bedeutet noch nicht, dass der Einzelne auch voluntativ sein weiteres Verhalten auf ihr gründet. Neben dem intellektuellen Merkmal der Kenntnis bedarf es eines inneren Willens, der gerichtet ist auf das Sich-Verlassen auf die vom Staat geschaffene Rechtslage. Der Bürger muss *vertrauen*. Hier bedient sich die wohl herrschende Meinung erneut einer Fiktion und setzt voraus, dass sich ein Bürger auf Gesetze verlasse, die für ihn günstig seien.[146] Übereinstimmend mit *Leisner* kann hier nur entgegengehalten werden, dass die Annahme eines Vertrauenstatbestandes ohne Prüfung des Vertrauens ein Widerspruch in sich ist.[147] Das Vertrauen des Einzelnen stellt ein konstitutives Merkmal des Vertrauensschutzes dar. Beweisschwierigkeiten können nicht der Grund dafür sein, dass auf dieses essenzielle Kriterium verzichtet wird. Die Frage der Beweisbarkeit stellt sich ohnehin nicht, wenn der Bürger sein Vertrauen betätigt hat. Mangelt es an einem bewusst entwickelten Vertrauen, so wird der Einzelne regelmäßig auch keine auf dem Vertrauen beruhende Disposition vorgenommen haben.[148] Da die Vertrauensbetätigung ebenso notwendige Voraussetzung des Vertrauenstatbestandes ist, kann diese nicht zuletzt als Mittel zum Nachweis über das Vertrauen dienen.

b) Vertrauensbetätigung und Vertrauensschaden

Ständige Rechtsprechung[149] und die herrschende Meinung in der Literatur[150] setzen ein Betätigen des Vertrauens voraus. Der Bürger müsse in Vertrauen auf die staatliche Handlung Dispositionen getroffen haben, d.h. sein Vertrauen ausgeübt haben. Zwischen der Vertrauensgrundlage und der Vertrauensbetätigung

---

146 *Arndt*, Probleme rückwirkender Rechtsprechungsänderung, S. 82; *Knittel*, Zum Problem der Rückwirkung bei einer Änderung der Rechtsprechung, S. 55; *Grunsky*, Grenzen der Rückwirkung bei einer Änderung der Rechtsprechung, S. 26 f.

147 *Leisner*, Kontinuität als Verfassungsprinzip, S. 468.

148 *Schwarz*, Vertrauensschutz als Verfassungsprinzip, S. 303.

149 BVerfGE 3, 4, (12); 43, 291 (391); 51, 356 (362 f.); 62, 117 (163 f.); 63, 343 (359); 69, 272 (309 f.); 72, 175 (196); 75, 246 (280).

150 *Schwarz*, Vertrauensschutz als Verfassungsprinzip, S. 307 f.; *Ossenbühl* DÖV 1972, 25 (28); *Grabitz* DVBl. 1973, 675 (683); *Mainka*, Vertrauensschutz im öffentlichen Recht, S. 32 ff.; *Schlenker*, Soziales Rückschrittsverbot und Grundgesetz, S. 209; a.A., wonach das Erfordernis einer Vertrauensbetätigung verzichtbar sei: *Weber-Dürler*, Vertrauensschutz im öffentlichen Recht, S. 98; *Muckel*, Kriterien verfassungsrechtlichen Vertrauensschutzes bei Gesetzesänderungen, S. 98.

müsse außerdem ein Kausalzusammenhang vorliegen.[151] Erst wenn der Bürger aufgrund der vom Staat geschaffenen Lage tätig wird, manifestiert sich sein Vertrauen und bildet eine Objektivierung des inneren Willens. Mit dem Erfordernis der Vertrauensbetätigung wird erneut der Subjektivität des Vertrauensschutzgrundsatzes genüge getan. Geschützt wird schließlich nicht die abstrakte Erwartung in die Fortdauer einer Rechtslage. Dies wäre keine Frage des Instituts des Vertrauensschutzes in seiner Funktion als Dispositionsschutz, sondern der objektiven Kontinuität staatlichen Handels.[152] Da wesentliche Aufgabe des Vertrauensschutzes die Wahrung der Interessen von Betroffenen ist, kann eine Berufung auf diesen Schutzmechanismus nur statthaft sein, wenn eine Interessenverletzung vorliegt.[153] Die bloße Enttäuschung über eine erhoffte Zukunft ist als Bezugspunkt für den Vertrauensschutzes unerheblich. Insoweit spricht das Bundesverfassungsgericht auch vom Erfordernis eines „Vertrauensschadens".[154]

2. Schutzwürdigkeit des Vertrauens

Liegen die Voraussetzungen des Vertrauenstatbestands vor, so ist im nächsten Schritt nach der Schutzwürdigkeit des Vertrauens zu fragen. Denn entstandenes Vertrauen bildet das Schwert im Kampf um den Bestand einer Rechtslage. Der Sieg über das Änderungsinteresse des Gesetzgebers hängt allerdings von der Abwägung der widerstreitenden Interessen ab. Das Vertrauen des Bürgers ist abzuwägen gegen das öffentliche Interesse des Staates an der Änderung der Rechtslage. Die Schutzwürdigkeit des Vertrauens ist das Ergebnis dieser Abwägung. Der Vertrauensschutz des Einzelnen müsse zurücktreten, wenn überragende Belange des Gemeinwohls dem Prinzip der Rechtssicherheit vorgehen.[155]

---

151 *Schwarz*, Vertrauensschutz als Verfassungsprinzip, S. 307 f.; *Ossenbühl*, Die Rücknahme fehlerhafter begünstigender Verwaltungsakte, S. 88; mit weiteren Nachweisen *Weber-Dürler*, Vertrauensschutz im öffentlichen Recht, S. 102 ff.

152 So auch *Schwarz*, Vertrauensschutz als Verfassungsprinzip, S. 308; siehe zur Kontinuität C.III.3.b).

153 Ebenso: *Ossenbühl*, Die Rücknahme fehlerhafter begünstigender Verwaltungsakte, S. 87; *Leisner*, Kontinuität als Verfassungsprinzip, S. 470; BVerfGE 75, 246 (280).

154 Siehe nur BVerfGE 75, 246 (280).

155 BVerfGE 122, 374 (394) zur Neuregelung der Vergütung von Strom aus mehreren Biomasseanlagen und der Verfassungsmäßigkeit v. § 19 Abs. 1 EEG 2009 insbesondere dessen Vereinbarkeit mit dem Grundsatz des Vertrauensschutzes.

Das Recht des Betroffenen kann somit unter dem Vorbehalt überwiegender öffentlicher Interessen gesehen werden.[156]

a) Interessenabwägung zur Herstellung praktischer Konkordanz

Es ist Aufgabe des Gesetzgebers die Kollision der widerstreitenden Interessen zwischen dem allgemeinen Änderungsinteresse und dem individuellen Bestandsinteresse im Sinne einer praktischen Konkordanz aufzulösen.[157] Dabei besteht ein Spannungsverhältnis zwischen der Verlässlichkeit der Rechtsordnung, als wesentliche Voraussetzung für Freiheit in Form der Selbstbestimmung über den eigenen Lebensentwurf und der Notwendigkeit der Veränderlichkeit der Rechtsordnung, um „den Staat handlungsfähig gegenüber dem unvermeidlichen oder politisch gezielt gewollten Wandel der Lebensverhältnisse zu erhalten“[158]. Den Gesetzgeber trifft insofern eine Optimierungsaufgabe, als er versuchen muss, sowohl dem Vertrauensschutzinteresse der Betroffenen als auch dem staatlichen Änderungsinteresse Grenzen zu setzen, „damit beide zu optimaler Wirksamkeit gelangen können“ [159].

b) Verhältnismäßigkeit

Verfassungsrechtliches Instrument zur Vornahme dieser Entscheidungsherstellung *ex ante* bildet das Verhältnismäßigkeitsprinzip.[160] Danach muss das ändernde Gesetz zur Erreichung eines legitimen Ziels geeignet und erforderlich sein sowie Mittel und Zweck in einem angemessenen Verhältnis stehen.[161] Das Verhältnismäßigkeitsprinzip verlangt zunächst eine Problemidentifikation, mit der das Ziel des Gesetzgebers konkretisiert wird, welches legitim sein muss und zudem den Anknüpfungspunkt für die folgende Untersuchung etwaiger

---

156 Vgl. *Muckel*, Kriterien verfassungsrechtlichen Vertrauensschutzes bei Gesetzesänderungen, S. 104; *Weber-Dürler*, Vertrauensschutz im öffentlichen Recht, S. 112; *Schwarz*, Vertrauensschutz als Verfassungsprinzip, S. 309.

157 Zur praktischen Konkordanz siehe *Hesse*, Grundzüge des Verfassungsrechts der Bundesrepublik Deutschland, Rn. 72 und 317 ff.; aus der Rspr. siehe etwa BVerfGE 67, 213 (228).

158 Vgl. BVerfGE 63, 343 (357).

159 *Hesse*, Grundzüge des Verfassungsrechts der Bundesrepublik Deutschland, Rn. 72.

160 Zum Verhältnismäßigkeitsgrundsatz als Handlungsnorm siehe *Hofmann*, Abwägung im Recht, S. 396 f.

161 BVerfGE 80, 137 (159 ff.); *Grzeszick* in Maunz/Dürig, GG, Art. 20 Rn. 110; Sachs in: ders., GG, Art. 20 Rn. 149 ff.

Alternativen bildet.[162] Die Erforderlichkeit ist nur gewahrt, wenn bei Betrachtung der zur Zweckerreichung geeigneten Alternativen keine gleich effektive und mildere Handlungsoption vorhanden ist.[163] Es darf also keine andere Möglichkeit einer gesetzlichen Regelung geben, die dem Änderungsinteresse des Vorhabenträgers in gleicher Effektivität Rechnung trägt, dabei jedoch diejenigen, die auf die vorherige Rechtslage vertrauten, weniger belastet. Zu beachten ist, dass der Gesetzgeber im Rahmen dieser Untersuchung einen Prognosespielraum besitzt.[164]

Innerhalb der Prüfung der Verhältnismäßigkeit im engeren Sinne findet schließlich die konkrete Abwägung statt, ob die Bestandsinteressen des Betroffenen die Veränderungsgründe des Gesetzgebers überwiegen oder nicht. Nach Feststellung des Vertrauenstatbestandes werden das Gewicht des Vertrauens sowie sonstige Abwägungsgesichtspunkte ermittelt. Das Maß des berechtigten Vertrauens wird in die Abwägung miteingestellt und bestimmt sich wesentlich durch die Ausgestaltung der jeweiligen Vertrauensgrundlage.[165] Je nach Einzelfall können Abstriche an der Schutzwürdigkeit des Vertrauens vorzunehmen sein.

aa) Art der betroffenen Rechtsgüter und Ausmaß des Vertrauensschadens

Maßgeblich für das Gewicht des Vertrauens sind die betroffenen, in der Regel grundrechtlichen, Rechtsgüter[166] und die Intensität der Nachteile[167]. Der Gesetzgeber kann auf unterschiedliche Weise das Vertrauen des Einzelnen enttäuschen. Eine geschaffene Vertrauensgrundlage kann abrupt und entschädigungslos aufgehoben werden oder es können Übergangsregelungen getroffen werden, die die Intensität des Eingriffs abmildern. Im Rahmen der Interessenabwägung muss daher Berücksichtigung finden, welches Rechtsgut wie stark von der Änderung der Rechtslage betroffen ist. Dabei ist beispielsweise das Vertrauen in den Fortbestand verfahrensrechtlicher Regelungen grundsätzlich weniger schützenswert als das Vertrauen in die Aufrechterhaltung materieller Rechtspositionen.[168] Des

---

162 *Hofmann*, Abwägung im Recht, S. 397.

163 *BVerfGE* 76, 256 (346 f.)

164 Dazu ausführlich *Meßerschmidt*, Gesetzgebungsermessen, S. 964 ff.

165 *Grzeszick* in Maunz/Dürig, GG, Art. 20 Rn. 90.

166 BVerfGE 72, 175 (196); 72, 200 (242); 76, 256 (347); 78, 249 (284); 87, 48 (63 f.); 92, 277 (344 f.); 97, 271 (285 ff.); 105, 17 (38 ff.).

167 BVerfGE 24, 220, (330 f.); 67, 1 (16); 69, 272 (310); 72, 175 (199); 76, 256 (353 f.).

168 BVerfGE 87, 48 (63 f.); BVerfGE 92, 277 (344f.); im Einzelfall könnten jedoch verfahrensrechtliche Regelungen aufgrund ihrer Bedeutung und ihres Gewichts in gleichem Maße schutzwürdig sein wie Positionen des materiellen Rechts.

Weiteren ist das Vertrauen in Regelungen zur Mitgliedschaft in der gesetzlichen Rentenversicherung besonders schutzwürdig, da diese erst langfristig zu Versicherungsleistungen führen.[169] Im Gegensatz dazu wiegt ein Eingriff, der die bislang gewährte Subvention im Rahmen eines Darlehensvertrags nicht gänzlich abschafft, sondern lediglich neue maßvolle Zinssätze beinhaltet, gering.[170] Wie die Summe an Beispielen zeigt, ist das Gewicht des Vertrauens vom zugrundeliegenden Einzelfall abhängig.[171]

bb) Staatlich veranlasste Dispositionen

Nach der Auffassung des Bundesverfassungsgerichts sei es angebracht, die Schutzwürdigkeit des Vertrauens herabzusetzen, wenn eine staatliche Förderung maßgeblich zur Schaffung der betroffenen Eigentumsposition beigetragen hat. In seinem Beschluss vom 20. Juni 1987[172] befand das Gericht, dass die durch das Wohnungsbau-Prämiengesetz von 1975 bewirkte Verminderung der Prämienvergünstigung im Hinblick auf laufende Bausparverträge nicht gegen den Vertrauensschutz des Beschwerdeführers verstieß und damit verfassungsmäßig war. Der verfassungsrechtliche Vertrauensschutz gehe nicht so weit, den Bürger vor jeder Enttäuschung zu bewahren.[173] Insbesondere gebe der Umstand, dass der Vertrauenstatbestand auf einer staatlichen Förderung beruht, dem Gesetzgeber die prinzipielle Legitimation, laufend darauf hinzuwirken, dass der mit dem Einsatz öffentlicher Mittel verfolgte Gemeinwohlzweck, die Förderung der Wohnungsbautätigkeit, nicht vereitelt werde. Die Intention des Beschwerdeführers, das WoPG auch in Zukunft als rentable Kapitalanlage zu nutzen, genieße daher nicht in besonderem Maß Vertrauensschutz.[174] Das Bundesverfassungsgericht stellte klar, dass der Gesetzgeber grundsätzlich frei sei, eine Förderung einzustellen so wie er in gleichem Maße frei sei, durch staatliche Förderung Dispositionen zu veranlassen.

Dem ist jedoch entgegenzuhalten, dass der Abschluss des Bausparvertrags eine Disposition darstellt, die auf Veranlassung der gesetzlichen Vertrauensgrundlage

---

169 BVerfGE 97, 271 (285 ff., 289).

170 BVerfGE 72, 176 (196 f.).

171 Anders *Maurer* in Isensee/Kirchhof, HStR IV, § 79 Rn. 40; *Grabitz* DVBl. 1973, 675 (683), die bei Gesetzen von einer generalisierenden Betrachtung ausgehen.

172 BVerfGE 48, 403.

173 Vgl. BVerfGE 48, 403 (416); 63, 312 (331); 67, 1 (15); 68, 287 (307); 71, 255 (272); 76, 256 (349 f.); 127, 1 (17).

174 Vgl. zum Ganzen BVerfGE 48, 403 (416).

getätigt wurde. Aufgrund des stark ausgeprägten Lenkungszwecks des WoPG 1969 muss dem Bestandsinteresse des Beschwerdeführers entgegen der Auffassung des Bundesverfassungsgerichts besonderes Gewicht zukommen. Derjenige, der auf Grundlage einer staatlichen Veranlassung Dispositionen trifft, ist umso schutzwürdiger.[175] Erlässt der Gesetzgeber eine Regelung, mit der er bewusst das Verhalten des Bürgers steuern und ihn zu Dispositionen veranlassen möchte, so schafft der Gesetzgeber notwendigerweise einen besonders schutzwürdigen Vertrauenstatbestand. Dies abzulehnen liefe dem Förderzweck des Gesetzes entgegen. Denn nur dort, wo Vertrauen in die gesetzliche Grundlage gesät wird, können dem Förderzweck entsprechende Dispositionen florieren. Die Schutzwürdigkeit des Vertrauens im Falle staatlicher Förderung herabzusetzen, würde die Verlässlichkeit staatlichen Handelns völlig relativieren. Vielmehr trägt der Staat die Verantwortlichkeit für die nachträgliche Änderung seiner zuvor gesetzten Vertrauensgrundlage.

Anders ist der Fall staatlicher Förderung nur dann zu bewerten, wenn die vom Staat veranlasste Disposition ihrer Eigenart nach eine hohe *Sozialbindung* aufweist. Im Beschluss vom 15. Oktober 1996[176] äußerte sich das Bundesverfassungsgericht zur Frage, ob die gesetzliche Verlängerung von Bindungsfristen für öffentlich geförderte Wohnungen und die Änderungen von Regelungen über die Bemessung der Kostenmiete in Fällen freiwilliger vorzeitiger Darlehensrückzahlung auch dann gelten, wenn die Darlehen schon vor Inkrafttreten des Änderungsgesetzes zurückgezahlt worden sind. Auch hier war das Bundesverfassungsgericht der Auffassung, dass Abstriche an der Schutzwürdigkeit des Vertrauens deshalb angebracht seien, weil die staatliche Förderung maßgeblich zum Wohnungseigentum des Beschwerdeführers beigetragen habe. Dies müsse der Eigentümer, der „sein Eigentum im Zusammenwirken mit der öffentlichen Hand in den Dienst einer langfristigen öffentlichen Aufgabe gestellt hat, bei seinen Dispositionen berücksichtigen."[177] Dem ist insofern zuzustimmen, als es sich hier um einen Sonderfall staatlich veranlasster Dispositionen handelt. Die erworbene Sozialwohnung ist grundsätzlich nicht zur Selbstnutzung durch den

175 So auch *Schwarz*, Vertrauensschutz als Verfassungsprinzip, S. 312 f.; *Muckel*, Kriterien des verfassungsrechtlichen Vertrauensschutzes bei Gesetzesänderungen. S. 84 f., 101; Siehe zur Vereinbarkeit des Abbaus staatlicher Subventionen mit dem Vertrauensschutzgrundsatz und Art. 14 GG *Hey* StuW 1998, 298 (313), die bei Lenkungsnormen ebenso ein erhöhtes Schutzbedürfnis des Vertrauenden annimmt.

176 Vgl. BVerfGE 95, 64.

177 BVerfGE 95, 64 (92).

Eigentümer, sondern zur Fremdnutzung durch bedürftige Mieter bestimmt.[178] Anders als ein Bausparvertrag, der allein der Privatnützigkeit des Anlegers dient, handelt es sich bei den geförderten Eigentumswohnungen um Privateigentum mit einem erheblichen sozialen Bezug. Getreu der Linie des Bundesverfassungsgerichts zur Sozialpflichtigkeit des Eigentums nach Art. 14 Abs. 2 GG, die besagt, dass die Befugnis des Gesetzgebers zur Inhalts- und Schrankenbestimmung umso weiter ist, je stärker der soziale Bezug des Eigentumsobjekts ist[179], ist auch die Schutzwürdigkeit des Vertrauens nur dann herabzusetzen, wenn die staatliche Förderung zu einer Disposition des Bürgers führen soll, die einen hohen Gemeinwohlbezug aufweist.

In der Konsequenz muss daher gelten, dass grundsätzlich das individuelle Bestandsinteresse koinzident mit dem Maß der Lenkungswirkung der gesetzlichen Grundlage an Gewicht gewinnt. Anders gesagt: je erheblicher und evidenter die Veranlassung der gesetzlichen Regelung, desto schwerer wiegt auch das individuelle Bestandsinteresse des Vertrauenden. Das Maß der Veranlassung ist anhand der gesetzlichen Vertrauensgrundlage zu bestimmen. Dabei kann *Muckel* folgend zwischen intendierten Dispositionen und spekulativen Dispositionen unterscheiden werden.[180] Eine Disposition aufgrund eines Gesetzes, das den Bürger zu privaten Investitionen anhält bzw. private Investitionen fördert, ist eine gesetzlich veranlasste oder *intendierte Disposition*. Sie verdient besondere Berücksichtigung. Demgegenüber handelt es sich um eine *spekulative Disposition,* wenn diese aufgrund einer gesetzlichen Regelung getätigt wird, die die Investition lediglich ermöglicht, aber nicht fördert. Die Disposition beruht zuvörderst auf dem Entschluss des Einzelnen und nicht auf staatlicher Veranlassung und ist dementsprechend auch weniger schutzwürdig.

Eine Ausnahme vom Grundsatz besonderer Schutzwürdigkeit staatlich veranlasster Dispositionen besteht allein im Falle einer erhöhten Sozialbindung der getätigten Disposition. Eine verminderte Schutzwürdigkeit allein deshalb anzunehmen, weil die Disposition auf einer staatlichen Förderung beruht, ist demgegenüber grundsätzlich abzulehnen.

---

178 BVerfGE 95, 64 (86).

179 Vgl. BVerfGE 21, 73 (83); 31, 229 (242); 36, 281 (292); 37, 132 (140); 42, 263 (294); 50, 290 (339 f.); 53, 257 (292); 100, 226 (241).

180 *Muckel*, Kriterien des verfassungsrechtlichen Vertrauensschutzes bei Gesetzesänderungen. S. 101 ff.

cc) *Zeitraum berechtigten Vertrauens, Vorhersehbarkeitsrechtsprechung des Bundesverfassungsgerichts*

Der Normadressat kann sich nur auf das Vertrauensschutzprinzip berufen, wenn die Disposition innerhalb des Zeitraums berechtigten Vertrauens getätigt wurde. Normative Wirkung entfaltet eine gesetzliche Vertrauensgrundlage erst mit ihrem Inkrafttreten.[181] Jedes Gesetz bestimmt den Zeitpunkt seines Inkrafttretens selbst (Art. 82 Abs. 2 Satz1 GG). Die Bestimmung des Tages des Inkrafttretens regelt den „zeitlichen Geltungsbereich" des neuen Gesetzes. Sie sagt dem Rechtsanwender, von welchem Zeitpunkt an er das neue Recht anzuwenden hat.[182] Ein im Gesetzgebungsverfahren befindliches Gesetz ist ein rechtliches *nullum*[183] und kann kein Vertrauen begründen.[184] Die Verkündung des Gesetzes bildet den Abschluss des Gesetzgebungsverfahrens und markiert den Zeitpunkt der rechtlichen Existenz einer Norm.[185] Ab diesem Zeitpunkt entfaltet das Gesetz Außenwirkung und ist in der Lage, Vertrauen zu begründen, vorausgesetzt der Normadressat erlangt Kenntnis[186] von dem Gesetzesinhalts.

Grundsätzlich bildet das Gesetz solange eine Vertrauensgrundlage, bis es durch eine Neuregelung abgelöst wird. Eine Kategorie für den vorzeitigen Fortfall des Vertrauensschutzes sollen jene Fälle bilden, in denen die Gesetzesänderung für den Normadressaten *vorhersehbar* war.[187] Schutzwürdig sei das Vertrauen in der Regel nur dann, wenn der Bruch in der bisherigen Rechtsordnung für den wachsamen und gutgläubigen Betroffenen plötzlich und auf unvorhersehbare Weise stattgefunden habe.[188] Dem Vertrauensschutz des Einzelnen soll eine geringere Bedeutung zukommen, wenn er mit einem gesetzgeberischen Eingriff in seine geschützte Rechtsposition rechnen musste. Vor diesem Hintergrund ist fraglich, bis zu welchem Zeitpunkt das Vertrauen in den Bestand der Rechtslage

---

181 *Butzer* in Maunz/Dürig, GG, Art. 82 Rn. 273.

182 *Aschke*, Übergangsregelungen als verfassungsrechtliches Problem, S. 8.

183 *Hey* NJW 2007, 408.

184 Anders BVerGE 143, 246 Rn. 377, wonach berechtigtes Vertrauen auf eine neue Rechtslage bereits mit Beschluss des Parlaments über das neue Gesetz begründet wird; siehe hierzu umfangreicher unten D.II.4.b)ee) sowie D.II.6.c)bb)(2).

185 *Aschke*, Übergangsregelungen als verfassungsrechtliches Problem, S. 2, 18; *Tappe*, Das Haushaltsgesetz als Zeitgesetz, S. 23 ff.; *Kisker*, Die Rückwirkung von Gesetzen, S. 9, 11.

186 Zum Erfordernis positiver Kenntnis siehe oben C.I.1.a)bb).

187 Dazu im Ganzen *Schwarz*, Vertrauensschutz als Verfassungsprinzip, S. 127, 304; *Weber-Dürler*, Vertrauensschutz im öffentlichen Recht, S. 288.

188 Vgl. *Calmes-Brunet* JuS 2014, 602.

legitim ist. Ab welchem Moment musste der Bürger mit der Gesetzesänderung rechnen und genießt daher weniger oder keinen Vertrauensschutz?

In der älteren Rechtsprechung des Bundesverfassungsgerichts wird als Zeitpunkt der Zerstörung des Vertrauens der endgültige *Bundestagsbeschluss* über die Neuregelung angeführt.[189] Danach entfiele das schutzwürdige Vertrauen in den Bestand der bisherigen Rechtslage im Zeitpunkt des Gesetzesbeschlusses über die Neuregelung von Seiten des Bundestages. Ab diesem Moment müssten die Betroffenen mit der Verkündung und dem Inkrafttreten der Neuregelung rechnen und ihr Verhalten auf die beschlossene Gesetzeslage einrichten.

Dieser Zeitpunkt ist jedoch insofern problematisch, als sich an den Beschluss des Bundestages über die Neuregelung weitere konstitutive Verfahrensschritte im Gesetzgebungsprozess anschließen, deren Ergebnis niemand vorhersehen kann. Gesetzesberatungen im Vermittlungsausschuss können eine vollständige Neufassung der Gesetzesvorlage zur Folge haben.[190] Daher erscheint es fraglich, zum Zeitpunkt des Bundestagsbeschlusses von einer Vorhersehbarkeit der Neuregelung für den Einzelnen auszugehen.

Inzwischen wurde der Zeitpunkt der Vertrauenszerstörung vom Bundesverfassungsgericht sogar noch weiter nach vorne verlagert. So soll bereits die *Ankündigung* einer Änderung der bestehenden Rechtslage von Seiten der Bundesregierung dazu führen, dass das Vertrauen nur abgeschwächt schutzwürdig sei. [191] Begründet wird dies damit, dass in Gesetze, die zum Gegenstand *politischer Diskussion* wurden, kein Vertrauen mehr bestehen könne.[192] Die zeitlich vor dem Gesetzesbeschluss beginnende Auswirkung der Gesetzesänderung auf das Vertrauen des Normadressaten sei insbesondere zur Vermeidung von *Ankündigungseffekten* als zwingender Grund gerechtfertigt.[193] Das Bekanntwerden der geplanten Gesetzesänderung führe oftmals dazu, dass die ursprüngliche Rechtslage vom Bürger noch einmal extrem ausgenutzt werde. Das Ziel des Gesetzgebers, die ältere Regelung abzuschaffen, drohe auf diesem Wege unterlaufen zu werden.

---

189 BVerfGE 13, 261 (272 f.); 31, 222 (227); 72, 200, (260); 95, 64 (87); 97, 67 (79).

190 Siehe auch *Schwarz*, Vertrauensschutz als Verfassungsprinzip, S. 305; *Aschke*, Übergangsregelungen als verfassungsrechtliches Problem, S. 269 f.; *Grabitz* DVBl. 1973, 675 (684).

191 Siehe insb. BVerfGE 95, 64 (89); 97, 67 (82).

192 BVerfGE 95, 64 (89); 97, 67 (82).

193 BVerfGE 97, 67 (81 f.).

Auch wurde bereits mehrfach entschieden, dass das *Einbringen eines Gesetzentwurfs in den Bundestag* das Vertrauen des Betroffenen auf den Fortbestand der bisherigen Rechtslage zerstören kann.[194] Mit Beginn des Gesetzgebungsverfahrens könne der Einzelne nicht mehr darauf vertrauen, dass die bis dahin bestandene Rechtslage erhalten bleibe.[195] Das Einbringen eines Gesetzentwurfs erlaube umgekehrt jedoch kein Vertrauen darauf, dass eine eingebrachte Regelung Gesetz wird.[196] Das heißt konkret, dass durch das Einbringen eines Gesetzentwurfs zwar Vertrauen auf die bestehende Rechtslage zerstört, aber kein Vertrauen in die neue Rechtslage begründet wird.

Diese Rechtsprechung des Bundesverfassungsgerichts wird höchst kritisch bewertet. Sie berge die Gefahr, das grundsätzliche Vertrauen in den Rechtsstaat zu vereiteln, da die Geltung von Gesetzen noch vor deren formaler Aufhebung in Frage gestellt werde. [197] Würde man die Haltung des Bundesverfassungsgerichts konsequent fortführen, so würde dies bedeuten, dass die politische Windrichtung und nicht die Gesetze die Vertrauensgrundlage bildeten.[198] Vertrauensschutz sei dann nur noch „ein politisch erstrebenswertes Leitziel ohne juristische Durchschlagskraft“ [199]. Die Tatsache, dass Ereignisse zwar vertrauenszerstörend, aber nicht vertrauensbegründend wirken können, verkürze den Zeitraum indem schutzwürdiges Vertrauen überhaupt bestehen kann. Denn nach der Rechtsprechung beginne der Zeitraum des berechtigten Vertrauens spät und endet früh. Dies benachteilige die Normadressaten in einer unsachgemäßen Weise.

Die Literatur ist sich einig, dass die Frage nach der Vorhersehbarkeit nicht anhand äußerer Umstände, sondern allein mit Hilfe der Norm selbst beantwortet werden dürfe.[200] Die Vertrauensgrundlage enthalte die Aussage darüber, ob und ab wann eine Änderung der bestehenden Rechtslage zu erwarten sei. Das subjektiv geprägte Postulat des Vertrauens könne nur auf diesem Weg objektiv

---

194 BVerfGE 127, 31 (50); 143, 246 Rn. 377; 148, 217 (261).

195 BVerfGE 127, 31 (59); 148, 217 (261).

196 BVerfGE 148, 217 (261).

197 So *Schwarz*, Vertrauensschutz als Verfassungsprinzip, S. 305; *Muckel*, Kriterien verfassungsrechtlichen Vertrauensschutzes bei Gesetzesänderungen, S. 93 ff.; *Leisner-Egensperger* NVwZ 2012, 985 (988 f.); *Hey* NJW 2007, 408 (410 f.).

198 Vgl. *Michael* JZ 2015, 425 (428).

199 *Muckel*, Kriterien verfassungsrechtlichen Vertrauensschutzes bei Gesetzesänderungen, S. 96.

200 Mit weiteren Nachweisen *Schwarz*, Vertrauensschutz als Verfassungsprinzip, S. 306 f.; *Muckel*, Kriterien verfassungsrechtlichen Vertrauensschutzes bei Gesetzesänderungen, S. 94 ff.; *Ossenbühl* AöR 1999, Bd. 124, 1 (45).

fassbar sein und so seinem Schutzzweck genügen. Insgesamt sei die Vertrauensdichte nur anhand der Norm zu ermitteln. Ein Herabsetzen der Schutzwürdigkeit des Vertrauens wegen Vorhersehbarkeit der Gesetzesänderung sei deshalb nur dann zulässig, wenn sich hierzu eine Veranlassung im ursprünglichen Gesetz finde. Das Vorverlagern des Zeitpunkts rechtlicher Existenz einer Norm noch vor Verkündung des Gesetzes bedeute eine normative Vorwirkung, die aus rechtsstaatlichen Gründen abzulehnen sei.[201] Nur im Zeitpunkt des Inkrafttretens des Gesetzes entfalte sich die neue Rechtslage. Äußere Umstände wie Verfahrensschritte im Gesetzgebungsverfahren können das Vertrauen in die bis dahin geltende Rechtslage nicht reduzieren oder entfallen lassen. Dies würde den Bürger für die Dauer des Gesetzgebungsverfahrens „zu Untätigkeit verdammen".

Wenn man allerdings unter dem Vertrauensschutz ein subjektives Postulat versteht, so erscheint es inkonsequent, ausnahmslos alle vertrauenserschütternden Ereignisse, die sich vor Verkündung einer Neufassung zutragen, für die Bewertung der Schutzwürdigkeit des Vertrauens außer Acht zu lassen. Findet ein politischer Diskurs über eine Neuregelung einer Materie statt, so kann aber zumindest davon ausgegangen werden, dass der subjektiven Erwartung des Einzelnen eine Unsicherheit anhaftet. Da das innere Vertrauensgefüge bei seiner Entstehung sowie Zerstörung nicht nach Art der einwirkenden Informationen differenziert und das Vertrauen als solches eine konstitutive Voraussetzung für den rechtlichen Vertrauenstatbestand darstellt,[202] muss die Bewertung des *Vertrauensgrades* neben normativen Ereignissen gleichermaßen anhand normfremder Einflüsse erfolgen können. Die Beeinflussbarkeit der Vertrauensdichte durch normfremde Einflüsse ist eine Schwäche, die dem Prinzip des Vertrauensschutzes unmittelbar anhaftet und insoweit hinzunehmen ist. Eine gänzliche *Vertrauenszerstörung* darf hierdurch jedoch keinesfalls eintreten.

Die Argumentation der Literatur geht insbesondere dann nicht auf, wenn ein Ereignis, welches eine Gesetzesänderung vorhersehbar werden lässt, eine gesetzesgleiche Wirkung aufweist. So muss ohne jeden Zweifel der Normunterworfene mit einer rechtlichen Umgestaltung rechnen, wenn das Bundesverfassungsgericht bereits mit Urteil entschieden hat, dass der Rechtsbereich neu zu regeln sei.[203] Die Schutzwürdigkeit des Vertrauens ist jedenfalls hier durch normfremde Einflüsse notwendigerweise herabzusetzen.

---

201 *Leisner-Egensperger* NVwZ 2012, 985 (988 f.); *Hey* NJW 2007, 408 (410 f.).

202 Siehe oben C.I.1.c).

203 BVerfGE 97, 271 (290); vgl. zur Gesetzeskraft bundesverfassungsgerichtlicher Entscheidungen § 31 Abs. 2 BVerfGG.

Da sich insgesamt feststellen lässt, dass abstrakte Kriterien für den Zeitpunkt der Vorhersehbarkeit nicht auszumachen sind, kann nur eine Einzelfallbetrachtung zu gerechten Ergebnissen führen. Die Vorhersehbarkeit einer Gesetzesänderung aufgrund *politischer Diskurse, Koalitionsvereinbarungen, Regierungsankündigungen* und *Gesetzesinitiativen* mit der Folge von zerstörtem Vertrauen ist abzulehnen. Diese Verhaltensweisen sind der politischen Sphäre zuzuordnen und nicht dem Gesetzgeber. Sie sind ebenso wenig grundsätzlich dazu in der Lage, das Vertrauen der Betroffenen in seiner Schutzwürdigkeit zu bemakeln. Es müssten vielmehr besondere Umstände des Einzelfalls hinzutreten, die die Vorhersehbarkeit begründen und die damit einhergehende Herabsetzung der Schutzwürdigkeit des Vertrauens rechtfertigen. Dies kann beispielsweise der Eintritt von *Ankündigungseffekten* sein, die durch Ausnutzen der alten Rechtslage den Regelungszweck des Gesetzes zu umgehen drohen. Insofern muss aber eine Bewertung anhand des Einzelfalls erfolgen. Aufgrund der Beliebigkeit der Umstände, wann die Vorhersehbarkeit der Neuregelung vorliegt, ist deren Bedeutung in der Interessenabwägung insgesamt deutlich einzuschränken.

Eine verminderte Schutzwürdigkeit ab dem Zeitpunkt des *Bundestagsbeschlusses* anzunehmen, muss hingegen, auch ohne das Hinzutreten besonderer Umstände, zulässig sein. Mit ihm wurde das spätere Gesetz unmittelbar „auf den Weg gebracht" und die endgültige Fertigstellung des Gesetzes hängt nur noch von wenigen Verfahrensschritten ab. Die neue Rechtslage ist für den Bürger vorhersehbar. Daher ist die Schutzwürdigkeit des Vertrauens auf die alte Rechtslage mit dem Bundestagsbeschluss über die Neuregelung herabgesetzt. Schutzwürdiges Vertrauen, ist aber dennoch vorhanden.

Eine Vertrauenszerstörung ausschließlich anhand normfremder Einflüsse ist grundsätzlich abzulehnen. Denn so wie nur ab Verkündung der Norm schutzwürdiges Vertrauen begründet werden kann, so darf auch nur ab diesem Zeitpunkt Vertrauen gänzlich ausgeschlossen werden. Dementsprechend ist auch die Auffassung des Bundesverfassungsgerichts, dass Vertrauen bereits mit dem Bundestagsbeschluss über das neue Gesetz begründet wird[204], abzulehnen.

Die Frage nach der Vorhersehbarkeit einer Gesetzesänderung ist daher prinzipiell anhand einer Analyse der tatsächlichen Umstände und deren Einfluss auf das Vertrauen des Einzelnen zu beantworten. Das Vertrauensschutzprinzip muss sich als subjektiver Anspruch des Einzelnen auch anhand subjektiver Einzelfallfaktoren bewerten lassen und duldet nur in den wenigsten Fällen eine generalisierende Maßstabsbildung. Jedenfalls macht das Bundesverfassungsgericht

204 So BVerfGE 143, 246 Rn. 377.

insofern zu Recht die Schutzwürdigkeit des Vertrauens von normfremden Umständen abhängig. Diese Abweichung vom Grundsatz der Verkündung als Wirksamkeitsvoraussetzung von Gesetzen muss allerdings die Ausnahme bleiben, da ansonsten ein Verlust an Rechtsstaatlichkeit zu befürchten ist.

3. Rechtsfolgen und Gestaltungsspielraum des Gesetzgebers

An einen schutzwürdigen Vertrauenstatbestand können sich eine Vielzahl von Rechtsfolgen anschließen. Leitgedanke des Vertrauensschutzprinzips ist grundsätzlich der Fortbestand der durch Gesetz geschaffenen Rechtsposition zum Schutze desjenigen, der im Vertrauen auf die Rechtslage Dispositionen getätigt hat. Ob eine Verletzung des Vertrauensschutzprinzips jedoch tatsächlich zum Fortbestand der zuvor geltenden Rechtslage führt, hängt vom Gewicht des Vertrauens und von der Schwere des Eingriffs von Seiten des Gesetzgebers ab.[205] Die eindeutige Zuordnung einer Rechtsfolge zur jeweiligen Fallkonstellation ist nicht möglich. Stattdessen ist es das Ergebnis der Abwägung, welches die Schutzwürdigkeit des Vertrauens in Relation zum Änderungsinteresse des Gesetzgebers bemisst, das die Aussage darüber enthält, ob der Bürger den Bestand der bisherigen Regelung verlangen kann. Der Konflikt zwischen Vertrauensschutzinteresse des Einzelnen und Änderungsinteresse des Gesetzgebers kann auch durch den Erlass von Übergangsregelungen und Härtefallklauseln aufgelöst werden.[206] Mit Hilfe dieser Gestaltungsmöglichkeiten erreicht der Gesetzgeber einen schonenden Übergang von der alten zur neuen Rechtslage. Schließlich kann auch die Gewährung einer kompensatorischen Entschädigung als letztes Mittel zur Rechtmäßigkeit der vertrauensenttäuschenden Gesetzesänderung führen.[207] Liegt kein schutzwürdiges Vertrauen vor, ist die Rechtsfolge eindeutig. Die Neuregelung gilt uneingeschränkt ab dem vom Gesetzgeber vorgesehenen Zeitpunkt.

a) Bindung an die Vertrauensgrundlage

Die stärkste Wirkung, die der Vertrauensschutz potentiell entfalten kann, ist die Bindung an die ursprüngliche Vertrauensgrundlage. Der Sachverhalt, der in der Vergangenheit seinen Ursprung findet, aber noch bis in die Gegenwart

---

205 *Muckel*, Kriterien des verfassungsrechtlichen Vertrauensschutzes bei Gesetzesänderungen, S. 82.

206 *Maurer* in Isensee/Kirchhof, HStR IV, § 79 Rn. 4.

207 Siehe zum Ganzen: *Weber-Dürler*, Vertrauensschutz im öffentlichen Recht, S. 128 ff.

und Zukunft fortwirkt, muss mithin keine Bewertung anhand der neuen Rechtslage fürchten. Dies erscheint für den Bürger als die bevorzugte Lösung für sein durch das neue Recht enttäuschte Vertrauen. Der Bestandsschutz des Rechts für Altfälle garantiert ihm die volle Planungssicherheit. Der Gewerbetreibende, dem eine wirtschaftliche Betätigung aufgrund eines bis dato geltenden Gesetzes erlaubt war, verlangt diese Tätigkeit weiterhin auszuüben. Die durch die neue Rechtslage drohende Entwertung seiner in der Vergangenheit getätigten Dispositionen wird so abgewehrt.

Diese Lösung mag im Hinblick auf die Interessen des Individuums zwar die bestmögliche sein, allerdings birgt sie die Gefahr einer inkonsistenten Rechtsordnung. Wenn die Wirkung des Gesetzes ausschließlich *pro futuro* erfolgt, d.h. unter Ausschluss der in die Zukunft fortwirkenden Sachverhalte, die unter die bis dato geltende Rechtsordnung fielen, führt dies zu rechtlichen Parallelwelten. Die Altfälle würden nach der alten Rechtslage behandelt werden und die zukünftigen Sachverhalte nach neuem Recht. Es würden insofern auf Dauer zwei unterschiedliche Rechtsordnungen für ein und denselben Sachverhalt gelten. Dieses Konstrukt ist vor dem Hintergrund der zum Ziel gesetzten Rechtssicherheit und dem allgemeinen Gleichheitssatz aus Art. 3 Abs. 1 GG[208] höchst zweifelhaft. [209] Außerdem besteht aus den Art. 70 ff. GG der verfassungsrechtliche Auftrag an den Gesetzgeber, die Rechtslage zu ändern und zu gestalten.[210] Insofern kollidiert das Vertrauensschutzprinzip mit dem Gestaltungsauftrag des Gesetzgebers und ist nicht in der Lage, eine Neuregelung zu verhindern. Eine zeitlich unbefristete Bindung an die Vertrauensgrundlage ist daher die Ausnahme.

b) Übergangs- und Stichtagsregelungen

Neben diesen diametral gegenüberstehenden Rechtsfolgen der Bindung an das alte Recht einerseits und der Rück- sowie Sofortwirkung des neuen Rechts andererseits, lassen sich vom Gesetzgeber Maßnahmen ergreifen, die zweckmäßig sein können, den Vertrauensschutz hinreichend zu berücksichtigen und trotzdem die angestrebte Änderung der Rechtslage herbeizuführen. Eine befristete Weitergeltung des bisherigen Rechts für Altfälle verschafft den vertrauenden Individuen Zeit, sich auf die neue Rechtslage einzustellen und diesbezüglich Vorkehrungen zu treffen. Zwar wird der Grundsatz der Sofortwirkung des neuen Rechts auch in diesem Fall durchbrochen, allerdings ist im Unterschied

208 Siehe grundsätzlich hierzu *Kirchhof* in Maunz/Dürig, GG, Art. 3 Rn. 100 ff.
209 Vgl. mit weiteren Nachweisen *Maurer* in Isensee/Kirchhof, HStR IV, § 79 Rn. 73.
210 Siehe genauer unten C.V.3.a).

zur grundsätzlichen Bindung an die Vertrauensgrundlage ein überschaubarer Zeitrahmen gewählt. Diejenigen, die sich auf einen schutzwürdigen Vertrauenstatbestand berufen können, profitieren nur noch für eine begrenzte Dauer von der alten Rechtslage. Dabei kann der Gesetzgeber wählen, ob er sich zur Festsetzung des Zeitraumes eines stufenweisen Abbaus der alten Rechtslage (sogenanntes „Phasing Out") oder einer Stichtagsregelung bedient.[211]

Es ist der wohl herrschenden Literatur[212] zuzustimmen, dass sich aus dem Vertrauensschutzprinzip kein Anspruch auf Übergangsregelungen herleiten lässt. Es steht der gesetzgeberischen Gestaltungsfreiheit offen, *wie* dem Vertrauensschutz der Betroffenen Rechnung getragen wird. Ein Anspruch kann allein darauf gerichtet sein, dass der Gesetzgeber die Vertrauensschutzinteressen angemessen berücksichtigt.[213] Ob und in welchem Umfang Übergang- und Stichtagsregelungen notwendig sind, hängt vom Ergebnis der Abwägung zwischen dem Ausmaß des Vertrauensschadens und der Bedeutung des Änderungsinteresses ab. So ist auch die Dauer einer Übergangsfrist vom Einzelfall abhängig und steht im Ermessen des Gesetzgebers.[214] Die getroffene Maßnahme muss allerdings geeignet sein, die Konfliktlage unter Beachtung des Verhältnismäßigkeitsprinzips zu lösen.

Zur Festlegung angemessener Übergangsfristen bei der Neuregulierung ganzer Wirtschaftsbereiche orientierte sich die bisherige Rechtsprechung an Merkmalen der Zeitdauer der Tätigkeit, der Art und der wirtschaftlichen Bedeutung der Tätigkeit für den Betroffenen sowie an der Möglichkeit, die eingegangenen geschäftlichen Beziehungen ohne wirtschaftliche Einbußen abzuwickeln.[215] Der jeweilige Interessenausgleich findet dabei vorrangig innerhalb der Abwägung der grundrechtlichen Freiheiten aus Art. 12 GG und Art. 14 GG statt. Will der Gesetzgeber dem Vertrauensschutzprinzip ausreichend Rechnung tragen, so ist der Zeitraum jedenfalls so zu wählen, dass sich die Kosten aufgrund der Betätigung geschützter Dispositionen bis zum Eintritt der neuen Rechtslage amortisiert haben.[216]

---

211 Siehe *Kahl/Ellerbrok* EurUP, 2018, 12 f.

212 Siehe *Schwarz*, Vertrauensschutz als Verfassungsprinzip, S. 318 f.; *Pieroth*, Rückwirkung und Übergangsrecht, S. 153 f., 384; *Hey* StuW 1998, 298 (307).

213 Vgl. mit weiteren Nachweisen *Schwarz*, Vertrauensschutz als Verfassungsprinzip, S. 318 f.

214 Vgl. BVerfGE 42, 42 (288); 67, 1 (15 f.); 116, 96 (134).

215 Siehe Leitlinien aus der Kasuistik der Rspr. des BVerfG in: *Jahndorf/Pichler* GewArch 2012, 377 (378 f.).

216 *Weber-Dürler*, Vertrauensschutz im öffentlichen Recht, S. 138 f.; *Jahndorf/Pichler* GewArch 2012, 377 (379 f.).

aa) Amortisationsdauer als Orientierungspunkt zur Berechnung der Übergangsfrist

Im Hinblick auf ausgleichspflichtige Inhaltsbestimmungen im Rahmen von Art. 14 GG orientiert sich die Rechtsprechung bei der Beurteilung der vom Gesetzgeber festgesetzten Übergangsfrist an der Höhe der ansonsten wahlweise zu leistenden Entschädigung. Eine Entschädigung soll einen finanziellen Ausgleich für die Beeinträchtigung des Eigentums gewähren. Zur Bemessung dieses Ausgleichsanspruchs wird auf den Verkehrswert des beeinträchtigten Eigentums abgestellt. [217] Danach ist die Übergangsfrist so zu wählen, dass dem Eigentümer genügend Zeit zur Verfügung steht, das Eigentum zu veräußern oder so zu nutzen, dass die gezogene Nutzung dem Wert der Substanz entspricht. [218] Damit ist der Amortisationszeitraum der jeweiligen Substanz maßgeblich bei der Bestimmung der Übergangsfrist.

Der Amortisationszeitraum lässt sich wiederum aufgrund folgender Gesichtspunkte ermitteln: Bei der Berechnung der *Amortisationsdauer nach der Betriebswirtschaftslehre* ist auf den Zeitpunkt abzustellen, in dem der Investitionsbetrag durch Einnahmeüberschüsse zurückgeflossen ist.[219] Der Zeitpunkt, in dem das eingesetzte Kapital an die Investoren zurückgeflossen ist, ist der Zeitpunkt der Amortisation, während der bis dahin verstrichene Zeitraum als Amortisationsdauer bezeichnet wird.[220] Hervorzuheben ist, dass sich die Berechnung der Amortisationsdauer am Investitionsbetrag, d.h. an den Kosten für die Anschaffung und Herstellung der Eigentumsposition, sowie den Kosten für deren Instandhaltung orientiert. Die Amortisationsrechnung bildet demgegenüber nicht den Marktwert der Eigentumsposition zum Zeitpunkt des gesetzgeberischen Eingriffs ab.[221] Daneben bieten auch der *handelsrechtliche sowie der steuerrechtliche Abschreibungszeitraum* Orientierungspunkte, die bei der Bemessung der Übergangsfrist miteinbezogen werden können.[222]

---

217 Siehe nur BVerfGE 100, 226 (245 f.), BVerwGE 94, 1 (11 f.).

218 *Jahndorf/Pichler* GewArch 2012, 377 (379 f.).

219 Siehe auch *Di Fabio* in Di Fabio/Durner/Wagner, Kernenergieausstieg 2011, 9 (91).

220 Vgl. *Lampert*, Investitionsschutz im Zulassungsrecht, S. 15.

221 Vgl. hierzu die berechtigte Kritik *Di Fabios* an der Heranziehung der betriebswirtschaftlichen Amortisationsrechnung in Di Fabio/Durner/Wagner, Kernenergieausstieg 2011, 9 (94 ff.).

222 Siehe hierzu ausführlich *Roller* in Roßnagel/Roller, Die Beendigung der Kernenergienutzung durch Gesetz, 81 (111); *Jahndorf/Pichler* GewArch 2012, 377 (381).

bb) Ermessen des Gesetzgebers

Die oben genannten Hilfsgrößen „Verkehrswert“, „Amortisationsdauer“ sowie „Abschreibungszeitraum“ sollen den Gesetzgeber bei der Festsetzung der Übergangsregelung leiten. Unabhängig davon, an welcher Bemessungsgrundlage sich der Gesetzgeber orientiert, soll dies allerdings nicht als strikt anzuwendendes Schema über die Angemessenheit der Übergangsregelung entscheiden. Die schlussendliche Entscheidung über die Länge der Übergangsfrist liegt im Ermessen des Gesetzgebers.[223] Hierzu führt das Bundesverfassungsgericht zu Recht aus, dass der Grundsatz des Vertrauensschutzes kein uneingeschränktes Recht auf Amortisierung getätigter Investitionen verleiht. Dies ergebe sich schon daraus, dass grundsätzlich nicht darauf vertraut werden könne, dass eine gesetzliche Regelung unverändert bleibe.[224]

Da ein Gesetz abstrakt hinsichtlich seines Regelungsgegenstands und generell bezüglich seiner Adressaten sein muss, kann der Gesetzgeber nicht jeden Einzelfall berücksichtigen, sondern ist gehalten, mit der Übergangsfrist den typischen Fall zu erfassen.[225] Die Berechnung der Amortisationsdauer erfolgt daher nicht für jedes einzelne Unternehmen gesondert, sondern aufgrund einer generalisierenden Betrachtung. Eine verlustfreie Anpassung der unternehmerischen Betätigung an die neue Rechtslage muss nicht ermöglicht werden.[226] Dementsprechend sind auch kurzfristige Investitionen bei der Bemessung der Übergangsfrist nicht umfassend zu berücksichtigen.

cc) Vertrauensschutz für bereits amortisierte Eigentumspositionen

Nach vereinzelter Ansicht scheide für bereits amortisierte Dispositionen Vertrauensschutz von vornherein aus, da der Staat nicht verpflichtet sei, für die Hoffnung auf zukünftigen Gewinn einen Ausgleich zu gewähren.[227] Dem ist jedoch entgegenzuhalten, dass auch Dispositionen, die sich bereits vollständig amortisiert haben, nach wie vor eine schutzwürdige Eigentumsposition darstellen.[228] Der Gesetzgeber kann nicht nach Belieben über diese verfügen. „Könnte

223 *Roller* in Roßnagel/Roller, Die Beendigung der Kernenergienutzung durch Gesetz, 81 (109).

224 BVerfGE 145, 20 Rn. 189.

225 *Jahndorf/Pichler* GewArch 2012, 377 (381).

226 BVerfGE 145, 20 Rn. 193.

227 So etwa *Borgmann*, Rechtliche Möglichkeiten und Grenzen des Ausstiegs aus der Kernenergie, S. 400.

228 *Roller* in Roßnagel/Roller, Die Beendigung der Kernenergienutzung durch Gesetz, 81 (109); *Degenhart* DVBl. 2013, 207 (213).

der Staat es nach Amortisation bereits entziehen, wäre es seiner inneren Logik beraubt."[229] Greift der Gesetzgeber in eine bereits amortisierte Eigentumsposition ein, so wäre es vor diesem Hintergrund unbillig, zur Frage nach der Schutzwürdigkeit des Eigentums und der Berechnung der Übergangsfrist allein auf eine erfolgte Amortisation abzustellen. Vielmehr ist es gerade Sinn und Zweck von Art. 14 GG in seiner vertrauensschützenden Ausprägung, das Vertrauen in den Bestand des (auch amortisierten) Eigentums zu schützen. Das vorhandene Ermessen des Gesetzgebers bei der Berechnung von Übergangsfristen muss daher in solchen Fällen im Sinne der Bestandsinteressen des Eigentümers ausgeübt werden. Die Rechtsposition der Eigentümer nach Amortisation des Investitionsbetrags wäre nur dann weniger schutzwürdig, wenn die Amortisationsrechnung die einzige Möglichkeit des Gesetzgebers zur Ermittlung der Übergangsfrist darstellen würde. Die Vertrauensposition würde mit zunehmender Dauer und erfolgter Ausnutzung abnehmen.[230] Da die Amortisationsrechnung aber lediglich ein Hilfsmittel zur Berechnung der Übergangsfrist darstellt und der Gesetzgeber auch aufgrund sonstiger Erwägungen Übergangsregelungen schaffen kann, scheidet Vertrauensschutz bei bereits amortisierten Dispositionen nicht von vorherein aus. Kurzfristige Eingriffe sind in jedem Fall aber auch dann möglich, wenn sie von hinreichenden Gemeinwohlgründen getragen sind.

dd) Entgangener Gewinn

Uneinigkeit herrscht über die Frage nach der Berücksichtigung eines angemessenen Gewinns. Vereinzelt wird vertreten, dass neben der Amortisation des eingesetzten Kapitals das Erzielen von Gewinn als Prämie eigener Leistung und Risikoübernahme ermöglicht werden muss.[231] Wenn aber bereits kein Anspruch auf eine vollständige Amortisation der Investitionen besteht, kann erst recht nicht vom Gesetzgeber verlangt werden, dass er den Unternehmern zeitlich die Erwirtschaftung eines Gewinns ermöglicht. Dies stünde zum einen im Widerspruch zu den für die Rechtsänderung angeführten Gemeinwohlinteressen und zum anderen wird selbst bei einer Enteignung nach Art. 14 Abs. 3 GG nicht der entgangene Gewinn ersetzt.[232] Der Grundsatz des Vertrauensschutzes zielt

229 *Schmidt-Preuß* NJW 2000, 1524 (1528).

230 So *Bruch/Greve* DÖV 2011, 794 (798); vgl. auch die Ausarbeitung des *Wissenschaftlichen Dienstes des Deutschen Bundestages* zur Stilllegung von Kohlekraftwerken, S. 8.

231 *Frenz/Leidinger* in Frenz, Atomrecht, § 7e Rn. 11 f.; *Schmidt-Preuß* NJW 2000, 1524 (1527 f.).

232 Siehe unten C.I.3.c); so auch *Roller* in Roßnagel/Roller, Die Beendigung der Kernenergienutzung durch Gesetz, 81 (114).

darauf ab, den Bürger vor Nachteilen zu bewahren, die durch den Eingriff in bestandsgeschützte Rechtspositionen eingetroffen wären. Die Maxime „kein Nachteil“ meint dabei, dass der Normadressat so zu stellen ist, als sei sein Vertrauen in die ursprüngliche Rechtslage nie geweckt worden. Es wird demnach nur das negative Interesse ausgeglichen. Das positive Interesse des Einzelnen, so gestellt zu werden, als sei das vertrauensenttäuschende Ereignis nie eingetreten, ist aus verfassungsrechtlicher Sicht nicht zu ersetzen. Gewinnaussichten werden von Art. 14 Abs. 1 GG anerkanntermaßen nicht geschützt.[233] In der Konsequenz ist zur Ermittlung des Verkehrswerts auf den Zeitwert der Eigentumsposition und nicht auf den Ertragswert abzustellen.[234]

c) Entschädigung

Dort, wo voranging finanzielle Interessen auf dem Spiel stehen, bietet sich eine geldwerte Entschädigung als Ausgleich für verletztes Vertrauen an. Der Ersatz des in Geld messbaren Vertrauensinteresses bewahrt vor dem Vertrauensschaden und garantiert gleichzeitig die uneingeschränkte Geltung der neuen Rechtslage.[235]

Die Entschädigung ist an dieser Stelle von der Rechtsfigur des Schadensersatzes deutlich abzugrenzen. Während Entschädigung Ersatz des durch den Eigentumseingriff entstandenen Vermögensverlustes bedeutet und sie sich in ihrer Höhe an der entzogenen Substanz orientiert, bedeutet Schadensersatz, dass der Geschädigte so gestellt werden muss, wie er stehen würde, wenn das schädigende Ereignis nicht eingetreten wäre. Der Unterschied zwischen Entschädigung und Schadensersatz zeigt sich vor allem beim entgangenen Gewinn, der zwar beim Schadensersatz, nicht aber bei der Entschädigung ersetzt wird.[236]

Problematisch ist die Lösung der finanziellen Kompensation insbesondere dort, wo der Vertrauensschaden nicht leicht zu beziffern ist. Für die Frage nach der Höhe des finanziellen Ausgleichs orientiert sich die Rechtsprechung grundsätzlich am Verkehrswert des Eigentums.[237] Die Berechnung stellt in komplexen Wirtschaftsbereichen eine Herausforderung dar. Es muss jedoch nicht zwingend der volle Wertersatz geleistet werden. Das Bundesverfassungsgericht verlangt

---

233 Siehe unten C.V.1.c).

234 Siehe auch *Roller* ZUR 2017, 277 (286).

235 *Weber-Dürler*, Vertrauensschutz im öffentlichen Recht, S. 140 ff.

236 Vgl. zum Ganzen *Axer* in Epping/Hillgruber, BeckOK GG, Art. 14 Rn. 42 f.

237 Siehe nur BVerfGE 100, 226 (245 f.), BVerwGE 94, 1 (11 f.).

lediglich den Ausgleich des erforderlichen Maßes, um die Angemessenheit sicherzustellen.[238]

Trotz dieser nach allgemeinen Grundsätzen ohne weiteres vorhandenen Möglichkeit einer Entschädigungszahlung zum Ausgleich des Vertrauensschadens, sei bereits hier darauf hingewiesen, dass Einigkeit darüber herrscht, dass die Bestandsgarantie in Art. 14 Abs. 1 GG nicht in eine bloße Wertgarantie umgedeutet werden darf.[239] Ein vertrauensenttäuschender Strategiewechsel in tragenden Wirtschaftsbereichen basierend auf Entschädigungsregelungen soll *ultima ratio* bleiben.

IV. Vertrauensschutzdogmatik des Bundesverfassungsgerichts bei Gesetzen mit Rückwirkung

Die Grenzen, die das Prinzip des Vertrauensschutzes dem Gesetzgeber setzt, hat das Bundesverfassungsgericht in einer langen Reihe von Entscheidungen entfaltet. Auch wenn das Grundgesetz außerhalb von Art. 103 Abs. 2 kein allgemeines Rückwirkungsverbot enthält,[240] entwickelte das Bundesverfassungsgericht bereits früh eine Doktrin zu einem allgemeinen rechtsstaatlichen Rückwirkungsverbot. Nach ständiger Rechtsprechung beruhe „das grundsätzliche Verbot rückwirkender belastender Gesetze […] auf den Prinzipien der Rechtssicherheit und des Vertrauensschutzes“[241]. Dabei träten rechtsstaatliche Bedenken allein bei solchen Gesetzen auf, die den Bürger rückwirkend belasten.[242] Rückwirkende Begünstigungen seien demgegenüber grundsätzlich zulässig.[243]

Zur Beurteilung, ob und inwieweit das Vertrauen in eine bestehende Rechtslage gegenüber Änderungen schutzwürdig ist, unterscheidet das Bundesverfassungsgericht seit Beschluss vom 31. Mai 1960[244] in ständiger Rechtsprechung[245] zwischen *echter („retroaktiver“)* und *unechter („retrospektiver“) Rückwirkung* von

---

238 BVerfGE 143, 246 Rn. 404.

239 BVerfGE 100, 226 (245); siehe hierzu untern C.V.1.c).

240 Vgl. BVerfGE 30, 367 (385).

241 Vgl. BVerfGE 132, 302 (317).

242 Siehe nur BVerfGE 13, 206 (212); 13, 161 (271 f.); 24, 220 (229); 25; 269 (289 f.); 32, 111 (123); 33, 265 (293); 50, 177 (193); 101, 239 (262); 131, 20 (36 f.).

243 Besonders deutlich BVerfGE 23, 85 (93).

244 BVerfGE 11, 139 (145 ff.).

245 Siehe nur BVerfGE 13, 261 (271 ff.); 30, 367 (386); 45, 142 (167); 95, 64 (86f.); 101, 239 (262 f.); 123, 186 (275); 132, 302 (318); 135, 1 (13).

Gesetzen. Je nachdem welche Wirkung das Gesetzesvorhaben für die noch vorliegende Rechtslage entfaltet, sind unterschiedliche Voraussetzungen an dessen Vereinbarkeit mit dem Vertrauensschutzprinzip zu stellen.

1. Unterscheidung zwischen echter und unechter Rückwirkung

Eine *echte („retroaktive") Rückwirkung* liegt nach Rechtsprechung des Bundesverfassungsgerichts vor, wenn ein Gesetz nachträglich abändernd in bereits abgeschlossene, der Vergangenheit angehörende Tatbestände eingreift und diese nachteilig verändert.[246] Das Vertrauen des Normadressaten in bereits in der Vergangenheit abgeschlossene Tatbestände und die an sie geknüpften Rechtsfolgen sei von Verfassungs wegen zu schützen.[247] Knüpfe der Gesetzgeber an abgeschlossene Tatbestände nachträglich ungünstigere Rechtsfolgen, so würde das Vertrauen des Einzelnen in die zuvor bestandene Rechtslage in unzulässiger Weise enttäuscht werden.[248] Deswegen sei die *echte Rückwirkung* als verfassungswidrig und die entsprechende Neuregelung als nichtig anzusehen.[249] Das grundsätzliche Verbot echt rückwirkender belastender Gesetze soll das Vertrauen in die Verlässlichkeit und Berechenbarkeit der unter der Geltung der Grundgesetzes geschaffenen Rechtsordnung und der auf ihrer Grundlage erworbenen Rechte schützen.[250]

Wirkt die gesetzliche Regelung dagegen nur auf gegenwärtige, noch nicht abgeschlossene Sachverhalte für die Zukunft, so handelt es sich um eine *unechte („retrospektive") Rückwirkung*, die als grundsätzlich zulässig erachtet wird.[251] Ist das Vertrauen des Normadressaten in bereits abgeschlossene Tatbestände grundsätzlich zu schützen, so soll andererseits grundsätzlich das Vertrauen des Gesetzgebers in seine Befugnis zur Neuregelung noch nicht abgeschlossener Tatbestände gewährleistet werden, selbst wenn deren Ursprung in der Vergangenheit liegt.

Das Bundesverfassungsgericht zog die *unechte Rückwirkung* zunächst ausschließlich zur negativen Abgrenzung der echten Rückwirkung heran und stellte fest, dass in diesem Fall das Problem der Rückwirkung nicht entstehe.[252]

---

246 BVerfGE 11, 139 (145 f.); 30, 367 (386); 101, 239 (263); 123, 186 (275); 132, 302 (318); 135, 1 (13).
247 BVerfGE 11, 139 (145 f.); 13, 261 (271); 30, 367 (386).
248 BVerfGE 13, 261 (271); 30, 367 (386).
249 BVerfGE 13, 261 (271); 101, 239 (263); 132, 302 (318), 135, 1 (13).
250 Vgl. BVerfGE 101, 239 (262); 132, 302 (317).
251 BVerfGE 11, 139 (146); 30, 367 (386); 101, 239 (263); 123, 186 (275); 132, 302 (318).
252 BVerfGE 11, 139 (146).

Alsdann fasste das Gericht beide Normwirkungen unter dem Begriff der „Rückwirkung“ zusammen und erarbeitete für die beiden Institute eine eigenständige Rückwirkungsdogmatik. An der Rechtsprechung des Ersten Senates ist viel Kritik geübt worden[253], sodass der Zweite Senat des Bundesverfassungsgerichts in einer Entscheidung von 1986 zum Außensteuergesetz[254] eine neue Systematik entwickelte.

a) Abweichende Terminologie des Zweiten Senats

Der Zweite Senat differenziert in einer jüngeren Entscheidungslinie, anknüpfend an die Trennung von zeitlichem und sachlichem Anwendungsbereich der Norm,[255] zwischen der *Rückbewirkung von Rechtsfolgen* und der *tatbestandlichen Rückanknüpfung*.[256] Er vertritt einen engeren, formalen Rückwirkungsbegriff, bei dem der Zeitpunkt der Verkündung des Gesetzes ausschlaggebend ist. Dem Zweiten Senat zufolge findet eine *Rückbewirkung von Rechtsfolgen* und damit eine Rückwirkung als solche nur dann statt, wenn der Beginn des zeitlichen Anwendungsbereichs der Rechtsnorm normativ auf einen Zeitpunkt festgelegt wird, der vor dem Zeitpunkt liegt, zu dem die Norm gültig geworden ist.[257]

Eine gesetzliche Regelung nimmt demgegenüber eine *tatbestandliche Rückanknüpfung* vor, wenn der Eintritt ihrer Rechtsfolgen von Begebenheiten aus der Zeit vor ihrer Verkündung abhängig ist.[258] Die Rechtsfolgen treten allerdings *pro futuro* d.h. nach Verkündung des Gesetzes ein. Beide Bereiche unter den einheitlichen Begriff der Rückwirkung zu fassen, lehnt der Zweite Senat ab.[259] Vielmehr wird deutlich, dass der Zweite Senat allein die echte Rückwirkung für ein Rückwirkungsproblem im eigentlichen Sinne hält.[260] Bei der *tatbestandlichen Rückanknüpfung* seien vorrangig die Grundrechte berührt, die mit der Verwirklichung des jeweiligen Tatbestandsmerkmals vor Verkündung der

---

253 Siehe insb. das Sondervotum von *Steinberger* in BVerfGE 48, 23; sowie aus der Literatur *Grabitz* DVBl. 1973, 675 (677); *Kisker*, Die Rückwirkung von Gesetzen, S. 24 ff.; *Pieroth*, Rückwirkung und Übergangsrecht, S. 79 ff.; siehe zum Ganzen *Maurer* in Isensee/Kirchhof, HStR IV, § 79 Rn. 21 ff.

254 BVerfGE 72, 200.

255 Ausführungen hierzu bereits in der Entscheidung zum deutsch-österreichischen Rechtshilfevertrag in BVerfGE 63, 343 (353 ff.).

256 Erstmals BVerfGE 72, 200 (241 ff.).

257 BVerfGE 72, 200 (241 f.).

258 BVerfGE 72, 200 (241 f.).

259 BVerfGE 72, 200 (242 f.).

260 BVerfGE 63, 343 (356), 64, 158 (174).

Norm „ins Werk gesetzt" worden sind.[261] Die Grundsätze von Vertrauensschutz und Rechtssicherheit fänden lediglich bei der Auslegung und Anwendung von Grundrechten im Hinblick auf die Fragen des materiellen Rechts Beachtung. [262]

Die Literatur ist der Auffassung, dass sich inhaltlich aufgrund der abweichenden Terminologie kaum Unterschiede ergeben,[263] sodass inzwischen die Bezeichnungen als Synonyme herangezogen werden.[264] Da die möglichen Unterschiede[265] für die vorliegende Arbeit nicht relevant sind und sich die traditionellen Begriffe der echten und unechten Rückwirkung behauptet haben, werden sie auch im weiteren Verlauf verwendet

b) *Kritik an der Judikatur des Bundesverfassungsgerichts, insbesondere an der Differenzierung zwischen echter und unechter Rückwirkung*

Insgesamt ist die Rückwirkungsjudikatur des Bundesverfassungsgerichts in Übereinstimmung mit der Literatur[266] kritisch zu bewerten. Sowohl die Terminologie als auch die Kriterien zur Differenzierung zwischen einer echten und einer unechten Rückwirkung bergen die Gefahr der Entwertung des Vertrauensschutzprinzips.

Die Unterscheidung zwischen echter und unechter Rückwirkung hat erhebliche Auswirkungen auf die Anforderungen an die Zulässigkeit der gesetzlichen Regelung. Die Zuordnung zur ein oder anderen bildet die maßgebliche Weichenstellung bei der Prüfung der Verfassungsmäßigkeit der gesetzlichen Regelung

---

261 Vgl. BVerfGE 72, 200 (241 f.).

262 Vgl. BVerfGE 72, 200 (241 f.).

263 So auch *Schwarz*, Vertrauensschutz als Verfassungsprinzip, S. 110; mit weiteren Nachweisen *Maurer* in Isensee/Kirchhof, HStR IV, § 79 Rn. 25 sowie *Sachs* in ders., GG, Art. 20 Rn. 132.

264 So handhabt es auch das BVerfG, das den Begriffen in Klammern die korrespondierenden Bezeichnungen hinzufügt, vgl. etwa 97, 67 (78f.); 105, 17 (36 f.); 109, 133 (181); 132, 302 (318) sowie zuletzt BVerfGE 135, 1 (13); die obersten Gerichtshöfe des Bundes folgen dieser Praxis, vgl. BFHE 195,314 (321 f.); 195, 344 (347 f.); 199, 566 (568 f.); 200, 560 (567f f.); 204, 228 (240 f.); BVerwGE 99, 133 (137).

265 Siehe hierzu *Stüsser* JURA 1999, 545 ff.

266 Siehe u.a. *Muckel*, Kriterien des verfassungsrechtlichen Vertrauensschutzes bei Gesetzesänderungen, S. 70 ff.; *Pieroth*, Rückwirkung und Übergangsrecht, S. 79 ff.; *Schwarz*, Vertrauensschutz als Verfassungsprinzip, S. 109 ff., 295 ff.; *Weber-Dürler*, Vertrauensschutz im öffentlichen Recht, S. 284 ff; *Stern*, Zur Problematik rückwirkender Gesetze, in FS für Maunz, 381 ff.

heranzuziehenden Kriterien. Während die unechte Rückwirkung grundsätzlich zulässig ist und erst durch das Gebot des Vertrauensschutzes und der Rechtssicherheit begrenzt wird, ist ein Gesetz, das eine echte Rückwirkung besitzt, von vornherein unzulässig und nur in wenigen Ausnahmefällen mit der Verfassung vereinbar. Dieses Regel-Ausnahme-Verhältnis sorgt grundsätzlich für ein hohes Maß an Schutz zugunsten des Normadressaten in Fällen echter Rückwirkung. Angesichts dieser immensen Bedeutung der Differenzierung erscheint es umso verwunderlicher, dass die Kriterien zur Abgrenzung der echten und unechten Rückwirkung auf gesetzestechnischen Formalien beruhen. Ob ein Gesetz an einen in der Vergangenheit abgeschlossenen Tatbestand oder an ein gegenwärtig noch andauerndes Handeln oder Unterlassen anknüpft, ist regelmäßig von der Formulierung des Gesetzgebers abhängig.[267] Nur dann, wenn der Gesetzgeber den zeitlichen Anwendungsbereich des Gesetzes vor dessen Verkündung datiert, liegt nach der Rechtsfolgenlehre des Zweiten Senats eine echte Rückwirkung vor. Insofern stellt es für den Gesetzgeber ein Leichtes dar, den Wortlaut einer Regelung so zu treffen, dass es sich nach den oben aufgezeigten Abgrenzungskriterien um einen Fall der *unechten Rückwirkung* handelt, in dem sich das Vertrauensschutzinteresse des Einzelnen nur selten gegenüber dem öffentlichen Interesse an der Änderung der Rechtslage durchzusetzen vermag. Vor dem Hintergrund des gesetzgeberischen Beurteilungsspielraums kann davon ausgegangen werden, dass sich der Gesetzgeber bei der Wahl seiner Mittel im Falle einer Neuregelung für die *unechte* Rückwirkung entscheidet. Das Regel-Ausnahme-Verhältnis kehrt sich in diesem Fall zu Lasten des Bürgers um.[268] Im Ergebnis ist die Beantwortung der Frage, ob eine echte oder eine unechte Rückwirkung vorliegt, durch den Gesetzgeber manipulierbar, obwohl es gerade die Aufgabe der verfassungsrechtlichen Abgrenzungskriterien ist, den Gesetzgeber in seinem vertrauensenttäuschenden Handeln zu begrenzen.[269] Dieser Zirkelschluss stellt eine Schwäche dar, die dem Prinzip des Vertrauensschutzes die Durchsetzungsfähigkeit beraubt.

Hinzukommt die Ungeeignetheit der Systematik des Bundesverfassungsgerichts. Eine *echte Rückwirkung* soll vorliegen, wenn das Gesetz nachträglich

---

267 Siehe insb. *Muckel*, Kriterien des Verfassungsrechtlichen Vertrauensschutzes bei Gesetzesänderungen, S. 72.

268 Vgl. *Schwarz*, Vertrauensschutz als Verfassungsprinzip, S. 108.

269 So auch *Muckel*, Kriterien des Verfassungsrechtlichen Vertrauensschutzes bei Gesetzesänderungen, S. 70 ff.; *Schwarz*, Vertrauensschutz als Verfassungsprinzip, S. 110 f.; *Leisner*, Kontinuität als Verfassungsprinzip, S. 480 ff.

abändernd in abgewickelte, der Vergangenheit angehörende Tatbestände eingreift. Was unter einem „abgewickelten Tatbestand" zu verstehen ist, ist in diesem Zusammenhang jedoch ungeklärt.[270] Bei seiner Definition der *unechten Rückwirkung* verwendet das Gericht zusätzlich die Begriffe „Sachverhalt" sowie „Rechtsbeziehung". Eine klare Grenzziehung ist vor diesem Hintergrund nicht möglich.

Die über Jahrzehnte fortentwickelte Rückwirkungsdogmatik, die nunmehr in einem homogenen Rückwirkungsbegriff mündete, weist nicht nur eine terminologische Ungenauigkeit auf, sondern lässt auch inhaltliche Zweifel zu. Gesetze, die an noch nicht abgeschlossene Tatbestände neue Rechtsfolgen für die Zukunft knüpfen, sind keine rückwirkenden Gesetze. Eine Rückwirkung findet hier nicht statt. Dies hatte der Zweite Senat des Bundesverfassungsgerichts anfänglich noch zutreffend und in aller Deutlichkeit festgestellt.[271] Es überzeugt nicht, die echte Rückwirkung und die unechte Rückwirkung, die eigentlich keine Rückwirkung ist, einander gegenüberzustellen und mit jeweils diametralen Rechtsfolgen zu versehen. Denn diese scharfe Kontrastierung führt zu einer unsachgemäßen Bewertung der Fälle *unechter Rückwirkung* und damit gleichwohl zu einer Fehlgewichtung des Fortwirkungsinteresses des Bürgers. Es wird argumentiert, dass die unechte Rückwirkung grundsätzlich deshalb zulässig sei, weil der Bürger auf die geänderten, in Zukunft eintretenden Rechtsfolgen noch schadensminimierend reagieren könne. Demgegenüber sei der Normadressat der echten Rückwirkung dieser bedingungslos ausgeliefert, da sie für die Vergangenheit Rechtsfolgen erzeugt.[272] Auch wenn dies wünschenswert wäre, so zeigt sich in der Realität regelmäßig, dass es dem Betroffenen nicht möglich ist, Dispositionen, die er im Vertrauen auf den Fortbestand des geltenden Rechts tätigte, vor Inkrafttreten der Neuregelung vor einer Entwertung zu schützen.[273] Vielmehr kann ein Gesetz, das unecht rückwirkt, einen schwerwiegenderen Eingriff für den Bürger bedeuten als ein echt rückwirkendes Gesetz. Eine echte Rückwirkung mit nur geringer Schadensauswirkung kann verfassungsrechtlich unbedenklicher sein als eine abrupte Änderung für die Zukunft in Form eines intensiven Eingriffs in den Fortbestand bisheriger Rechtspositionen. Aus den genannten

---

270 Vgl. *Kisker*, Die Rückwirkung von Gesetzen, S. 24 ff.; *Pieroth* JURA 1983, 250; *Leisner*, Das Gesetzesvertrauen des Bürgers, in FS für Berber, 273 (294).

271 Siehe BVerfGE 11, 139 (145 f.): „[...], entsteht das Problem der Rückwirkung nicht."

272 Siehe nur *Maurer* in Isensee/Kirchhof, HStR IV, § 79 Rn. 31, der es einen „fundamentalen Unterschied" nennt.

273 Vgl. D.II.2.a)

Gründen erscheint es sinnvoll, die Grenzen, die das Bundesverfassungsgericht aufgrund des Vertrauensschutzprinzips dem Gesetzgeber in jenen Fällen setzt, zu überdenken.[274]

2. Verbot echter Rückwirkung

Eine echte Rückwirkung ist nach der Rechtsprechung des Bundesverfassungsgerichts grundsätzlich unzulässig.[275] Das Vertrauen des Bürgers in den Fortbestand einer Rechtslage, die bereits für schon abgeschlossene Tatbestände geschaffen wurde, schließe die nachteilige Änderung dieser Rechtslage prinzipiell aus. *Lepsius* umschreibt es wie folgt: „Das Rückwirkungsverbot gründet in enttäuschtem Vertrauen, das sich als nachträgliche belastende Wirkung einstellt."[276]

Gleichwohl lässt das Bundesverfassungsgericht eine Reihe von Ausnahmen vom grundsätzlichen Verbot echter Rückwirkung zu, in denen das Vertrauen als nicht hinreichend schutzwürdig angesehen wird. Es soll sich dabei allerdings nicht um einen abschließenden Katalog handeln.[277] Folge einer verfassungsgerichtlich festgestellten, ungerechtfertigten echten Rückwirkung ist die Nichtigkeit der gesetzlichen Regelung[278] und die Bindung an die Vertrauensgrundlage.[279]

a) Vorhersehbarkeit einer Neuregelung

Eine echte Rückwirkung soll zum einen dann zulässig sein, wenn der Normadressat aufgrund der Vorhersehbarkeit einer Neuregelung nicht auf den Fortbestand der alten Rechtslage vertrauen durfte, sondern mit deren Änderung rechnen musste.[280] Die Schwierigkeit der Frage, von welchem Zeitpunkt an das Vertrauen des Bürgers zerstört ist, wurde bereits diskutiert.[281] Der Schutz des Vertrauens in die alte Rechtslage endet nach der Rechtsprechung des Bundesverfassungsgerichts spätestens mit dem Beschluss des Bundestags über die

274 Vorschläge hierzu sind u.a. zu finden in: *Stötzel*, Vertrauensschutz und Gesetzesrückwirkung, S. 101 ff; *Grosche* Der Staat 2015, 309 ff.

275 BVerfGE 13, 261 (271); 21, 117 (131 f.); 22, 241 (248); 24, 220 (229); 30, 367 (387); 45, 142 (173 f.); 88, 384 (403; 94, 241 (258 f.); 95, 64 (86); 101, 239 (263).

276 *Lepsius* JZ 2015, 435; dazu deutlich BVerfGE 127, 1 (16).

277 BVerfGE 13, 261 (271) („unter anderem"); 72, 200 (258 f.).

278 § 78 Satz 1 i.V.m. § 82 Abs. 1 BVerfGG.

279 Siehe nur BVerfGE 135, 1 (17, 28).

280 BVerfGE 13, 261 (271); 14; 288 (289); 18, 429 (439); 19, 187 (196); 22, 330 (347); 23, 12 (33); 27, 167 (173 f.); 30, 367 (387); 95, 64 (86 f.); 122, 374 (394); 135, 1 (22).

281 Siehe oben C.III.2.b)cc).

Neufassung.[282] Allerdings könne auch zu einem früheren Zeitpunkt von der Vorhersehbarkeit der Neuregelung ausgegangen werden. Beispielsweise dann, wenn die Ankündigung der Gesetzesänderung die Zerstörung des Vertrauens zur Vermeidung von Ankündigungseffekten rechtfertigte.[283] Um diesen Ankündigungseffekt zu vermeiden, erweitert der Gesetzgeber den Anwendungsbereich der neuen Regelung um einen Zeitraum vor Inkrafttreten des Gesetzes. Eine echte Rückwirkung sei in diesem Falle zulässig. Insgesamt hänge die Vorhersehbarkeit der Neuregelung und damit die Schutzwürdigkeit des Vertrauens von einer Bewertung des Einzelfalls ab.

b) Beseitigung einer unklaren, verworrenen Rechtslage

Des Weiteren ist nach der Rechtsprechung des Bundesverfassungsgerichts das Vertrauen in eine unklare und verworrene Rechtslage nicht schutzwürdig.[284] Unklare, verworrene und widersprüchliche Gesetze könnten dem Grunde nach keine geeigneten Vertrauensgrundlagen bilden.[285] Eine unklare Rechtslage liege jedoch nicht schon dann vor, wenn eine Norm einen Interpretationsspielraum zulasse und somit auslegungsbedürftig sei. Vielmehr müssten qualifizierende Umstände hinzutreten, die das geltende Recht so verworren erscheinen lassen, dass es keinerlei Basis für Vertrauen dienen könne.[286] Unklar sei eine Rechtsnorm insbesondere dann, wenn auch unter Berücksichtigung von Wortlaut, Systematik und Normzweck völlig unverständlich sei, welche Bedeutung die fragliche Norm haben soll.[287] Hier sei der Gesetzgeber befugt, die unklare, verworrene Rechtslage rückwirkend zu korrigieren.

c) Ungültige Normen

Entsprechendes soll für ungültiges Recht[288] bzw. Recht, dessen Gültigkeit bzw. Verfassungsmäßigkeit ernsthaft zweifelhaft

---

282 BVerfGE 13, 261 (272 f.); 31, 222 (227); 72, 200 (260); 95, 64 (87); 97, 67 (79).

283 BVerfGE 97, 67 (81 f.); zum Ankündigungseffekt siehe oben C.I.2.c)

284 BVerfGE 7, 129 (151); 11, 64 (72 ff.); 13, 261 (272); 18, 429 (439); 24, 75, 101; 30, 367, 388; 45, 142, (173 f.); 50, 177 (193 f.); 72, 200 (259); 88, 384 (404); 98, 17 (39); 122, 374 (394); 126, 369 (393 f.); 131, 20 (41); 135, 1 (22).

285 *Maurer* in Isensee/Kirchhof, HStR IV, § 79 Rn. 44; *Weber-Dürler*, Vertrauensschutz im öffentlichen Recht, S. 265.

286 BVerfGE 135, 1 (24 f.).

287 BVerfGE 135, 1 (24).

288 BVerfGE 13, 215 (224 f.); 12, 261 (272); 19, 187 (195 ff.); 37, 363 (399 f.); 72, 200 (260 ff.), 81, 228 (239)

war,[289] gelten. Der Normadressat könne sich nicht auf den durch eine ungültige Norm erzeugten Rechtsschein verlassen. Der Gesetzgeber könne daher eine verfassungswidrige Bestimmung echt rückwirkend durch eine rechtlich verfassungsmäßige Norm ersetzen.[290]

d) Zwingende Gründe des Allgemeinwohls

Außerdem soll eine echte Rückwirkung dann gerechtfertigt sein, wenn zwingende Gründe des Allgemeinwohls das entgegenstehende Gebot der Rechtssicherheit überwinden können.[291] Dies soll beispielsweise dann gelten, wenn die Gesetzesänderung den bereits angesprochenen „Ankündigungseffekt" bewirkt[292]. Ein sofortiges Ergreifen gesetzgeberischer Maßnahmen sei hier notwendig, um drohende Nachteile für die Allgemeinheit abzuwehren.[293]

e) Bagatellen sowie Verfahrensrecht ohne größere Bedeutung

Schließlich soll eine Ausnahme vom grundsätzlichen Verbot echter Rückwirkung in den Fällen gelten, in denen dem Normadressat durch die Rückwirkung nur ein unerheblicher Nachteil entstand, es sich also lediglich um Bagatellschäden handelt[294], und in Fällen, in denen das Vertrauen in den Fortbestand verfahrensrechtlicher Regelungen verletzt ist[295].

3. Grenzen unechter Rückwirkung

Das Bundesverfassungsgericht bejahte in seiner Rechtsprechung in einer weit überwiegenden Zahl von Fällen das Vorliegen von Gesetzen mit unechter Rückwirkung. Gesetze mit einer unzulässigen echten Rückwirkung kamen nur selten

289 BVerfGE 13, 215 (224); 30, 367 (388); 38, 128 (137); 135, 1 (22).
290 Vgl. BVerfGE 13, 261 (272).
291 Vgl. BVerfGE 13, 261 (272); 72, 200 (260).
292 Siehe oben C.II.b)cc).
293 Vgl. BFH, in: BStBl. II, 1981, S. 595 (599).
294 BVerfGE 13, 261 (272); 30, 367 (387 ff.); 72, 200 (258 f.); 88, 384, 404; 95, 64 (87); 135, 1, 22.
295 BVerfGE 30, 367 (390 f.); 63, 323 (339); 75, 246 (279); 87, 48 (63 f.); 88, 384 (406); 89, 48 (66); 92, 277 (344 f.); im Einzelfall könnten jedoch verfahrensrechtliche Regelungen aufgrund ihrer Bedeutung und ihres Gewichts in gleichem Maße schutzwürdig sein wie Positionen des materiellen Rechts.

vor,[296] was nicht verwundert, da eine Gesetzesänderung regelmäßig auf Sachverhalte oder Rechtsbeziehungen trifft, die in der Vergangenheit ihren Ursprung finden, aber noch bis in die Gegenwart und Zukunft fortwirken. Die betroffenen Bereiche sind vielfältig: vom Steuerrecht in all seinen Verästelungen über das Verwaltungsverfahrensrecht (beispielsweise bei Verschärfungen von Prüfungs- bzw. Studienordnungen) bis hin zur – hier untersuchten – Neuordnung ganzer Wirtschaftszweige. Die Verlässlichkeit für Dispositionen, die im Vertrauen auf gesetzliche Rahmenbedingungen erbracht werden, steht in Frage. Die Voraussetzungen für die Ausführung der wirtschaftlichen Tätigkeit werden unter der alten Rechtslage getroffen. Daher wird im Folgenden versucht herauszuarbeiten, inwieweit dieses Vertrauen nach aktuell geltendem Recht geschützt wird und welche Grenzen dem Gesetzgeber im Rahmen einer unechten Rückwirkung gesetzt sind.

a) Verhältnismäßigkeit

Gesetze mit unechter Rückwirkung sind grundsätzlich zulässig.[297] Grenzen der Zulässigkeit können sich aber aus dem Grundsatz des Vertrauensschutzes und aus dem Verhältnismäßigkeitsprinzip ergeben. An die Überwindung dieser Grenzen sind allerdings gesteigerte Anforderungen gestellt und laut Bundesverfassungsgericht in ständiger Rechtsprechung nur dann überschritten, „wenn die vom Gesetzgeber angeordnete unechte Rückwirkung zur Erreichung des Gesetzeszwecks nicht geeignet oder erforderlich ist oder wenn die Bestandsinteressen der Betroffenen die Veränderungsgründe des Gesetzgebers überwiegen“[298]. Diese Formel enthält eine modifizierte Version der im Öffentlichen Recht bekannten Verhältnismäßigkeitsprüfung. Sie setzt sich aus einem ersten Teil, der die Geeignetheit und Erforderlichkeit der unechten Rückwirkung voraussetzt, zusammen, sowie einem zweiten Teil, der die Rechtsgüter, die in die Abwägung eingestellt werden müssen, benennt.

Die Wahrung der Verhältnismäßigkeit verlangt vom Gesetzgeber zunächst die Identifikation des Gesetzeszwecks. Die im Gesetz enthaltene unechte Rückwirkung darf sodann nicht ungeeignet sein, die Erreichung dieses Zwecks zumindest zu fördern und es darf keine andere Möglichkeit einer gesetzlichen

---

296 Siehe u.a. zum ersten Mal seit über 40 Jahren BVerfGE 135, 1; zuletzt BVerfG, NVwZ 2016, 300 Rn. 51 ff.

297 BVerfGE 11, 139 (146); 30, 367 (386); 101, 239 (263); 123, 186 (275); 132, 302 (318).

298 Siehe nur BVerfGE 95, 64 (86); 97, 271 (286); 97, 378 (389); 101, 239 (263); 122, 374 (394 f.).

Regelung geben, die dem Änderungsinteresse des Vorhabenträgers in gleicher Effektivität Rechnung trägt, aber diejenigen, die auf die vorherige Rechtslage vertrauten, weniger belastet.[299] Der Gesetzgeber ist somit zu einer vollumfänglichen Bestands- sowie Prognoseanalyse etwaiger Alternativen verpflichtet.

b) Abwägung zwischen Bestands- und Änderungsinteresse

Liegt eine geeignete und erforderliche unechte Rückwirkung vor, so ist eine Güterabwägung vorzunehmen, bei der sich das Interesse des Staats das Gesetz an neue Entwicklungen anzupassen und das Vertrauen des Bürgers in den Fortbestand des geltenden Rechts gegenüberstehen. Der Bürger könne sich dann nicht auf den Schutz seines Vertrauens berufen, wenn dieses Vertrauen auf den Fortbestand einer bestimmten gesetzlichen Regelung eine Rücksichtnahme durch den Gesetzgeber billigerweise nicht beanspruchen könne.[300] Ob dies der Fall ist, sei laut Bundesverfassungsgericht anhand einer Abwägung zwischen der Bedeutung des gesetzgeberischen Anliegens für das Gemeinwohl und dem Ausmaß des durch eine Gesetzesänderung verursachten Vertrauensschadens zu ermitteln.[301] Der Verhältnismäßigkeitsgrundsatz verlangt vom Gesetzgeber *ex ante* eine Optimierungsaufgabe, die sich auf die Abwägung aller betroffener Rechtsgüter erstrecken muss.

Grundsätzlich genießt das staatliche Änderungsinteresse in dieser Abwägung Vorrang. Wäre dem nicht so, würde dies „den dem Gemeinwohl verpflichteten Gesetzgeber in wichtigen Bereichen lähmen und den Konflikt zwischen der Verlässlichkeit der Rechtsordnung und der Notwendigkeit ihrer Änderung […] in nicht mehr vertretbarer Weise zu Lasten der Anpassungsfähigkeit der Rechtsordnung lösen“[302]. Nach ständiger Rechtsprechung gehe der verfassungsrechtliche Vertrauensschutz insbesondere nicht so weit, den Staatsbürger vor jeder Enttäuschung zu bewahren.[303] Vielmehr müsse sich der Normadressat durch eine besondere Schutzwürdigkeit ausweisen, da die allgemeine Erwartung, das geltende Recht werde zukünftig unverändert fortbestehen, keinen besonderen verfassungsrechtlichen Schutz genieße.[304] Vor diesem Hintergrund sei eine

299 Siehe hierzu auch oben C.III.2.b).

300 Vgl. BVerfGE 14, 288 (299 f.).

301 BVerfGE 14, 288 (300); 22, 241 (249), 24, 220 (230 f.); 25, 142 (154).

302 Vgl. BVerfGE 63, 312 (331); 63, 343 (357); 105, 17 (40); 107, 17 (40); 109, 133 (181); 114, 258 (301), 127, 1 (17).

303 Vgl. BVerfGE 63, 312 (331); 67, 1 (15); 68, 287 (307); 71, 255 (272); 76, 256 (349 f.); 127, 1 (17).

304 Vgl. BVerfGE 38, 61 (83); 68, 193 (222); 105, 17 (40); 127, 1 (17 f.).

unechte Rückwirkung erst dann unzulässig, wenn dem Vertrauen in die Fortgeltung der bestehenden Rechtslage ein größeres Gewicht zukommt als dem gesetzgeberischen Änderungsinteresse.[305]

Maßgeblich ist im Wesentlichen, ob die Neuregelung vor dem Hintergrund schutzwürdiger Vertrauensinteressen des Bürgers verfassungsgemäß ist. [306] Dazu ist die Feststellung des Vorliegens eines Vertrauenstatbestandes und insbesondere des Grades der Schutzwürdigkeit des Vertrauens für den Abwägungsvorgang von größter Bedeutung. Weiterhin bedarf es der Analyse, wie das öffentliche Interesse an der Neuregelung zu gewichten ist. Nach einer Gegenüberstellung der unterschiedlichen Interessen ist schließlich dasjenige zu identifizieren, welches den Vorrang genießt. Dabei ist es Aufgabe des Gesetzgebers, die genannten Gesichtspunkte in den komplexen Abwägungsvorgang miteinzustellen.

c) Strengerer Prüfungsmaßstab bei Wirkung ähnlich einer echten Rückwirkung im Steuerrecht

In einer nicht unerheblichen Anzahl jüngerer Entscheidungen forderte das Bundesverfassungsgericht eine erhöhte Rechtsfertigungslast für Gesetze, bei denen es sich zwar formal, also laut Definition, um eine unechte Rückwirkung handelte, die faktische Wirkung der Neuregelung gegenüber den Betroffenen jedoch der einer echten Rückwirkung ähnelte.[307]

Anlass für diese Neuerung gab die im Schrifttum geäußerte Kritik, dass bei Steuergesetzen die Unterscheidung zwischen echter und unechter Rückwirkung die Reichweite des Vertrauensschutzes aus der Perspektive des vertrauenden Normadressaten nicht ausreichend berücksichtige.[308] Die bisherige Rechtsprechung ermöglichte es dem Gesetzgeber, Gesetzesänderungen, deren Verkündung während des laufenden Jahres erfolgte, auf den Beginn des Veranlagungszeitraumes zurückzubeziehen.[309] Es handelte sich hierbei nur um eine

---

305 BVerfGE 30, 250 (268); 31, 222 (227); 48, 403 (416); 50, 386 (395); 51, 356 (362 f.); 57, 361 (39 f.); 59, 128 (164 ff.).

306 Siehe Kritik v. *Schwarz* in: Vertrauensschutz als Verfassungsprinzip, S. 311.

307 BVerfGE 127, 1 (17 f.); 127, 31 (47 ff.); 127, 61 (76 ff.); 132, 302 (319); BVerfG, NVwZ 2016, 300 Rn. 64 ff.

308 Siehe z. B. *Hey* in Tipke/Lang, Steuerrecht, § 3 Rn. 264 mit zahlreichen weiteren Nachweisen.

309 Siehe nur BVerfGE 72, 200 (240 ff.).

unechte Rückwirkung, weil der maßgebliche Sachverhalt erst mit Entstehung des Steueranspruchs am Jahresende abgeschlossen sei.[310]

Erstmals ins Wanken geraten ist die Veranlagungszeitraumrechtsprechung durch eine Entscheidung über die Abschaffung steuerlicher Begünstigung von Schiffbauverträgen vom 3. Dezember 1997[311]. In dieser Entscheidung erkannte das Bundesverfassungsgericht an, dass ein Sachverhalt auch während des laufenden Veranlagungszeitraums abgeschlossen sein kann, wenn der Steuerpflichtige auf der Grundlage der geltenden Rechtslage endgültig disponiert hat.[312] Der Steuerpflichtige entscheide sich um des steuerlichen Vorteils willen für ein bestimmtes wirtschaftliches Verhalten, das er ohne den steuerlichen Anreiz so nicht gewählt hätte.[313] Entscheidend für die Annahme eines abgeschlossenen Sachverhalts war, dass es sich bei der steuerlichen Vergünstigung um eine Regelung mit *Lenkungswirkung* handelte. Die Disposition des Einzelnen sei auf das Subventionsangebot des Staats gestützt.

Die maßgebliche Änderung der steuerrechtlichen Rückwirkungsrechtsprechung erfolgte auf Grundlage dreier Beschlüsse des Bundesverfassungsgerichts vom 7. Juli 2010[314], die eine Reihe jeweils zur gemeinsamen Entscheidung verbundener Normkontrollverfahren bzw. Verfassungsbeschwerden betreffen. Die erhoffte Korrektur der Veranlagungszeitraum-Rechtsprechung blieb indes aus. Das Gericht hielt daran fest, dass es sich bei der Umgestaltung des Steuerrechts, während des laufenden Veranlagungszeitraums, die sich auf den Beginn dieses Zeitraums bezieht, um eine unechte Rückwirkung handele.[315] Stattdessen hob der Zweite Senat das Schutzniveau gegen die unechte Rückwirkung. Gestalte der Gesetzgeber das jeweilige Steuerrecht während des laufenden Veranlagungszeitraums um und beziehe er die Rechtsänderung auf dessen Beginn, so erfordere diese Rückanknüpfung einen besonderen Rechtsfertigungsgrund. Dies gelte insbesondere insofern, als die Normen des Steuerrechts als Rahmenbedingung wirtschaftlichen Handels ein Mindestmaß an grundrechtlich und rechtsstaatlich gebotener Verlässlichkeit verlangten.[316] Die unechte Rückwirkung sei nur dann zulässig, wenn eine Gesamtabwägung zwischen dem Gewicht des enttäuschten

---

310 Vgl. als Beispiel § 38 AO i.V.m. § 36 Abs. 1 EStG: Entstehung der Steuerschuld mit Ablauf des Veranlagungszeitraums, d. h. regulär mit Ablauf des Kalenderjahres.

311 BVerfGE 97, 67.

312 BVerfGE 97, 67 (79 f.).

313 Vgl. BVerfGE 97, 67 (79 f.).

314 BVerfGE 127, 1; 127, 31; 127 61.

315 BVerfGE 127, 1 (18 f.); 127, 31 (48 f.); 127 61 (77 f.).

316 Vgl. BVerfGE 127, 1 (20).

Vertrauens und dem Gewicht und der Dringlichkeit der die Rechtsänderung rechtfertigenden Gründe ergebe, dass die Grenze der Zumutbarkeit gewahrt sei.[317] Die vertrauensenttäuschende, neue Rechtslage ist nur dann hinzunehmen, „soweit dies aufgrund besonderer, gerade die Rückanknüpfung rechtfertigender öffentlicher Interessen [...] gerechtfertigt ist."[318] Es gilt zu betonen, dass folglich das schutzwürdige Interesse des Einzelnen nicht gegen das *allgemeine* öffentliche Interesse an der Änderung der Rechtslage abgewogen wird.[319] Vielmehr ist das Interesse der Allgemeinheit an der Einbeziehung von Altfällen in die neue Rechtslage in die Abwägung einzustellen. Es bedarf eines besonderen Rechtfertigungsgrundes, warum der Gesetzgeber die Fälle unechter Rückwirkung, d.h. die Fälle, die den bereits laufenden Veranlagungszeitraum betreffen, ebenso normativ adressiert[320], wobei dieser Grund deutlich unter den die echte Rückwirkung rechtfertigenden „zwingenden Gründen des Gemeinwohls" liege.[321]

Durch die neue Rechtsprechung wurden die Anforderungen an die Zulässigkeit einer unechten Rückwirkung im Steuerrecht verschärft. Das Bundesverfassungsgericht stellte zwar klar, dass es insgesamt an seiner herkömmlichen Rückwirkungsdogmatik und der Differenzierung zwischen echter und unechter Rückwirkung festhalten möchte.[322] Trotzdem relativiert es praktisch die Unterscheidung zwischen den beiden Rückwirkungsarten.[323] Im Ergebnis trägt die Neuerung dem Vertrauensschutzprinzip verstärkt Rechnung, indem es die Rechtfertigungshürde für enttäuschtes Vertrauen erhöht. Derjenige, der eine verfestigte Rechtsposition innehabe, verdiene besonderen Schutz vor deren Entwertung durch eine unechte Rückwirkung. Die Wirkung ist in diesem Fall ähnlich einer echten Rückwirkung. Was unter einer „auf geltendes Recht gegründeten Rechtsposition"[324], einem „aus dem bisherigen Recht erwachsenen konkreten Vermögensbestand"[325], einer „konkret verfestigen Vermögensposition"[326] genau zu verstehen ist, blieb bislang allerdings ungeklärt.

---

317 Vgl. BVerfGE 127, 1 (17 f.); 127, 31, (48 f.); 127, 61 (76 f.); so auch später vom Ersten Senat bestätigt in BVerfGE 132, 302 (319 f.).

318 Vgl. BVerfGE 127, 1 (20); 127, 31, (48 f.); 127, 61 (78); 132, 302 (320).

319 Vgl. C.II.2.

320 BVerfGE 105, 17 (36 f.).

321 Vgl. *Maurer* in Isensee/Kirchhof, HStR IV, § 79 Rn. 71.

322 Siehe BVerfGE 127, 1 (19 f.)

323 *Rüsken* in Klein, AO, § 163 Rn. 81.

324 BVerfGE 127, 31 (47).

325 BVerfGE 127, 31 (59).

326 BVerfGE 127, 1 (21), 127, 61 (80).

V. Vertrauensschutz durch Grundrechtsschutz

Wie vorstehend ausgeführt verlangt der Verhältnismäßigkeitsgrundsatz vom Gesetzgeber *ex ante* eine Optimierungsaufgabe, die sich auf die Abwägung aller betroffenen Rechtsgüter erstrecken muss. Dies beinhaltet insbesondere die Betroffenheit der Grundrechte derer, die auf die Altregelung vertrauten und auf ihrer Grundlage Dispositionen tätigten. Die Bedeutsamkeit der Grundrechte erklärt sich mit Blick auf die subjektive Ausrichtung des Vertrauensschutzprinzips und vor allem vor dem Hintergrund, dass die Grundrechte Ausdruck und Konkretisierung des Rechtsstaatsprinzips sind[327]: „Der Vertrauensschutz wird zumal durch die Grundrechte verbürgt, in denen sich das Rechtsstaatsprinzip besonders nachdrücklich ausprägt."[328]

In der Literatur wurde bereits früh die Auffassung vertreten, dass die Rückwirkungsproblematik anhand der Grundrechte zu lösen sei.[329] Nach dem Grundsatzurteil des Bundesverfassungsgerichts zur rückwirkenden Steuergesetzgebung vom 19. Dezember 1961 fand diese Ansicht umso mehr Anhänger.[330] Nachdem das Bundesverfassungsgericht es zunächst dabei beließ, den Vertrauensschutz bei rückwirkenden Gesetzen auf das allgemeine Rechtsstaatsprinzip zu stützen[331], erklärte es schließlich in seinem Beschluss vom 14. Mai 1986 zum deutsch-schweizerischen Doppelbesteuerungsabkommen, dass jedenfalls Gesetze mit unechter Rückwirkung „vorrangig Grundrechte berühren"[332]. Dagegen sei die echte Rückwirkung vorrangig an den allgemeinen rechtsstaatlichen Grundsätzen insbesondere des Vertrauensschutzes und der Rechtssicherheit zu messen.[333] Das Bundesverfassungsgericht wies unter Verwendung des Begriffs „vorrangig" darauf hin, dass es auch Ausnahmefälle gebe, in denen bei einer unechten Rückwirkung die allgemeinen Grundsätze heranziehbar seien

327 Vgl. dazu oben C.II.

328 BVerfGE 45, 142 (186).

329 So vor allem *Meyer-Cording* JZ 1952, 161 (164 ff.); *Giese* DÖV 1954, 321; *Coing* BB 1954, 137 (139 f.).

330 Siehe nur *Schwarz*, Vertrauensschutz als Verfassungsprinzip, S. 145 ff., 232 ff.; *Blanke*, Vertrauensschutz im deutschen und europäischen Verwaltungsrecht, S. 57 ff.; *Maurer* in Isensee/Kirchhof, HStR IV, § 79 Rn. 67 ff.

331 Vgl. BVerfGE 14, 288 (297); 22, 241 (248).

332 Vgl. BVcrfGE 72, 200 (242 f.).

333 Vgl. BVerfGE 72, 200 (242).

und umgekehrt bei einer echten Rückwirkung ein Grundrechtsbezug hergestellt werden könne.[334]

Inzwischen ist die einst zögerliche Bezugnahme auf die rechtsstaatlichen Grundsätze folgender Formel gewichen: „Das Rückwirkungsverbot findet im Grundsatz des Vertrauensschutzes nicht nur seinen Grund, sondern auch seine Grenze.“[335] Das Bundesverfassungsgericht vertritt nunmehr in ständiger Rechtsprechung, dass das Verbot rückwirkender, belastender Gesetze insgesamt auf den Prinzipien der Rechtssicherheit und des Vertrauensschutzes beruhe.[336] Das Gericht zieht zwar nach wie vor zur Beurteilung einer unechten Rückwirkung vorrangig die Grundrechte heran, allerdings lässt das Gericht neuerdings eindeutig erkennen, dass neben den grundrechtlichen Vertrauensschutz auch der allgemeine rechtsstaatliche Vertrauensschutz treten kann.[337]

Hierin kann allerdings kein eindeutiger Mehrwert zugunsten des Vertrauensschutzprinzips gesehen werden. Denn letztlich ist die Frage, in welcher Beziehung der rechtsstaatliche und der grundrechtliche Vertrauensschutz zueinanderstehen, jedenfalls dann obsolet, wenn man in einer Vertrauensbetätigung zumindest den Schutzbereich von Art. 2 Abs. 1 GG eröffnet sieht. Denn in der Regel findet jede aufgrund der Lenkungswirkung des Gesetzes getätigte Disposition des Rechtsunterworfenen einen Anknüpfungspunkt in einem oder mehreren Grundrechten. Soweit die Vertrauenshandlung nicht durch ein spezielleres Grundrecht gewährleistet wird, greift jedenfalls der weite Auffangtatbestand der allgemeinen Handlungsfreiheit aus Art. 2 Abs. 1 GG.[338] Das Abstellen auf den allgemeinen rechtsstaatlichen Vertrauensschutz erübrigt sich, da dieser

---

334 Vgl. nur BVerfG 45, 142 (168), wo der 2. Senat die Grundrechte als Maßstab für die Beurteilung der Rechtsmäßigkeit der (echten) Rückwirkung herangezogen hat.

335 So BVerfG, NVwZ 2016, 300 Rn. 55, ferner BVerfGE 135, 1 (21); 122, 374 (394); 126, 369 (393).

336 Vgl. BVerfGE 131, 302 (317); 135, 1 (21); 148, 217 (225); Seit seinem Beschluss vom 17. Dezember 2013 über die partielle Nichtigkeit von § 43 Abs. 18 KAGG, wegen Vorliegen einer ungerechtfertigten echten Rückwirkung, wird dem Gericht sogar eine Loslösung des Rückwirkungsverbots vom subjektiven Vertrauensschutz unterstellt, hierzu *Lepsius* JZ 2014, 488 (499); *Michael* JZ 2015, 425 ff.; *Lepsius* JZ 2015, 435 ff.; sowie insgesamt hierzu *Grosche* Der Staat 2015, 309 ff.

337 BVerfGE 127, 1 (16); 127, 31 (48): „Eine unechte Rückwirkung ist mit den Grundsätzen grundrechtlichen und rechtsstaatlichen Vertrauensschutzes daher nur vereinbar, [...].“; 127, 61 (75); 148, 217 (256); so auch *Schäfer*, Vertrauensschutz in dynamischen Regulierungsgebieten am Beispiel des Energieeffizienzrechts, S. 136.

338 Vgl. *Maurer* in Isensee/Kirchhof, HStR IV, § 79 Rn. 62.

nicht mehr Schutz bieten kann, als der Vertrauensschutz in Ausprägung des spezielleren Grundrechts oder jedenfalls der Auffangtatbestand der allgemeinen Handlungsfreiheit eröffnet ist. Tritt der Fall ein, dass die Disposition tatsächlich in keinerlei Schutzbereich eines Grundrechts fällt, so muss dies einen umso größeren Gestaltungsspielraum des Gesetzgebers bei Änderung der Rechtslage bedeuten.[339]

Ruft die Lenkungswirkung des Gesetzes eine Disposition des Einzelnen hervor, die von den Grundrechten garantiert wird, so ist nach alledem Vertrauensschutz in Ausprägung der Grundrechte zu gewähren.[340] Es muss zunächst der sachliche Schutzbereich eröffnet sein. Die gesetzliche Regelung ist nur dann zulässig, wenn der rückwirkende Eingriff im öffentlichen Interesse geeignet, erforderlich und verhältnismäßig ist. Die Abwägung des Vertrauensinteresses mit dem Interesse des Gesetzgebers an der rückwirkenden Änderung der Rechtslage ist Teil der Verhältnismäßigkeit.

Was genau der Einfluss der Grundrechtsdogmatik für den Vertrauensschutz bedeutet und umgekehrt, ist unter Heranziehung der einzelnen Grundrechte zu untersuchen.

1. Art. 14 GG als spezielle Grundlage von Vertrauensschutz

Die wohl praktisch wichtigste Grundlage grundrechtlichen Vertrauensschutzes stellt die Eigentumsfreiheit aus Art. 14 GG dar.[341] Die Zuordnung des Eigentums zum Rechtssubjekt bedeutet für den Bürger Planungssicherheit, die dem Einzelnen überhaupt erst eine freie Lebensgestaltung möglich macht.[342] Der eigentumsrechtliche Vertrauensschutz ist zugleich Basis des Investitionsschutzes. Innerhalb der Grenzen, die Art. 14 GG dem Gesetzgeber setzt, gilt es zu beantworten, wann der Bürger darauf vertrauen darf, dass die seine wirtschaftlichen

339 So auch *Schwarz*, Vertrauensschutz als Verfassungsprinzip, S. 301; dies können beispielsweise die herkömmlicherweise strafbaren Handlungen darstellen; vgl. hierzu auch *Starck* in Mangoldt/Klein/Starck, GG, Art. 1 Rn. 323.

340 So auch *Borgmann*, Rechtliche Möglichkeiten und Grenzen des Ausstiegs aus der Kernenergie, S. 371 f.; anders *Muckel*, Kriterien des verfassungsrechtlichen Vertrauensschutzes bei Gesetzesänderungen, S. 64 f.; sowie *Ossenbühl* AöR 1999, Bd. 124, 1 (38), die von einer Subsidiarität des allgemeinen rechtstaatlichen Vertrauensschutzgrundsatzes gegenüber dem grundrechtlichen Vertrauensschutz ausgeht, auf die dann zurückgegriffen werden kann, wenn kein Grundrecht einschlägig ist.

341 Vgl. mit weiteren Nachweisen *Schwarz*, Vertrauensschutz als Verfassungsprinzip, S. 168 ff.

342 Vgl. hierzu *Leisner* in Isensee/Kirchhof, HStR VIII, § 173 Rn. 122 f.

Dispositionen steuernden Rahmenbedingungen für einen gewissen Zeitraum fortwähren.

a) Verhältnis des rechtstaatlichen Vertrauensschutzes zum eigentumsrechtlichen Vertrauensschutz

Greift die gesetzliche Neuregelung in vermögenswerte Rechtspositionen ein, so ist nach ständiger Rechtsprechung des Bundesverfassungsgerichts Art. 14 GG heranzuziehen.[343] Im Bereich von Art. 14 GG werden die allgemeinen Grundsätze zur unechten Rückwirkung durch den Grundrechtsschutz verdrängt.[344] Der allgemeine Grundsatz des Vertrauensschutzes habe „für die vermögenswerten Güter im Eigentumsrecht eine eigene Ausprägung und verfassungsrechtliche Ordnung erfahren"[345]. Der eigentumsrechtliche Vertrauensschutz ist damit *lex specialis* gegenüber dem allgemeinen rechtstaatlichen Vertrauensschutzgrundsatz. Von einer Übertragung dieser Vorgehensweise auf andere Grundrechte scheint das Bundesverfassungsgericht bislang abzusehen.[346]

b) Vertrauensschutz als Bestandteil der Eigentumsgarantie

Die Eigentumsgarantie aus Art. 14 GG beinhaltet zweierlei grundrechtliche Dimensionen[347]: Zum einen garantiert das Grundgesetz das Rechtsinstitut „Eigentum" an sich.[348] Diese *Institutsgarantie* sichert den „Grundbestand von Normen, die das Eigentum im Sinne dieser Grundrechtsbestimmung umschreiben."[349] Der Gesetzgeber ist dazu verpflichtet, eine Rechtsordnung aufrecht zu erhalten, in der der Erwerb, die Nutzung und die Verfügung über das Eigentum überhaupt möglich ist.[350] Darüber hinaus soll Art. 14 GG als Abwehrgrundrecht

---

343 Erstmals seit BVerfGE 31, 275 (293).

344 BVerfGE 71, 1 (11 f.); 75, 78 (104 f.); 76, 220 (224 f.); 101, 239 (257); 122,374 (391 f.).

345 Vgl. BVerfGE 31, 275 (293); 36, 281 (293); 42, 263 (300 f.); 45, 142, (168); 53, 257 (309); 58, 81 (120 f.); 64, 87 (104) 75, 78 (105).

346 Man beachte die deutlichen Unterschiede der Prüfungsmaßstäbe in: BVerfGE 72, 175 (196); 74, 123 (155); 77, 370 (379); *Grzesick*, Rückwirkung und Vertrauensschutz im Recht der Energiewende, S. 47.

347 Vgl. hierzu *Schwarz*, Vertrauensschutz als Verfassungsprinzip, S. 168; *Maurer* in Isensee/Kirchhof, HStR IV, § 79 Rn. 68.; *Papier/Shirvani*, in: Maunz/Dürig, GG, Art. 14 Rn. 112 ff.; *Wendt* in Sachs, GG, Art. 14 Rn. 41 ff.

348 *Papier/Shirvani* in Maunz/Dürig, GG, Art. 14, Rn. 118 ff.; *Hesse*, Grundzüge des Verfassungsrechts der Bundesrepublik Deutschland, Rn. 442 ff.

349 Vgl. *Leisner* in Isensee/Kirchhof, HStR VIII, § 173 Rn. 65 ff.

350 *Schwarz*, Vertrauensschutz als Verfassungsprinzip, S. 168.

die eigentumsfähigen Positionen sichern und Eingriffe in eben jene abwehren.[351] Der Bestand des konkreten Eigentums ist zu schützen. Da der Grundsatz des Vertrauensschutzes auf den Schutz des Vertrauens des Bürgers in den Bestand bzw. den Fortbestand staatlicher Entscheidungen abzielt, geht in der Bestandsgarantie von Art. 14 GG der rechtsstaatliche Vertrauensschutz auf. Bestandsschutz bedeutet Vertrauensschutz, wobei der Grundsatz des Vertrauensschutzes eine zeitliche Komponente in die Eigentumsgarantie einbringt.[352] Der Bestandsschutz verlangt den *status quo*, während der Vertrauensschutz in die Vergangenheit und die Zukunft blickt. Die unter der alten Rechtslage erworbenen vermögenswerten Rechtsgüter sollen auch in Zukunft Bestand haben. Zumindest soll ein schonender Übergang zur neuen, das Eigentum auflösenden Rechtslage geschaffen werden. In der Konsequenz ist es möglich, dass der Gesetzgeber eine für die Zukunft geltende Inhalts- und Schrankenbestimmung des Eigentums in verfassungsmäßiger Weise erlässt, während er durch die Neuregelung gleichzeitig aus Gesichtspunkten des Vertrauensschutzes „wohlerworbener Rechte“[353] in verfassungswidriger Weise verkürzt.[354]

c) *Reichweite des eigentumsrechtlichen Vertrauensschutzes*

Fraglich ist, welchen Einfluss die Eigentumsdogmatik auf die Reichweite des Vertrauensschutzes hat. Das Bundesverfassungsgericht ist der Auffassung, dass die inhaltlichen Anforderungen an die Rückwirkungen im Rahmen von Art. 14 GG denen der allgemeinen Dogmatik in nichts nachstünden.[355] Tatsächlich zieht das Gericht in der Prüfung der Verfassungsmäßigkeit einer Inhalts- und Schrankenbestimmung die allgemeinen Grundsätze zu Rückwirkung und Vertrauensschutz gleichermaßen heran.[356]

Ein besonderes Merkmal des eigentumsrechtlichen Vertrauensschutzes findet sich jedoch mit Blick auf die Bestandsgarantie. Während dem allgemeinen Vertrauensschutz ohne weiteres durch eine Entschädigung genüge geleistet

351 *Leisner* in Isensee/Kirchhof, HStR VIII, § 173 Rn. 47 ff.
352 Vgl. *Maurer* in Isensee/Kirchhof, HStR IV, § 79 Rn. 68.
353 BVerfGE 31, 275 (289 ff.).
354 *Schwarz*, Vertrauensschutz als Verfassungsprinzip, S. 187; *Maurer* in Isensee/Kirchhof, HStR IV, § 79 Rn. 68.
355 BVerfGE 64, 84 (104); 95, 64 (86); 122, 374 (391 ff.).
356 BVerfGE 95, 64 (86 f.); 117, 272 (294 f.); 122, 374 (393 f.); 143, 246 Rn. 372; BVerfG, NVwZ 2010, 771 Rn. 77 ff.; BVerfG, NVwZ 2017, 705 Rn. 37 ff.; BVerfG, NZA 2020, 724 Rn. 6.

werden kann,[357] ist dem Eigentumsschutz ein solcher Wertschutz grundsätzlich fremd.[358] Die Substanzerhaltung des Eigentums genießt Vorrang vor dem bloßen Wertschutz. Nur als ultima ratio sei eine geldwerte Entschädigung ausnahmsweise geeignet, eine Inhalts- und Schrankenbestimmung verhältnismäßig werden zu lassen.[359] Dem Gesetzgeber obliege es, innerhalb der Inhalts- und Schrankenbestimmungen des Eigentums Vorkehrungen zu treffen, „die eine unverhältnismäßige Belastung des Eigentümers real vermeiden und die Privatnützigkeit des Eigentums so weit wie möglich erhalten“[360]. Daraus scheint ein intensiverer Schutz zugunsten des eigentumsbezogenen Vertrauens zu folgen.

Art. 14 Abs. 1 GG schützt grundsätzlich alle vermögenswerten Rechtspositionen, „die Berechtigten von der Rechtsordnung in der Weise zugeordnet sind, dass sie die damit verbundenen Befugnisse nach eigenverantwortlicher Entscheidung zum privaten Nutzen ausüben dürfen“[361]. Es handelt es sich um einen substanzbezogenen Schutz. [362] Das Vermögen als solches soll nicht geschützt werden.[363] Ebenso wenig ermöglicht die Eigentumsgarantie die Sicherung von Chancen, Gewinnaussichten oder Erwartungen.[364] Investitionen können für sich genommen keine Eigentumsposition i.S.v. Art. 14 GG sein. Investitionen zeichnen sich dadurch aus, dass in der Erwartung Gewinne erwirtschaften zu können, Kapital in Sachwerten angelegt wird. Investitionsschutz, der auf den Schutz des zukünftigen Vermögens abzielt, scheint *prima facie* im Widerspruch zum in Art. 14 GG angelegten Schutz bereits erworbener vermögenswerter Positionen zu stehen. Zwar geht der eigentumsrechtliche Vertrauensschutz nicht so weit,

---

357 Siehe oben C.III.3.c).

358 Vgl. *Schröder* NVwZ 2013, 105 (107).

359 Vgl. BVerfGE 100, 226 (245); *Papier/Shirvani* in Maunz/Dürig, GG, Art. 14 Rn. 115; *Wendt* in Sachs, GG, Art. 14 Rn. 83.

360 Vgl. BVerfGE 100, 226 (245).

361 BVerfGE 78, 58 (71); 83, 201 (209); 95, 267 (300); 112, 93 (107); 115,97 (110f.); 131, 66 (79); *Papier/Shirvani* in Maunz/Dürig, GG, Art. 14 Rn. 160; *Jarass* in Jarass/Pieroth, GG, Art. 14 Rn. 5; *Bryde* in Münch/Kunig, GG, Art. 14 Rn. 12; *Axer* in Epping/Hillgruber, BeckOK GG, Art. 14 Rn. 42 f.; *Badura* in: HVerfR, § 10 Rn. 35.

362 *Leisner* in Isensee/Kirchhof, HStR VIII, § 173 Rn. 91 ff.

363 BVerfGE 81, 108 (122); 82, 159 (190); 89, 48 (61); 91, 207 (220); 95, 267 (300); 108, 186 (223); *Papier/Shirvani* in Maunz/Dürig, GG, Art. 14 Rn. 277; *Wendt* in Sachs, GG, Art. 14 Rn. 38.

364 Vgl. BVerfGE 28, 119 (142); 30, 292 (334 f.); 78, 205 (211); 94, 241 (258); 95, 173 (187 f.); 105, 252 (277); 142, 268 (300).

den Staatsbürger vor jeder „Enttäuschung“ zu bewahren[365], allerdings bewirkt er, dass jedenfalls die Investitionen, die auf Grundlage einer vermögenswerten Rechtsposition im Sinne von Art. 14 GG getätigt wurden, bei der Ausgestaltung von Inhalt und Grenzen des Eigentums durch den Gesetzgeber berücksichtigt werden müssen.[366]

Der eigentumsrechtliche Vertrauensschutz ist nicht in der Lage, jede Art von vermögensbezogenem Vertrauen zu schützen. Welche Konsequenzen dies konkret für den Dispositions- und Investitionsschutz bei der Neuordnung von Wirtschaftsbereichen in der Energiewende hat, ist an anderer Stelle näher zu untersuchen.[367]

d) Zwischenergebnis

Zusammenfassend ergibt sich, dass im Fall einer unechten Rückwirkung, die in vermögenswerte Rechtspositionen eingreift, das Vertrauensinteresse von der Schutzgewähr des Art. 14 GG vertreten wird. Da bei einer gesetzlichen Neuordnung eines Wirtschaftsbereichs in der Regel eine unechte Rückwirkung vorliegt[368], ist der Vertrauensschutz, den Art. 14 GG gewährt, die maßgebliche Richtschnur, an der ein Strategiewechsel des Gesetzgebers zu messen ist. Er wird als Komponente in die Abwägung der gegensätzlichen Interessen miteingestellt und wirkt als Direktive gegenüber dem Gesetzgeber zur Optimierung einer Inhalts- und Schrankenbestimmung des Eigentums.[369] Weil die unechte Rückwirkung zwar auf gegenwärtige, noch nicht abgeschlossene Sachverhalte einwirkt, aber dennoch ausschließlich für die Zukunft normative Wirkung entfaltet, kann der Bürger grundsätzlich nicht auf die Unveränderlichkeit des Rechts über den Anwendungsbereich der Grundrechte hinaus vertrauen.[370] Erst

---

365 Vgl. BVerfGE 312 (331); 63, 343 (357); 105, 17 (40); 107, 17 (40); 109, 133 (181); 114, 258 (301); 127, 1; siehe oben C.III.1.d) zum Erfordernis des „Vertrauensschadens“.

366 *Bruch/Greve* DÖV 2011, 794 (796).

367 Siehe insbesondere unten D.V.

368 Siehe oben C.IV.3.

369 Str.; entscheidend dafür, ob eine Einordnung des Vertrauensschutzes als Schranke, Schranken-Schranke oder als Abwägungskomponente erfolgt, ist, ob der Begriff des Eigentums als verfassungsrechtlich vorbestimmt angesehen wird oder das Eigentum eine Folge des gesetzgeberischen Gestaltungsspielraums ist; vgl. Nachweise in *Maurer* in Isensee/Kirchhof, HStR IV, § 79 Rn. 69 sowie *Schwarz*, Vertrauensschutz als Verfassungsprinzip, S.186.

370 Siehe oben C.I.1.a).aa), Gesetze stehen unter einem sillschweigenden Änderungsvorbehalt; a.A. *Ossenbühl* AöR 1999, Bd. 124, 1 (38), der neben dem spezialgesetzlichen

mit Entstehung einer eigentumsfähigen Rechtsposition im Sinne von Art. 14 GG entsteht auch schutzwürdiges Vertrauen in den Bestand der Normen auf denen das Eigentum beruht.[371] Bei Fällen außerhalb des Schutzbereichs der Eigentumsgarantie kann der Grundsatz des Vertrauensschutzes unter Berufung auf Art. 2 Abs. 1 GG zur Geltung kommen.[372]

2. Vertrauensschutz im Bereich der Berufsfreiheit aus Art. 12 GG

Ein weiterer verfassungsrechtlicher Maßstab unecht rückwirkender Gesetze bildet der Vertrauensschutz im Bereich der Berufsfreiheit aus Art. 12 GG. Neben der Eigentumsgarantie hat das Grundrecht der Berufsfreiheit eine große Bedeutung bei der Bewertung einer gesetzlichen Neuregulierung privater Wirtschaftsbereiche. Die gesetzlich initiierte Energiewende hat eine Änderung der bislang bestehenden beruflichen Rahmenbedingungen und in der Konsequenz einen Eingriff in die Berufsfreiheit zur Folge. Dies ist beispielweise dann der Fall, wenn der Gesetzgeber die Stromerzeugung mittels fossiler Rohstoffe auf Erneuerbare Energien umstellt. Er greift in eine ursprünglich zulässige berufliche Tätigkeit nachteilig ein.

Die Eigentumsgarantie sowie die Berufsfreiheit stehen zueinander in Idealkonkurrenz[373], wobei Art. 12 GG den Vertrauensschutz im Bereich der Berufsfreiheit präzisiert, während Art. 14 GG eine Präzisierung des Vertrauensschutzes im Bereich der Eigentumsfreiheit vornimmt.[374] Diese beiden wirtschaftsbezogenen Grundrechte sollen sich insofern voneinander unterscheiden, als Art. 14 GG das bereits Erworbene schütze[375], während die Sicherung zukunftsgerichteter

---

Vertrauensschutz durch Grundrechte auch einen allgemeinen rechtstaatlichen Vertrauensschutz gewährt.

371 Vgl. *Muckel*, Kriterien zum verfassungsrechtlichen Vertrauensschutz bei Gesetzesänderungen, S. 40 f.; *Rüfner* JZ 1983, 755; ablehnend *Leisner*, Das Gesetzesvertrauen des Bürgers, in FS für Berber, 273 (294).

372 Etwa weil die sozialversicherungsrechtlichen Leistungen nicht als eigentumsfähig gelten, vgl. BVerfGE 69, 272 (309); 72,141 (154); 72,175 (193 ff., 196 ff.); vgl. auch BVerfGE 64, 87 (104).

373 *Breuer* in Isensee/Kirchhof, HStR VIII, § 170 Rn. 130.

374 *Schwarz*, Vertrauensschutz als Verfassungsprinzip, S. 172 ff.; *Maurer* in Isensee/Kirchhof, HStR IV, § 79 Rn. 69 f.; *Blanke*, Vertrauensschutz im deutschen und europäischen Verwaltungsrecht, S. 112; *Muckel*, Kriterien des verfassungsrechtlichen Vertrauensschutzes bei Gesetzesänderungen, S. 45 f.

375 BVerfGE 105, 252 (277).

Erwerbsinteressen anhand von Art. 12 GG erfolge[376]. Diese vom Bundesverfassungsgericht aufgestellte Formel kann allerdings in den meisten Fällen keine trennscharfe Abgrenzung bewirken.[377]

Der Vertrauensschutzcharakter von Art. 12 GG wird bereits mit Blick auf die Definition des Begriffs „Beruf" deutlich[378]: darunter versteht man jede auf Dauer angelegte und nicht nur vorübergehende, der Schaffung und Erhaltung einer Lebensgrundlage dienende Tätigkeit.[379] Das Erfordernis der Dauerhaftigkeit der Tätigkeit verlangt im Gegenzug das Fortbestehen der gesetzlichen Rahmenbedingungen, die die Tätigkeit überhaupt erst möglich machen.[380] Art. 12 GG begründe insbesondere dann Vertrauensschutz, „soweit staatliche Maßnahmen berufliche Dispositionen entwerten, die zuvor unmittelbar oder mittelbar durch staatliche Entscheidungen veranlasst worden sind."[381] Art. 12 GG schützt daher insbesondere das unternehmerische Vertrauen in die Fortwirkung der gesetzlichen Rahmenbedingungen. Die gesetzliche Neuregulierung eines Wirtschaftsbereichs, die in die bisher erlaubte, ausgeübte Tätigkeit eingreift, kann zwar grundsätzlich zulässig sein. Allerdings müssen auch hier die Bestandsinteressen der Betroffenen und die Veränderungsgründe des Gesetzgebers gegeneinander abgewogen und in ein angemessenes Verhältnis zueinander gebracht werden.[382] Der Vertrauensschutz bei Eingriffen in die Berufsfreiheit kann bewirken, dass eine an und für sich betrachtet verhältnismäßige Beeinträchtigung der Berufsfreiheit um eine Übergangsregelung ergänzt werden muss.[383] Ziel muss insbesondere die Herstellung der praktischen Konkordanz sein.

---

376 BVerfGE 30, 292 (334); siehe auch *Papier* DVBl. 2011, 189 (191).

377 *Lampert*, Investitionsschutz im Zulassungsrecht, S. 53 f.

378 Vgl. *Stephan*, Verfassungsrechtlicher Vertrauensschutz bei Politikänderungen, S. 54.

379 St. Rspr. BVerfGE 7, 397; 9, 78; 13, 106; 14, 22; 16,163; 50, 290 (362); 68, 272 (281); 97, 228 (252 f.); 105, 252 (265); 110, 141 (156); 111, 10 (28).

380 Das BVerfG prüft berufsbezogene Vertrauenstatbestände, die einen schonenden Übergang von der alten zur neuen Rechtslage verlangen, unter Heranziehung des klassischen Schutzbereichs von Art. 12 GG. Zu den in der Literatur vertretenen Ansätzen zur gesonderten Ableitung des Vertrauensschutzes aus Art. 12 GG siehe *Schwarz*, Vertrauensschutz als Verfassungsprinzip, S. 187 ff.; *Muckel*, Kriterien des verfassungsrechtlichen Vertrauensschutzes bei Gesetzesänderungen, S. 43 ff.

381 *Blanke*, Vertrauensschutz im deutschen und europäischen Verwaltungsrecht, S. 112.

382 Siehe nur BVerfGE 95, 64 (86); 97, 271 (286); 97, 378 (389); 101, 239 (263); 122, 374 (394 f.).

383 BVerfGE 98, 265 (309) mit weiteren Nachweisen.

3. Art. 3 Abs. 1 GG als Grundlage des Vertrauensschutzes

Als Schutznorm gegen Gesetzesänderungen wird teilweise auch der allgemeine Gleichheitssatz aus Art. 3 Abs. 1 GG diskutiert. Dieser könne insofern Vertrauensschutz gewähren, als sich Neuregelungen als unzulässige Ungleichbehandlungen erweisen. Im Fokus der Überlegungen steht indes nicht die Gleichheit unter geltendem Recht, sondern die „Zeitgleichheit", d.h. die Gleichheit des früheren und des späteren Rechts.[384] Im Kontext der Energiewende könnte Art. 3 Abs. 1 GG so den Gesetzgeber an vorgelagerte energiepolitische Grundsatzentscheidungen binden. Da das Ziel der Energiewende der Ausbau Erneuerbarer Energien bei gleichzeitigem Abbau fossiler Energieträge ist, erlässt der Gesetzgeber Regelungen zur Förderung einer nachhaltigen Technologie und schafft jene Regelungen ab, die bis dato veraltete Energiegewinnungsformen ermöglichten.

Auf der Zeitgeraden führen diese jeweiligen Gesetzesänderungen zu unterschiedlichen Rechtslagen vor und nach Inkrafttreten des neuen Rechts, d.h. zu zwei Sachverhalten, die auf eine potentielle Ungleichbehandlung hin zu überprüfen wären. Fraglich ist allerdings, ob ein solcher Anspruch auf „Gleichheit in der Zeit" und damit ein Anspruch auf Fortgeltung des jeweiligen Rechts aufgrund von Art. 3 Abs. 1 GG überhaupt besteht.

a) Vertrauensschutz durch „Gleichheit in der Zeit"?

Uneinigkeit kursiert um die Frage, ob der allgemeine Gleichheitssatz aus Art. 3 Abs. 1 GG in der Lage ist, dem Gesetzgeber in seiner Änderungsbefugnis Schranken zu errichten. Nach *Dürig* müsse der Gleichheitssatz eine „Entzeitung" des Rechts im Sinne einer Entzerrung der harten Bruchstellen von altem und neuem Recht leisten.[385] Der Gleichheitssatz habe die Aufgabe der „zeitlichen Strukturierung des Rechts".[386] Was in der verfassungsmäßigen Ordnung fehle und mithilfe des Gleichheitssatzes zu lösen gelte, sei ein „Kompendium der schonenden Übergänge".[387] *Dürig* erhebt damit den Gleichheitssatz zum Maßstab der verfassungsrechtlichen Zulässigkeit von Änderungen staatlichen Handels.[388] Auch *Kirchhof* sieht die Frage nach Stetigkeit staatlichen Handelns als Thematik von

384 *Muckel*, Kriterien des verfassungsrechtlichen Vertrauensschutzes bei Gesetzesänderungen, S. 55.

385 *Dürig*, Zeit und Rechtsgleichheit, in FS Tübinger Juristenfakultät, 21 (28).

386 *Dürig*, Zeit und Rechtsgleichheit, in FS Tübinger Juristenfakultät, 21 (29).

387 *Dürig*, Zeit und Rechtsgleichheit, in FS Tübinger Juristenfakultät, 21 (29).

388 *Leisner*, Kontinuität als Verfassungsprinzip, S. 208.

Art. 3 Abs. 1 GG an.[389] Der Gleichheitssatz verlange, den heutigen Fall ebenso zu behandeln, wie den gleichen gestrigen.[390] Im Unterschied zu *Dürig* differenziert *Kirchhof* nach den drei Staatsgewalten[391] und stellt insbesondere heraus, dass es gegenüber dem Gesetzgeber kein „Grundrecht auf Kontinuität“[392] geben könne. Der Gleichheitssatz stehe für die Rechtserneuerung, vermeide aber den jähen Rechtsbruch.[393]

Vor dem Hintergrund dieser Überlegungen ist zunächst festzustellen, dass Art. 3 Abs. 1 GG bereits seinem Wortlaut nach nicht auf den Schutz einer „Gleichheit in der Zeit“ abzielt. Art. 3 Abs. 1 GG verlangt, dass alle Menschen *vor* dem Gesetz gleich sind. Eine Gleichheit *in* der Zeit ist grundrechtlich nicht verankert. Demgegenüber ist der Gestaltungsauftrag des Gesetzgebers und dessen gesetzgeberische Änderungsbefugnis eindeutig in den Art. 70 ff. GG normiert. Die Lehre von der Gleichheit in der Zeit unter Art. 3 Abs. 1 GG verkennt zudem, dass Wesensmerkmal der Gesetzgebung ist, dass mit einer Änderung einer Rechtslage zwangsläufig eine Ungleichbehandlung einhergeht. Die Rechtslage vor Änderung des Rechts ist immer ungleich der Rechtslage nach Tätigwerden des Gesetzgebers. Das neue Recht legt andere Gebote oder Verbote auf als bisher. Wenn die Ungleichbehandlung also Wesensmerkmal der Gesetzgebung ist, kann diese nicht prinzipiell willkürlich sein.[394] Dies widerspräche dem verfassungsrechtlichen Gestaltungsauftrag des Gesetzgebers. Die *lex posterior derogat legi priori*-Regel beruht nicht auf der Vermutung, dass das neue Recht das gerechtere sei.[395] Die Wirkung des neuen Rechts gegenüber dem alten Recht basiert vielmehr auf der Kompetenz des Gesetzgebers, neue Rechtsfolgen an die Gegebenheiten der Gegenwart zu knüpfen.[396] Um diesen Gestaltungsauftrag zu erfüllen, müssen dem Gesetzgeber die Möglichkeiten offen gehalten werden. Darunter zählt grundsätzlich auch ein abrupter Kurswechsel. Die generelle Verpflichtung

389 *Kirchhof* in Isensee/Kirchhof, HStR V, § 124 Rn. 25.

390 *Kirchhof* in Maunz/Dürig, GG, Art. 3 Rn 333.

391 *Kirchhof* in Isensee/Kirchhof, HStR V, § 125 Rn. 50 ff. – Gesetzgebung, Rn. 54 ff. – Verwaltung, Rn 59 ff. – Rechtsprechung.

392 *Kirchhof* in Isensee/Kirchhof, HStR V, § 125 Rn. 50.

393 *Kirchhof* in Maunz/Dürig, GG, Art. 3 Rn 335.

394 Vgl. *Kloepfer* DÖV 1978, 225 (227); *Schwarz*, Vertrauensschutz als Verfassungsprinzip, S. 214; *Muckel*, Kriterien des verfassungsrechtlichen Vertrauensschutzes bei Gesetzesänderungen, S. 55 ff.

395 Vgl. *Dürig*, Zeit und Rechtsgleichheit, in FS Tübinger Juristenfakultät, 21 (24) im Gegensatz zu *Kloepfer*, Vorwirkung von Gesetzen, S. 57 f.

396 *Nawiasky*, Allgemeine Rechtslehre, S. 91.

zu schonenden Übergängen zwischen altem und neuem Recht führt unweigerlich zu einem Verlust von Flexibilität, die es angesichts der heutigen, raschen Entwicklung jedoch braucht. Eine Bindung an vorgelagerte Entscheidungen behindert den Gesetzgeber, Neubewertungen vorzunehmen und Fehlerkorrektur zu betreiben. Anders als im Verwaltungsrecht, wo der Grundsatz der Selbstbindung der Verwaltung[397] anerkannt ist, ist die Bindung des Gesetzgebers an zuvor erlassenes Recht abzulehnen. In Art. 20 Abs. 3 GG heißt es hierzu, dass die Gesetzgebung an die verfassungsmäßige Ordnung gebunden sei und eben nicht an Recht und Gesetz, wie es die Exekutive und Judikative sind. Ebenso widerspricht es dem Grundsatz der parlamentarischen Diskontinuität, den gegenwärtigen Gesetzgeber an vergangene Entscheidungen verfassungsrechtlich zu binden. Dies beinhaltet die Nichtfortsetzung der parlamentarischen Prozesse in sachlicher, personeller und organisatorischer Sicht nach Ablauf einer Wahlperiode. Dem Grundgesetz liegt damit ein Demokratieverständnis zugrunde, das den unterschiedlichen Entscheidungsträgern in der Zeit unterschiedliche Bewertungsmaßstäbe zubilligt. Nur so können geänderte gesellschaftliche Wertungen – kurz: der Zeitgeist – im staatlichen Hoheitsbereich Einfluss nehmen. Die Gewährung von „Gleichheit in der Zeit“ aus Art. 3 Abs. 1 GG birgt die Gefahr einer Reformunfähigkeit und eines Erstarrens der Gesellschaft [398] und ist daher abzulehnen.

b) Vertrauensschutz durch „Gleichheit im Recht“

Art. 3 Abs. 1 GG verlangt, dass alle Menschen vor dem Gesetz gleich sind. Differenzierungen sind dabei nicht per se rechtswidrig, sondern bedürfen rechtfertigender Sachgründe. Die Schranken, die Art. 3 Abs. 1 GG insofern dem gesetzgeberischen Willen setzt, reichen nach der neusten „Stufenlos-Formel“ des Bundesverfassungsgerichts vom bloßen Willkürverbot bis zu einer strengen Bindung an Verhältnismäßigkeitserfordernisse.[399]

> „Hinsichtlich der verfassungsrechtlichen Anforderungen an den die Ungleichbehandlung tragenden Sachgrund ergeben sich aus dem allgemeinen Gleichheitssatz je nach Regelungsgegenstand und Differenzierungsmerkmalen unterschiedliche Grenzen für

---

397 *Sachs* in Stelkens/Bonk/Sachs, VwVfG, § 40 Rn. 103 ff.

398 Vgl. *Hebeler*, Generationengerechtigkeit als verfassungsrechtliches Gebot in der sozialen Rentenversicherung, S. 125 f.

399 Siehe BVerfGE 129, 49 (Ls. 1); 88, 87 (96); sowie zum Verhältnis von Willkürverbot und dem Gebot verhältnismäßiger Gleichheit: *Nußberger* in Sachs, GG, Art. 3 Rn. 25 ff.

> den Gesetzgeber, die von gelockerten, auf das Willkürverbot beschränkte Bindungen bis hin zu strengen Verhältnismäßigkeitserfordernissen reichen können."[400]

Ein strenger Prüfungsmaßstab ist insbesondere dann angezeigt, wenn eine gesetzliche Regelung zu einer Differenzierung zwischen Personengruppen und nicht lediglich zwischen Sachverhalten führt.[401] Außerdem ergeben sich aus dem Gleichheitssatz umso engere Grenzen für den Gesetzgeber, wenn sich die Ungleichbehandlung von Personen oder Sachverhalten auf die Ausübung von Freiheitsgrundrechten negativ auswirken kann.[402]

Nach dem Willkürverbot ließe sich eine tatbestandliche Unterscheidung bereits rechtfertigen, wenn ein vernünftiger, einleuchtender Grund für die gesetzliche Unterscheidung vorliege.[403] Es wird keine Abwägung von Seiten des Gesetzgebers verlangt. Die Gründe des Gesetzgebers dürfen nur nicht evident unsachlich oder ungerecht sein.[404] Demgegenüber fordert der Verhältnismäßigkeitsgrundsatz innerhalb von Art. 3 Abs. 1 GG, dass die Beeinträchtigung aufgrund der (Un-)Gleichbehandlung in ihrem Gewicht durch entsprechende sachliche Gründe aufgewogen wird, d.h. dass sachliche Gründe die (Un-)Gleichbehandlung im Hinblick auf die gleichen und ungleichen Eigenschaften aufwiegen können.[405] Sowohl das Willkürverbot als auch die strenge Verhältnismäßigkeitsprüfung vermögen jedoch keine Gleichheit in zeitlicher Dimension zu gewährleisten. Sie verbieten dem Gesetzgeber vielmehr die Verwendung unsachlicher Beurteilungskriterien[406] und unausgewogener Differenzierungsgründe. Das Bundesverfassungsgericht billigt dem Gesetzgeber abseits dessen eine weitreichende Typisierungs- und Gestaltungsfreiheit zu.[407] Der Art. 3 GG innewohnende Vertrauensschutz greift daher nur mittelbar, indem er die unter dem neuen Recht

---

400 St. Rspr., vgl. BVerfGE 139, 285 (309) sowie BVerfGE 138, 136 (180 f.); 136, 152 (180); 139, 1 (13).

401 Vgl. BVerfGE 90, 46 (56); 100, 195 (205); 103, 310 (318 f.).

402 Vgl. BVerfGE 99, 341 (355 f.); 103, 241 (258); 105, 73 (110 f.).

403 *Kirchhof* in Isensee/Kirchhof, HStR VIII, § 181 Rn. 232 ff.

404 *Nußberger* in Sachs, GG, Art. 3 Rn. 9.

405 *Kischel* in Epping/Hillgruber, BeckOK GG, Art. 3 Rn. 37; *Nußberger* in Sachs, GG, Art. 3 Rn. 22.

406 Vgl. *Schwarz*, Vertrauensschutz als Verfassungsprinzip, S. 215.

407 Deutlich hierzu BVerfGE 105, 73 (127): „Jede gesetzliche Regelung muss notwendigerweise verallgemeinern. Bei der Ordnung von Massenerscheinungen ist der Gesetzgeber berechtigt, die Vielzahl der Einzelfälle in dem Gesamtbild zu erfassen, das nach den ihm vorliegenden Erfahrungen die regelungsbedürftigen Sachverhalte zutreffend wiedergibt. Auf dieser Grundlage darf er generalisierende, typisierende

womöglich auftretende Ungleichbehandlung zu anderen vergleichbaren Sachverhalten abwehrt und willkürliche sowie unverhältnismäßige Unterscheidungen des Gesetzgebers verhindert. Der Normadressat kann sich auf „Gleichheit im Recht", jedoch nicht auf „Gleichheit in der Zeit" berufen. Ein so verstandener Vertrauensschutz ist in Art. 3 Abs. 1 GG jedenfalls nicht angelegt.

c) Kontinuität und Vertrauensschutz

Unter anderem auf Grundlage der Thesen über die „Gleichheit in der Zeit" wurde die Lehre der Kontinuität entwickelt. Diese war lange Zeit ein konturenloser Maßstab für die Zulässigkeit staatlicher Rechtsakte und nur partiell im Fokus der Rechtswissenschaft.[408] Die Dogmatik der Kontinuität hat sich inzwischen verdichtet.[409]

aa) Kontinuität als Verfassungsprinzip nach Anna Leisner

Insbesondere *Leisner* sieht im Institut der Rechtskontinuität ein *Verfassungsprinzip*[410], das zuvörderst die Staatsgewalten der Legislative und Exekutive binde. Kontinuität bedeute Rechtsgleichheit in der Zeit[411], weshalb sie sich im Wesentlichen als Ausprägung des Gleichheitssatzes von Art. 3 Abs. 1 GG darstelle.[412] Ziel des Kontinuitätsgebots sei es, die Verlässlichkeit und Beständigkeit des geschaffenen Rechts zu stärken. Anderes als das Institut des Vertrauensschutzes verlange die Kontinuitätsgewähr jedoch nicht die Andauer einer einmal geschaffenen Rechtslage, sondern eine stetige Entwicklung des Rechts frei von abrupten, diametralen und inkonsistenten Änderungen.[413]

---

und pauschalierende Regelungen treffen, ohne wegen der damit unvermeidlich verbundenen Härten gegen den allgemeinen Gleichheitssatz zu verstoßen."

408 So z. B. *Kloepfer* DÖV 1978, 225 (227), der vom der „Kontinuität staatlichen Handelns" spricht; vgl. ausführlich zur Kontinuität im Rechtsdenken *Leisner*, Kontinuität als Verfassungsprinzip, S. 99 ff.

409 Siehe vor allem *Leisner*, Kontinuität als Verfassungsprinzip, 2002; *Kirchhof*, StuW 2000, 221 (222 ff.); *Kirchhof* in Isensee/Kirchhof, HStR VIII, § 181 Rn. 224; *Maurer* in Isensee/Kirchhof, HStR IV, 2006, S. 395 ff.; *Birk* in Peezer, Vertrauensschutz im Steuerrecht, DStJG Bd. 27, 9 ff.; *Ebner*, Vertrauensschutz und Kontinuitätsgewähr in der höchstrichterlichen Rechtsprechung am Beispiel des Steuerrechts, 2010.

410 *Leisner*, Kontinuität als Verfassungsprinzip, S. 165 ff., 189 ff.

411 *Leisner*, Kontinuität als Verfassungsprinzip, S. 204 ff.

412 *Leisner*, Kontinuität als Verfassungsprinzip, S. 199 ff.

413 *Leisner*, Kontinuität als Verfassungsprinzip, S. 180 ff., 376; siehe auch *Maurer* in Isensee/Kirchhof, HStR IV, § 79 Rn. 3.

Der Grundsatz des Vertrauensschutzes betrachtet Gesetzesänderungen aus der Perspektive des Bürgers, in dessen Freiheit durch Änderung der Rechtslage eingegriffen wird.[414] Er stelle das Bestandsinteresse des Bürgers dar, während die Kontinuität die Struktur des Rechts und der Rechtsänderung berühre.[415] Das Kontinuitätsgebot sei nicht auf die Sicht des Bürgers beschränkt. Sie betrachte objektiv die Abfolge von Rechtslagen in der Zeit und fordere von den Staatsgewalten Kontinuität und Beständigkeit in ihrem Handeln. Wann rechtliche Kontinuität vorliegt, sei anhand eines Vergleichs zweier aufeinanderfolgender Rechtslagen zu ermitteln. *Leisner* sieht die Begründung rechtlicher Kontinuität darin, dass diesen aufeinanderfolgenden Rechtslagen ein gemeinsamer normativer Gehalt zugrunde liege oder dass bei ihrer Aufeinanderfolge bestimmte Mechanismen, etwa die eines wechselseitigen Ausgleichs, Rechtswirkungen hervorbrächten. Eine wechselhafte, sprunghafte Gesetzgebung stelle demgegenüber einen Bruch mit dem rechtsstaatlichen Kontinuitätsgebots dar. Er zeichne sich dadurch aus, dass der Abstand der aufeinanderfolgenden Rechtslagen so groß sei, dass danach eine neue Folge von Situationen beginne, die mit der vorhergehenden nichts mehr gemein habe.[416] Die Verletzung des Kontinuitätsgebots durch einen Kontinuitätsbruch führe zur „Verfassungswidrigkeit desjenigen Rechtsakts, der die diskontinuierliche Rechtswirkung hervorgebracht hat."[417]

bb) Kritische Würdigung

Für die Annahme eines allgemeinen Gebots der Kontinuität spricht die zweifelhafte Rückwirkungsdogmatik des Bundesverfassungsgerichts, die in Fällen einer unechten Rückwirkung die Gefahr birgt, keinen hinreichenden Schutz zu gewähren. So wurde bereits ausgeführt, dass eine echte Rückwirkung verfassungsrechtlich unbedenklicher sein kann, als eine unechte Rückwirkung, die erhebliche, sich bereits verfestigte Vermögenspositionen entwertet. Es werden asymmetrische Rechtsfolgen an – aus der Perspektive der Betroffenen – wirkungsgleiche Situationen geknüpft.[418]

---

414 *Maurer* in Isensee/Kirchhof, HStR IV, § 79 Rn. 4.

415 Vgl. *Leisner*, Kontinuität als Verfassungsprinzip, S. 456 ff., 473; *Maurer* in Isensee/Kirchhof, HStR IV, § 79 Rn. 4.

416 Zum Ganzen *Leisner*, Kontinuität als Verfassungsprinzip, S. 180.

417 *Leisner*, Kontinuität als Verfassungsprinzip, S. 427.

418 Siehe oben C.IV.1.b).

Ein allgemeines Kontinuitätsgebot könnte insbesondere im Rahmen einer Gesetzesänderung mit Wirkung ausschließlich für die Zukunft dem Schutz von Investitionen dienen.[419] Zwar ist das Vertrauen auf Fortgeltung der Rechtslage Gegenstand der Rechtsprechung zur unechten Rückwirkung, jedoch dies nur unter der Voraussetzung des bereits in der Vergangenheit begründeten Vertrauenstatbestandes. Das Vertrauensschutzprinzip greift erst ein, wenn der Gesetzgeber auf Rechtspositionen Einfluss nimmt, die unter der Geltung des bisherigen Rechtes entstanden sind.[420] Das Vertrauen des Normadressaten auf die Fortgeltung des jeweiligen Rechts ist also nicht schutzwürdig, es sei denn, das neue Recht greift in Rechtspositionen ein, die dem Einzelnen bereits zustehen.[421] Durch Annahme eines Kontinuitätsgebots würde das geschützte Vertrauen um den Bereich der sogenannten „vorgreifenden Dispositionen"[422] erweitert werden. Damit sind Dispositionen gemeint, die zeitlich vor dem eigentlich angestrebten Erwerb einer geschützten Rechtsposition liegen und diesen vorbereiten bzw. Voraussetzung für diesen sind.[423] Durch die Forderung nach einem schonenden Übergang von der einen zur anderen Rechtslage könnte der normative Bruch abgemildert und damit das Vertrauen des Bürgers im Hinblick auf die Fortwirkung des Rechts geschützt werden. Dem ist jedoch entgegenzuhalten, dass der „Kontinuitätsbruch" genauer betrachtet nichts anderes ist als ein Eingriff in die Freiheitsrechte der vom neuen Recht Betroffenen. Die belastende Wirkung des neuen Gesetzes ist bereits an den Grundrechten zu messen. Die Grundrechte wehren ungerechtfertigte und unverhältnismäßige Eingriffe des Gesetzgebers ab, was die Unverhältnismäßigkeit abrupter Kurswechsel des Gesetzgebers einschließt. Insofern hält jedes Grundrecht für sich eine subjektive Kontinuitätsgewähr zugunsten des Trägers bereit, deren Schutzumfang je nach Einzelfall zu bewerten ist. Die Notwendigkeit eines allgemeinen rechtsstaatlichen Kontinuitätsgebots erscheint jedenfalls mit Blick auf die bereits vorhandenen, indes eindeutig kodifizierten Schutznormen der Art. 1 bis 19 GG, zweifelhaft.[424]

---

419 Vgl. *Kloepfer*, Gesetzgebung im Rechtsstaat, VVDStRL Bd. 40, 1982, 63 (82 f.).

420 *Maurer* in Isensee/Kirchhof, HStR IV, § 79 Rn. 75.

421 *Kirchhof* in Isensee/Kirchhof, HStR V, § 125 Rn. 51.

422 Vgl. *Kloepfer*, Gesetzgebung im Rechtsstaat, VVDStRL Bd. 40, 1982, 63 (82).

423 Siehe unten D.I.5.a).

424 Auch das BVerfG vertritt in st. Rspr., dass die allgemeine Erwartung, das geltende Recht werde zukünftig unverändert fortbestehen, keinen besonderen verfassungsrechtlichen Schutz verdiene – so zuletzt BVerfG, NVwZ 2019, 715 Rn. 15 außerdem

Gemessen hieran ist der Nachteil für den demokratisch legitimierten Gesetzgeber von höherem Gewicht. Nähme man *prima facie* an, dass ein Anspruch auf die Kontinuität aller vorhandener Rechtsnormen bestünde, wäre jede Änderung des bestehenden Rechts mit der Gefahr einer (potenziell verfassungswidrigen) Verletzung des Kontinuitätsgebots verbunden. In der Konsequenz müsste bei belastenden Gesetzesänderungen immer ein Ausgleich zwischen der Verlässlichkeit des Rechts und der notwendigen demokratischen Flexibilität zur politischen Gestaltung gefunden werden.[425] Ein abstrakter Anspruch auf die Kontinuität der Rechtslage kann allerdings bereits angesichts der zwingend erforderlichen demokratischen Dynamik nicht bestehen. Konsequenz und Voraussetzung unserer demokratischen Grundordnung ist, dass der Gesetzgeber nach seinem politischen Willen die Gesetze erlassen und ändern darf. Das Gesetz gründet seine Legitimation auf dem Willen der gewählten Volksvertreter.[426] Es ist daher Aufgabe des Gesetzgebers, die Lage der Gesellschaft aufzugreifen und Gesetze zu erlassen, die dem Willen des Volkes entsprechen, auch wenn diese ein abruptes Vorgehen verlangen. Die Schranken, die Art. 3 GG nach aktuellem Verständnis dem gesetzgeberischen Willen setzt, sind jedenfalls nicht geeignet, zeitliche Gleichheit sowie Kontinuität zu gewähren. Zudem stünde ein Verfassungsprinzip der Kontinuität in direkter Konkurrenz zur parlamentarischen Diskontinuität.[427] Insofern gilt das bereits zur „Gleichheit in der Zeit“ gesagte.[428]

cc) Schlussbetrachtung

Nach alledem kann die Forderung nach Kontinuität grundsätzlich keine verfassungsrechtliche Schranke des Gesetzgebers sein, sondern lediglich ein verfassungspolitisches Postulat[429] und höchstens eine generelle Zielvorstellung[430]. Der Gesetzgeber ist dazu angehalten, die Erwartungen der Bürger zu schützen sowie übermäßig strapazierende Systembrüche zu vermeiden. Kommt er dem nicht nach, so beeinflusst dies jedoch nicht die Rechtmäßigkeit der erlassenen

---

BVerfG, NVwZ 2017, 702 Rn. 24 sowie BVerfGE 132, 302 (319 f.) mit weiteren Nachweisen.

425 Vgl. BVerfGE 63, 343; BVerfGE 132, 302; *Grosche* Der Staat 2015, 309 (315).

426 Vgl. *Grzeszick* in Maunz/Dürig, GG, Art. 20 Rn. 134 f.

427 Zum Begriff siehe *Kerste* in Maunz/Dürig, GG, Art. 76 Rn. 116 f.

428 C.V.3.a).

429 *Maurer* in Isensee/Kirchhof, HStR IV, § 79 Rn. 76.

430 Vgl. *Kloepfer*, Gesetzgebung im Rechtsstaat, VVDStRL Bd. 40, 1982, 63 (86); *Peine*, Systemgerechtigkeit, S. 239 ff.

Regelung. Ob in der Rechtsordnung Kontinuität vorherrscht, entscheidet der Wähler selbst, indem er auf bewährte politische Programme vertraut oder nicht. Das in Frage stehende Vertrauen ist jedenfalls dem politischen Leben zuzuordnen und daher auch mit politischen Mitteln zu realisieren.[431]

d) Systemgerechtigkeit (Folgerichtigkeit) und Vertrauensschutz

Auch das in der Literatur immer wieder auftauchende Gebot der Systemgerechtigkeit wäre grundsätzlich in der Lage, Vertrauensschutz zu gewähren.[432] Der Gedanke der Systemgerechtigkeit beruht auf der Annahme, dass durch erstmalige Normierung eines Rechtsbereichs durch den Gesetzgeber Strukturprinzipien vorgegeben werden, aufgrund derer eine Selbstbindung des Gesetzgebers erfolgt. Nur innerhalb des zuvor gewählten Systems können Rechtsänderungen vorgenommen werden. Je mehr eine neue Regelung von der gesetzten Ordnung abweicht, desto höher sind die Anforderungen an die Rechtfertigung der Neuregelung. Im Sinne eines Verhältnismäßigkeitserfordernisses müssen die Gründe des Gesetzgebers für die Durchbrechung der einmal gewählten Struktur umso stärker sein, je mehr vom System abgewichen wird.[433] Ein Systembruch, d.h. eine Regelung, die ungerechtfertigt nicht der bisherigen Ordnung entspricht, verstoße gegen Art. 3 Abs. 1 GG und sei insofern verfassungswidrig.[434]

Das Bundesverfassungsgericht hat jedoch bislang ausdrücklich betont, dass die Systemgerechtigkeit keinen eigenständigen verfassungsrechtlichen Grundsatz darstellen könne.[435] Bei der Rechtfertigung einer Ungleichbehandlung komme es allein auf die hinreichende sachliche Rechtfertigung an. Eine absolute Systembindung bestehe daher aufgrund des allgemeinen Gleichheitssatzes nicht. Liege ein Widerspruch zum System vor, so könne dies allenfalls Indiz dafür sein, dass keine hinreichend sachlichen Gründe in die Differenzierung des Gesetzebers einbezogen wurden.[436]

---

431 *Maurer* in Isensee/Kirchhof, HStR IV, § 79 Rn. 76.

432 Vgl. *Tappe* JZ 2016, 27 (31), der das Institut der Systemgerechtigkeit ebenfalls kritisch bewertet.

433 *Bryde/Kleindiek* JURA 1991, 36 (41).

434 Erstmals *Canaris*, Systemdenken und Systembegriff in der Jurisprudenz, S. 128; siehe auch *Battis*, Systemgerechtigkeit, in FS für Ipsen, 11 ff.

435 Zum Beispiel in BVerfGE 62, 354 (370) zur Frage, ob die Übertragung der ärztlichen Versorgung heilfürsorgeberechtigter Personen an kassenärztliche Vereinigungen dem System der Reichsversicherungsordnung widerspricht oder in BVerfGE 118, 1 (28) zur Begrenzung der Anwaltsvergütung durch Kappung des Gegenstandswerts.

436 BVerfGE 81, 156 (207); 104, 74 (87).

Die Systemgerechtigkeit ist als verfassungsrechtliches Gebot folgerichtiger Ausgestaltung[437] ausschließlich im Bereich des Steuerrechts[438] anerkannt. Die Folgerichtigkeit verlange logische Konsequenz, Stetigkeit, Widerspruchsfreiheit für den Rechtssatz, der in die Gesamtrechtsordnung eingefügt werde.[439] Habe der Gesetzgeber die Wahl des Steuergegenstandes getroffen und in einer Bemessungsgrundlage definiert, so müsse er Abweichungen von dieser einmal getroffenen Belastungsentscheidungen ihrerseits am Gleichheitssatz messen lassen.[440] Die Belastungsentscheidung sei folgerichtig umzusetzen. Ausnahmen bedürfen eines besonderen, sachlich rechtfertigenden Grundes.[441]

Diese Rechtsprechung zur Folgerichtigkeit blieb zu Recht nicht unumstritten. Insbesondere ist man der Ansicht, dass der Grundgedanke der Folgerichtigkeit ein völlig anderer sei, als der des allgemeinen Gleichheitssatzes, weshalb die verfassungsrechtliche Legitimität des gesamten Prinzips sehr zweifelhaft erscheine.[442] Eine Bindung des Gesetzgebers an Art. 3 GG ist zwar grundsätzlich zu bejahen. Die „Neue Formel" setzt dem Gesetzgeber insofern Schranken bei Differenzierungen.[443] Eine strukturelle Selbstbindung des Gesetzgebers aus Art. 3 Abs. 1 GG ist jedoch abzulehnen. Art. 20 Abs. 3 GG lässt eine Bindung des Gesetzgebers an selbst gesetztes, einfaches Recht nicht zu. Das Verhältnis von einfachem Gesetz und Verfassung schließt es aus, dass ursprünglich politische Entscheidungen des Gesetzgebers mit Hilfe des Gleichheitssatzes verfassungsrechtlich versteinert werden und Folgeregelungen erzwingen, an die der Gesetzgeber nie dachte.[444] Hierfür sprechen auch bereits die zuvor aufgezeichneten verfassungsrechtlichen Argumente gegen einen Anspruch auf Gleichheit in der Zeit aus Art. 3 Abs. 1 GG[445] sowie gegen ein Verfassungsprinzip

437 Zum Gebot der Folgerichtigkeit siehe *Kirchhof* in Isensee/Kirchhof, HStR VIII, § 181 Rn. 209 ff.; *ders.* in Maunz/Dürig, GG, Art. 3 Rn. 404 ff.

438 BVerfGE 82, 60 (90 f.); 84, 239 (271); 87, 153 (170); 93, 121 (138, 147); 99, 88 (95); 105, 73 (125 f.); 107, 27 (47 ff.); 110, 412 (433); 116, 104 (180 f.); 120, 125 (155); 121, 108 (120); 122, 210 (231); 123, 111, (121 ff.); 125, 175 (225).

439 *Kirchhof* in Isensee/Kirchhof, HStR VIII, § 181 Rn. 209.

440 St. Rspr. BVerfGE 126, 400 (417); 132, 179 (189); 139, 285 (309 f.); 145, 106 (144); 149, 126 (153).

441 BVerfGE 122, 210 (234).

442 *Tappe* JZ 2016, 27 (31).

443 Siehe oben C.III.a).

444 *Bryde/Kleindiek* JURA 1991, 36 (41).

445 Siehe oben C.III.a).

der Kontinuität[446]. Unterwerfe man jede Widersprüchlichkeit einer Verhältnismäßigkeitskontrolle, würde Politik durch Gleichheitssatzdogmatik ersetzt werden.[447]

Wenn man in Art. 3 Abs. 1 GG den Grundsatz der Systemgerechtigkeit verortet und eine Bindung des Gesetzgebers an eigens aufgestellte Systeme zulässt, so kann der Gesetzgeber nur abweichen, wenn er einen gänzlichen Systemwechsel vornimmt.[448] Die Pflicht zu einer systemgerechten Ausgestaltung von Recht könnte demzufolge insoweit Vertrauensschutz begründen, als der Gesetzgeber daran gehindert wird, widersprüchliche Rechtswirkungen zu bereits bestehenden Regelungen zu erzeugen. Auch wenn sich nach bisheriger Rechtsprechung des Bundesverfassungsgerichts die Wirkung der Systemgerechtigkeit auf eine Indizwirkung beschränkt, so kann die Feststellung der Widersprüchlichkeit in der Gesamtschau ausschlaggebend dafür sein, einen Verstoß gegen Art. 3 Abs. 1 GG zu bejahen. Aufgrund der Systembindung des Gesetzgebers kann der Normadressat auf die Fortwirkung seiner einmal getroffenen Grundsatzentscheidung vertrauen und seine Dispositionsentscheidung hiernach ausrichten. Der Vorteil, der darin für den einzelnen Normadressaten gesehen werden kann, darf allerdings nicht ohne Erwähnung des Schadens für die Gesellschaft bleiben. So warnte das Bundesverfassungsgericht noch in früherer Zeit:

> „Der Gedanke der Systemgerechtigkeit, dessen Anliegen es ist, in einem bereits geregelten Lebensbereich die vom Gesetzgeber selbst gewählten Vernünftigkeitskriterien und Wertungen folgerichtig zu konkretisieren, darf nicht zur Verkrustung einer Gesellschaftsordnung führen [...]“.[449]

Im Ergebnis kann das Institut der Systemwidrigkeit in Übereinstimmung mit der Rechtsprechung keinen allgemeingültigen Verfassungsgrundsatz darstellen, der bei einem Verstoß zur Verfassungswidrigkeit der Neuregelung führt. Allerdings können aus dem Rechtsgedanken der Systemwidrigkeit erhöhte Anforderungen an die Begründungspflicht des Gesetzgebers im Rahmen einer Neugestaltung eines Wirtschaftsbereichs sowie eine erhöhte Schutzwürdigkeit des Vertrauens der Betroffenen folgen.

---

446 Siehe oben C.III.bb).

447 Vgl. *Bryde/Kleindiek* JURA 1991, 36 (37).

448 *Tappe* JZ 2016, 27 (31).

449 BVerfGE 60, 16 (43).

VI. Zusammenfassung

Das Prinzip des Vertrauensschutzes ist maßgebliche Schranke des Gesetzgebers zum Schutz der Bestandsinteressen der Bürger. Seine Geltungskraft entfaltet das Vertrauensschutzprinzip insbesondere im Rahmen der Grundrechte, in die der Gesetzgeber bei einem energiepolitischen Richtungswechsel (unecht) rückwirkend eingreift. Die vom Bundesverfassungsgericht vorgenommene Dichotomie der Vertrauensschutzgewähr in echte und unechte Rückwirkung sowie seine Rechtsprechung zum Zeitraum berechtigten Vertrauens wird dabei zu Recht kritisiert. Während eine echte Rückwirkung von der Rechtsordnung grundsätzlich abgelehnt wird, ist eine unechte Rückwirkung grundsätzlich zulässig und in erster Linie an den betroffenen Grundrechten zu messen.

Das Eigentumsgrundrecht schützt das berechtigte Vertrauen in den *Bestand* der Rechtslage als Grundlage von Investitionen in das Eigentum und seiner Nutzbarkeit, während Art. 12 Abs. 1 GG insbesondere das unternehmerische Vertrauen in die *Fortwirkung* der gesetzlichen Rahmenbedingungen schützt. Grundsätzlich kann aus dem Gleichheitsgebot des Art. 3 Abs. 1 GG verfassungsrechtlicher Vertrauensschutz nur mittelbar entnommen werden, indem der Gleichheitssatz die unter dem neuen Recht womöglich auftretende Ungleichbehandlung zu anderen vergleichbaren Sachverhalten abwehrt und willkürliche sowie unverhältnismäßige Unterscheidungen des Gesetzgebers verhindert. Der Normadressat kann damit auf die „Gleichheit im Recht" vertrauen. Ein Recht auf „Gleichheit in der Zeit" und das darauf aufbauende, in der Literatur teilweise vertretene Verfassungsprinzip der Kontinuität aus Art. 3 Abs. 1 GG sind aus verfassungsrechtlichen Gründen abzulehnen. Insbesondere verbietet Art. 20 Abs. 3 GG eine grundsätzliche Selbstbindung des Gesetzgebers. Die Kontinuität gesetzgeberischer Entscheidungen ist grundsätzlich bereits anhand der Abwehrdimension der Grundrechte gewährleistet. Das Institut der Systemwidrigkeit kann in Übereinstimmung mit der Rechtsprechung keinen allgemeingültigen Verfassungsgrundsatz darstellen, der bei einem Verstoß zur Verfassungswidrigkeit der Neuregelung führt. Allerdings können aus dem Rechtsgedanken der Systemwidrigkeit erhöhte Anforderungen an etwaige Begründungspflichten des Gesetzgebers im Rahmen eines Strategiewechsels folgen, sodass dieser in Einzelfällen dazu geeignet sein kann, Vertrauensschutz zu vermitteln.

Ist der Vertrauenstatbestand erfüllt, entscheidet eine Abwägung der Änderungsgründe des Gesetzgebers mit den Bestandsinteressen des Einzelnen über die Schutzwürdigkeit des Vertrauens. Je nach Sachlage entfaltet das Vertrauensschutzprinzip unterschiedliche Rechtsfolgen. Die Wirkung ist jedoch meistens auf die Herbeiführung von Übergangsfristen oder Entschädigungsregelungen beschränkt, da der Vertrauensschutz insoweit in einem Konflikt zum verfassungsrechtlichen Gesetzgebungsauftrag steht. Das Prinzip des Vertrauensschutzes kann insofern einen Strategiewechsel des Gesetzgebers nicht verhindern, jedoch die sich hieraus ergebenden Nachteile für die Betroffenen Grundrechtsträger abmildern.

D. Vereinbarkeit des (beschleunigten) Atomausstiegs mit den Grundsätzen von Rückwirkung und Vertrauensschutz

Mit der Skizzierung des historischen Ablaufs[450] des Atomausstiegs wurden die politischen Hintergründe der einander teils zuwiderlaufenden gesetzgeberischen Entscheidungen bestimmt. Die zentralen gesetzgeberischen Kurswechsel in dieser wechselhaften energiepolitischen Geschichte Deutschlands stellen zum einen das Ausstiegsgesetz von 2002 und zum anderen die 13. AtomG Novelle von 2011 dar. Diese gesetzgeberischen Entscheidungen sind die weichenstellenden Kurswechsel, die verfassungsrechtliche Fragen aufwerfen, da sie erheblich in die Grundrechte der Energieversorger eingreifen und insbesondere im Hinblick auf das durch diese enttäuschte Vertrauen einer Nachschau bedürfen. Nachdem außerdem die verfassungsrechtlichen Grundsätze[451] erarbeitet wurden, an denen sich diese teils abrupten Strategiewechsel des Gesetzgebers messen lassen müssen, findet nachstehend eine Anwendung dieser sowohl auf die Grundsatzentscheidung des Atomausstiegs im Jahr 2002 (I.) als auch auf den beschleunigten Ausstieg durch die 13. AtomG-Novelle im Jahr 2011 (II.) statt.

I. Verfassungsmäßigkeit der Grundsatzentscheidung zur Beendigung der Kernenergienutzung durch das Ausstiegsgesetz 2002

Die Grundsatzentscheidung zur Beendigung der friedlichen Nutzung der Kernenergie ist auf ihre Verfassungsmäßigkeit insbesondere aus Vertrauensschutzperspektive zu überprüfen. Dazu erfolgt zunächst eine Analyse des Vertrauenstatbestandes sowie der Vertrauensbetätigung von Seiten der Energieversorgungsunternehmen und Kernkraftwerksbetreiber, um anschließend den gesetzgeberischen Strategiewechsel auf seine Zulässigkeit hin zu überprüfen. Auch wenn das Bundesverfassungsgericht mit Urteil vom 6. Dezember 2016 nur über den beschleunigten Atomausstieg zu entscheiden hatte, so muss auf dessen

450 Siehe oben A.III.
451 Siehe oben B. und C.

Erwägungen bei einzelnen der hier aufgeworfenen Fragen Bezug genommen werden.

1. Vertrauenstatbestand

a) Vertrauensgrundlage

aa) Fördermechanismus unter dem Atomgesetz

Als Vertrauensgrundlage ist zuvörderst auf den unter dem Atomgesetz von 1959 initiierten Fördermechanismus abzustellen. Das Atomgesetz in seiner bis 2002 geltenden Fassung versuchte „möglichst viele Kräfte zur Mitarbeit zu gewinnen und der Wirtschaft und Wissenschaft einen möglichst großen Ansporn zur Betätigung auf dem Gebiet der Erforschung und friedlichen Nutzung der Kernenergie zu geben.“[452] In der Begründung zum Gesetzentwurf wird explizit von einer „Förderungsfunktion“ [453] gesprochen. Das Atomgesetz 1959 bildet die parlamentarische Grundsatzentscheidung zur Ermöglichung der Kerntechnologie, der entnommen werden kann, dass der Staat positiv dieser Technologie gegenübersteht. Die Genehmigung zum Betrieb eines Atomkraftwerks wurde gemäß § 7 AtomG[454] unbefristet erteilt, wenn die notwendigen Voraussetzungen dafür vorlagen. Die Genehmigungsfähigkeit der Kernkraftanlagen spiegelt insofern auch die offene Haltung des Staats gegenüber dieser Technologie wider. Diese Offenheit wird allein durch Regelungen zum Schutz von Leben, Gesundheit und Sachgütern vor Gefahren der Strahlungsenergie beschränkt. Zudem schaffte der Gesetzgeber Vertrauen in die wirtschaftliche Nutzung der Kernenergie, indem er mit der Entschädigungsvorschrift des § 18 AtomG[455] das Investitionsrisiko der Unternehmer begrenzte. Im Falle eines Widerrufs der atomrechtlichen Genehmigung musste den Betroffenen eine angemessene Entschädigung in Geld geleistet werden. Dadurch sollte „das unvergleichlich hohe Risiko, das Investitionen auf dem Gebiet der Atomenergie [...] anhaftet“ und das „der privaten unternehmerischen Tätigkeit eine Grenze setzt, soweit das Risiko nämlich die privatwirtschaftliche Finanzkraft übersteigt und damit die private Initiative lähmt“, abgemildert werden.[456] Das Atomgesetz 1959 zeichnet sich

452 BT-Drs. 03/759 (1958), S. 18.

453 BT-Drs. 03/759 (1958), S. 18.

454 § 7 AtomG in seiner Fassung v. 23.12.1959, BGBl. I S. 814 (1959).

455 § 18 AtomG in seiner Fassung v. 23.12.1959, BGBl. I S. 819 (1959).

456 *Blanke*, Bundesminister für Atomkernenergie und Wasserwirtschaft, Deutscher Bundestag, 3. Wahlperiode, 55. Sitzung, 21.01.1959, S. 3023 (C, D).

folglich durch eine Technologieoffenheit aus, die die Erforschung und Nutzung der Kernenergie fördern und Investitionsrisiken hemmen soll.

Allerdings ist zu beachten, dass das Gesetz selbst keine konkreten finanziellen Förderungsmaßnahmen und -programme enthält. Hierzu wird in der Begründung des Entwurfs zum AtomG 1959 explizit auf die Förderung der Kernenergie durch sonstige Verwaltungsmaßnahmen sowie Haushaltsgesetze verwiesen.[457] An erster Stelle sind hier staatliche Subventionen zu nennen, durch die die Kernenergie eine finanzielle Förderung erfahren hat. Außerdem profitierte die Kerntechnologie von Steuervergünstigungen sowie von einer institutionellen Förderung bundeseigener Einrichtungen. Das Deutsche Institut für Wirtschaftsforschung geht von einer Fördersumme seit den 1950er Jahren bis 2006 von etwa 54 Milliarden Euro aus.[458]

Betrachtet man folglich den gesamten staatlich fixierten Wirtschaftsrahmen der Kerntechnologie, ist dieser als erheblich investitionsfördernd zu bewerten. Die geschaffene Gesetzeslage sowie das reale Verhalten der Staatsorgane begründen eine intensive Vertrauensgrundlage. Es liegt eine *dauerhafte Lenkungswirkung*[459] vor, die die Unternehmer zu den intendierten Dispositionen[460] in die Erforschung und Nutzung der Kernenergie veranlasste. So schafften deutsche Kernkraftwerke es, rund ein Drittel der inländischen Elektrizitätsversorgung und sogar rund zwei Drittel der Grundlastversorgung abzudecken.[461]

---

457 BT-Drs. 03/759 (1958), S. 18: „Im Gegensatz zu dieser Förderungsfunktion, die das künftige Atomgesetz erfüllen muss, braucht das Gesetz konkrete Förderungsprogramme und -maßnahmen nicht zu enthalten. Denn die Förderung von Forschung und Lehre, die Sorge um geeigneten Nachwuchs, die Bereitstellung von Mitteln, der internationale Erfahrungsaustausch usw. können – wenigstens zunächst – besser durch Verwaltungsmaßnahmen und durch Haushaltsgesetze gelöst werden."

458 Deutsches Institut für Wirtschaftsforschung (DIW): Abschlussbericht zum Vorhaben „Fachgespräch zur Bestandsaufnahme und methodischen Bewertung vorliegender Ansätze zur Quantifizierung der Förderung erneuerbarer Energien im Vergleich zur Förderung der Atomenergie in Deutschland", 31.05.2007, S. 81, abrufbar unter http://buchwald-b.de/downloads/gutachtendiwfrontal21.pdf, zuletzt abgerufen am 05.05.2021.

459 Siehe oben C.III.1.c)aa).

460 Siehe oben C.III.2.b)bb).

461 *Papier* DVBl. 2011, 189 (193).

bb) Unbefristete atomrechtliche Genehmigung der Anlagen

Als weitere Vertrauensgrundlage sind die nach § 7 AtomG bereits erteilten atomrechtlichen Genehmigungen zu nennen. Die Betreiber haben die jeweiligen Anlagen unter Verwendung von Kapital realisiert und hierfür eine unbefristete Genehmigung zum Betrieb der Kernenergieanlagen erhalten. Mit einem Entzug dieser Genehmigungen konnten die Anlagenbetreiber lediglich unter den Voraussetzungen des geltenden Atomgesetzes rechnen. So regelte § 17 AtomG[462] die Möglichkeit, inhaltliche Beschränkungen, Auflagen sowie einen Widerruf der Genehmigung vorzunehmen. Außerhalb dieser im Gesetz ausdrücklich normierten Gründen mussten die Anlagenbetreiber mit keinen anderen nachträglichen Versagungsgründen rechnen.[463] Die Vertrauensposition ist durch diese gesetzliche Ausgestaltung im AtomG spezifiziert, jedoch nicht bereits gemakelt. Das Vertrauensschutzprinzip verlangt, dass diese nach der atomrechtlichen Gesetzeslage definierte Vertrauensposition erhalten bleibt.

b) Vertrauensbetätigung und Vertrauensschaden

Zu den aufgrund des Vertrauenstatbestandes getätigten Dispositionen gehört in erster Linie die Errichtung der Kraftwerke. Daneben sind für die Dauer des Betriebs Investitionen in die Sicherheit der Anlage geflossen. Neben der technischen Umsetzung eines Sicherheitssystems, das Störfälle der Anlage vermeiden soll, wurden vorsorglich organisatorische und technische Maßnahmen innerhalb und außerhalb der Anlage zur Feststellung und Eindämmung von Unfallfolgen ergriffen.[464] Die Anlagen wurden stetig entsprechend dem Stand der Technik nachgerüstet und betriebstauglich gehalten. Neben diesen anlagenbezogenen Investitionen sind auch Dispositionen hinsichtlich des personellen Betriebs getroffen worden. Es wurden Beschäftigungsverhältnisse sowie Verträge mit Zulieferern zum Beispiel für Brennelemente geschlossen.

Als Vertrauensschaden sind dementsprechend all diejenigen Investitionen zu nennen, die durch die Entscheidung des vorzeitigen Ausstiegs aus der Kernenergie entwertet wurden. Darunter fällt insbesondere die Entwertung der Kernkraftanlagen wegen des vorzeitigen Fortfalls ihres Betriebszwecks, nicht ausgenutzte Brennelemente sowie etwaige Vertragsstrafen infolge der Kündigung laufender

---

462 § 18 AtomG in seiner Fassung v. 23.12.1959 BGBl. I S. 818 (1959).

463 Vgl. *Ossenbühl* AöR 1999, Bd. 124, 1 (39).

464 *Hahn* in Koch/Roßnagel/Schneider/Wieland, 10. Deutsches Atomrechtssymposium, 197 (200).

Verträge. Eine eindeutige Bezifferung des Vertrauensschadens kann an dieser Stelle aufgrund der Komplexität der wirtschaftlichen Hintergründe nicht geleistet werden.

2. Vertrauensschutz durch Rückwirkungsverbot

Um eine Einordnung in die Rückwirkungsrechtsprechung des Bundesverfassungsgerichts vornehmen zu können, muss das Ausstiegsgesetz auf seine Regelungswirkung hin genauer untersucht werden. Dabei müssen die zwei folgenden Eingriffsarten unterschieden werden: Das Ausstiegsgesetz beinhaltet sowohl einen für die Zukunft wirkenden Ausschluss weiterer Genehmigungen (a) als auch, bedingt durch die Befristung der Betriebsdauer durch Reststrommengen, eine vorzeitige Stilllegung bereits laufender Anlagen (b). Vorzeitig meint dabei vor Ablauf der technisch möglichen und aus Betreibersicht wirtschaftlich sinnvollen Nutzungsdauer. Mit Verbrauch der Reststrommengen wird die Berechtigung zum Leistungsbetrieb entzogen. Nach dem Erlöschen der Betriebsgenehmigung wird von Gesetzes wegen eine zwangsläufige Stilllegung und eine Pflicht zum Rückbau der Kernkraftwerksanlangen begründet.

a) Vorzeitige Stilllegung bereits laufender Anlagen

Was die im Ausstiegsgesetz enthaltene vorzeitige Stilllegung für laufende Kernkraftanlagen betrifft, liegt eine unechte Rückwirkung bzw. tatbestandliche Rückanknüpfung vor. Die nachträglich vom Gesetzgeber angeordnete Befristung des Leistungsbetriebs war zwar für sich betrachtet zukunftsgerichtet, da sie den bisherigen Betrieb der Anlagen nicht etwa für rechtswidrig erklärte. Sie knüpfte allerdings im Hinblick auf die bereits erteilte unbefristete Genehmigung an einen Tatbestand an, der zeitlich vor Verkündigung und Inkrafttreten der Norm lag. [465] Nach Verstromung der jeweiligen Reststrommengen erlöschen die jeweils geltenden Betriebsgenehmigungen der Kernkraftwerke von Gesetzes wegen. Es handelt sich in der Rechtswirkung um eine nachträglich angeordnete, auflösende Bedingung. Die Rechtsfolge der Stilllegung erfolgt nicht vor Verkündung des Gesetzes, sondern tritt erst danach Gesetzes ein.[466]

Die vorliegende unechte Rückwirkung ist nach der Rechtsprechung des Bundesverfassungsgerichts, anders als die echte Rückwirkung, grundsätzlich zulässig. Die Unzulässigkeit der unechten Rückwirkung sei erst dann anzunehmen,

465 *Papier* DVBl. 2011, 189 (192).
466 *Ossenbühl* AöR 1999, Bd. 124, 1 (36).

wenn dem Vertrauen in die Fortgeltung der bestehenden Rechtslage ein größeres Gewicht zukommt als dem gesetzgeberischen Änderungsinteresse.[467]

Diese Hürde ist für die Energieversorgungsunternehmen und Kernkraftwerksbetreiber trotz der erheblichen Schadensauswirkungen hoch. Vergleicht man in diesem Zuge die Rechtsfolgen bei Vorliegen einer echten Rückwirkung, so erscheint es zumindest zweifelhaft, den vorliegenden Fall als weniger schutzwürdig und daher grundsätzlich zulässig einzuordnen.[468] Eine echte Rückwirkung hätte bedeutet, dass der Gesetzgeber den bisherigen Betrieb der Anlagen für rechtswidrig erklärte. Diese Regelung wäre jedoch wirkungslos hinsichtlich des vom Gesetzgeber verfolgten Ziels der geordneten und sicheren Beendigung der Kernenergienutzung. Eine Stilllegung der Atomkraftwerke zu einem Zeitpunkt vor In-Kraft-Treten des Gesetzes ist de facto unmöglich. Die Vergangenheit kann nicht geändert werden.

Wenn dem Gesetzgeber aus tatsächlichen Gründen zur Erreichung dieses Regelungsziels nur die Stilllegung bereits laufender Anlagen in Gestalt einer unechten Rückwirkung bleibt, so spricht dies bereits dafür, den hiervon ausgehenden Eingriff als intensiver zu qualifizieren und daher einen höheren Schutzmaßstab anzulegen. Zwar ist die endgültige Stilllegung für die Kernkraftwerksbetreiber absehbar, da die Reststrommengen im Ausstieggesetz aufgelistet sind, allerdings sind keine wirklich durchgreifenden Maßnahmen ersichtlich, wie sich die Kernkraftwerksbetreiber schadensabmildernd auf die Stilllegung einstellen könnten. Ein Absehen von Sicherheitsinvestitionen in die Anlagen ist vor dem Hintergrund der geltenden Sicherheitsbestimmungen nicht zulässig. Die Anlange muss bis zur letzten Sekunde ihres Betriebs auf höchstem sicherheitstechnischem Niveau betrieben werden. Brennelemente, die als Brennstoff dienen, müssen in den Kernreaktor eingesetzt werden. Die zum Betrieb benötigten Mitarbeiter sind bis zum Stilllegungszeitpunkt zu beschäftigen. Die errichtete Anlage schafft insofern vollendete Tatsachen, als sich deren Leistungsbetrieb nicht ebenso durch ein geringeres Maß an unternehmerischen Investitionen realisieren lässt. Auch der Betrieb der Anlagen auf Höchstleistung, zur gewinnbringenden Vermarktung des produzierten Stroms, bringt keinen wirtschaftlichen Vorteil und so eine Schadensmilderung, da die Reststrommengen eben jenes kontingentieren. Die Möglichkeit zur Übertragung der zugewiesenen

467 BVerfGE 30, 250 (268); 31, 222 (227); 48, 403 (416); 50, 386 (395); 51, 356 (362 f.); 57, 361 (391 f.); 59, 128 (164 ff.). Siehe oben C.IV.1.

468 Vgl. hierzu genauer oben C.IV.1.b).

Reststrommenge von einer älteren Anlage auf eine jüngere fällt als mögliche Umdisponierung in der Gesamtbetrachtung kaum ins Gewicht.

Im Fall der Stilllegung bereits laufender Atomkraftwerke wird deutlich, dass die Argumentation, eine unechte Rückwirkung bedeute einen weniger intensiven Eingriff als eine echte Rückwirkung und sei daher grundsätzlich zulässig, zweifelhaft ist. Die Unterscheidung in echte und unechte Rückwirkung und die hieran anzulegenden Maßstäbe lassen jedenfalls die Sorge zu, dass das erhebliche Vertrauensschutzinteresse der Kernkraftwerksbetreiber durch die Weichenstellung aufgrund der Rückwirkungsrechtsprechung fehlgewichtet wird.

b) Ausschluss weiterer Genehmigungen

Vor dem Hintergrund der vom Bundesverfassungsgericht entwickelten Grundsätze zum rechtsstaatlichen Rückwirkungsverbot lässt sich der Ausschluss weiterer Errichtungs- oder Betriebsgenehmigungen weder als echt noch als unecht rückwirkende Regelung einordnen. In § 7 Abs. 1 des Ausstiegsgesetzes heißt es:

> „Für die Errichtung und den Betrieb von Anlagen zur Spaltung von Kernbrennstoffen zur gewerblichen Erzeugung von Elektrizität und von Anlagen zur Aufarbeitung bestrahlter Kernbrennstoffe werden keine Genehmigungen erteilt.“[469]

Bei diesem für die Zukunft geltenden Ausschluss weiterer Genehmigungen für Kernkraftwerke handelt es sich um eine Regelung mit Wirkung ausschließlich für die Zukunft. Ändert der Gesetzgeber die rechtlichen Voraussetzungen der wirtschaftlichen Betätigung, kann dies zwar Einfluss auf die in der Vergangenheit erfolgten Dispositionen haben, es findet aber keine Rückwirkung statt. Das zuvor geltende Recht wird nicht *ex tunc* ersetzt, sondern lediglich *ex nunc* abgelöst.[470] Es wird nicht an einen in der Vergangenheit liegenden Tatbestand normativ angeknüpft. Der von dem gesetzlichen Tatbestand erfasste Sachverhalt existiert noch nicht, auch wenn rein wirtschaftlich bereits Investitionen im Vertrauen auf die Genehmigungsfähigkeit der in Planung befindlichen Anlagen getätigt wurden.[471] Insofern kann auch keine schutzwürdige Vertrauensbetätigung vorliegen,

---

469 BGBl. I S. 1352 (2002).

470 Vgl. *Maurer* in Isensee/Kirchhof, HStR IV, § 79 Rn. 60.

471 So auch in Bezug auf die zukunftsgerichtete Änderung des EEG-Mindestvergütungsanspruchs *Kahl/Bews*, Ökostromförderung und Vertrauensschutz, S. 174 f.; für die Annahme einer unechten Rückwirkung *Leisner-Egensperger* NVwZ 2012, 985 (986); *Kment* NVwZ 2012, 389 (398).

da die bloße Enttäuschung über eine erhoffte Zukunft als Bezugspunkt für den Vertrauensschutz unerheblich ist.[472]

c) Zwischenergebnis

Die vorzeitige Stilllegung bereits laufender Anlangen stellt eine unechte Rückwirkung dar, deren Verfassungsmäßigkeit sich nach den hierzu vom Bundesverfassungsgericht entwickelten Maßstäben richtet. Demgegenüber ist der Ausschluss weiterer Betriebsgenehmigungen eine Regelung mit Wirkung allein für die Zukunft und mangels Rückwirkung nicht unmittelbar durch den rechtsstaatlichen Vertrauensschutzgrundsatz beschränkt.

3. Vertrauensschutz durch Grundrechtsschutz

a) Vorzeitige Stilllegung bereits im Betrieb befindlicher Anlagen

Da bei einer unechten Rückwirkung Vertrauensschutz vorrangig durch die Grundrechte bewirkt wird, ist die vorzeitige Stilllegung der sich bereits im Betrieb befindlichen Anlagen durch das Ausstiegsgesetz 2002 anhand der Grundrechte der Energieversorgungsunternehmen zu bewerten. [473] Vertrauensschutz wird folglich nur dann gewährt, wenn der Schutzbereich des jeweiligen Grundrechts eröffnet ist.

aa) Schutz des Eigentums aus Art. 14 Abs.1 GG

Im Hinblick auf Art. 14 Abs. 1 GG sind das Anlageneigentum der Kernkraftwerke sowie dessen Nutzbarkeit (1), die atomrechtliche Betriebsgenehmigung (2) und der eingerichtete und ausgeübte Gewerbebetrieb (3) zu analysieren. Außerdem ist die Eingriffsart zu bestimmen (4).

(1) Anlageneigentum und Nutzungsbefugnis aufgrund erteilter unbefristeter Genehmigung

Von Art. 14 Abs. 1 GG verfassungsrechtlich geschützt ist das zivilrechtliche Sacheigentum an den Grundstücken und Kernkraftwerksanlagen sowie dessen Nutzbarkeit, in der konkreten Ausprägung, die diese durch Gesetz bzw. durch die Genehmigung erfahren haben.[474] Da die vorzeitige Beendigung des

---

472 C.I.1.b).; vgl. *Borgmann*, Rechtliche Möglichkeiten und Grenzen des Ausstiegs aus der Kernenergie, S. 377.

473 Siehe oben C.V.

474 Vgl. BVerfGE 143, 246 Rn. 228, 230; siehe auch *Ossenbühl* AöR 1999, Bd. 124, 1 (6).

Leistungsbetriebs das zivilrechtliche Anlageneigentum unberührt lässt, ist vorliegend auf die Nutzungs- und Verfügungsbefugnis abzustellen. Diese folgt allerdings nicht aus dem zivilrechtlichen Eigentum, sondern erst aus der atomrechtlichen Betriebsgenehmigung.[475] Für bereits genehmigte Anlagen greift daher Bestandsschutz, welcher sich jedoch je nach Rechtsgebiet unterschiedlich gewichtig zeigt.[476] Das, was durch den Einsatz von Arbeit und Kapital aufgrund der Genehmigung „ins Werk gesetzt"[477] worden ist, unterfällt dem Eigentumsschutz. Die auf der unbefristeten Genehmigung basierende Nutzungsbefugnis der Kernkraftwerke besitzt daher einen eigenständigen Eigentumsschutz nach Art. 14 GG.[478]

(2) Atomrechtliche Genehmigung

Die Einordnung einer Genehmigung als eigentumsfähiges Recht im Sinne von Art. 14 GG wird seit jeher diskutiert.[479] Das Bundesverfassungsgericht entschied, dass die atomrechtliche Genehmigung keine eigentumsfähige Rechtsposition im Sinne von Art. 14 Abs. 1 GG darstelle.[480] Zur Begründung zog das Gericht seine bisherige Rechtsprechung zur Eigentumsfähigkeit öffentlich-rechtlich begründeter Positionen insbesondere im Bereich des Sozialversicherungsrechts heran und stellte fest, dass die atomrechtliche Genehmigung nicht auf Grundlage „nicht unerheblicher Eigenleistung"[481], sondern auf einer staatlichen Gewährung beruhe. Daher genieße die Genehmigung selbst keinen Eigentumsschutz, sondern nur die auf ihrer Grundlage geschaffenen Vermögenspositionen.[482]

---

475 Weshalb *Wieland* in EnWZ 2013, 252 (255) die Nutzungsbefugnis unter dem Vorbehalt der Genehmigung sieht.

476 BVerfGE 143, 246 Rn. 229.

477 Siehe auch *Leisner* BB 1992, 73 (76); verneinend *Komorowski* JURA 2001, 17 (19).

478 So auch *Ossenbühl* AöR 1999, Bd. 124, 1 (8); *Komorowski* JURA 2001, 17 (19).

479 Zum Streitstand ausführlich *Schwarz*, Vertrauensschutz als Verfassungsprinzip, S. 174 ff. sowie zur Einordnung der Problematik als bloßes Scheinproblem *Di Fabio* in Di Fabio/Durner/Wagner, Kernenergieausstieg 2011, 9 (22).

480 BVerfGE 143, 246 Rn. 231.

481 BVerfGE 59, 272 (300); grundlegend zu diesem bei subjektiv-öffentlichen Rechten maßgeblichem Kriterium für die Schutzgewähr nach Art. 14 GG: BVerfGE 53, 257 (291 f.); 58, 81 (112).

482 BVerfGE 143, 246 Rn. 232; so auch *Roßnagel* in Roßnagel/Roller, Die Beendigung der Kernenergienutzung durch Gesetz, 9 (33 f.); *Ossenbühl* AöR 1999, Bd. 124, 1 (8); *Wieland* EnWZ 2013, 252 (255); *Dederer* JA 2000, 819 (820); *Komorowski* JURA 2001, 17 (19); anders *Schmidt-Preuß* NJW 2000, 1524 sowie *Wagner* NVwZ 2001, 1089 (1095), die in der Genehmigung ein unmittelbares Schutzobjekt des Art. 14 GG sehen.

Diese Vermögenspositionen bilden vorliegend die Kernkraftanlagen und deren Nutzbarkeit, aber nicht die zugrundeliegende Betriebserlaubnis. Die Erlaubnis als Rechtsgrund könne zwar Vertrauen schaffen, sei aber kein verfassungsrechtliches Eigentum.[483] Das Bundesverfassungsgericht erteilt hiermit den Stimmen, die den Eigentumsschutz auf sämtliche öffentlich-rechtliche Positionen ausdehnen wollen,[484] eine Absage.[485]

Indes ist fragwürdig, ob dies tatsächlich für alle Wirtschaftsbereiche, die jedenfalls unter einem präventiven Verbot mit Erlaubnisvorbehalt stehen, gelten muss. So ließe sich anführen, dass bereits der Vergleich des Gerichts zu sozialrechtlichen Ansprüchen hinkt, denn die Regelungsmaterien unterscheiden sich erheblich voneinander. Die Ausgestaltung des Sozialversicherungssystems ist in erster Linie eine staatliche Aufgabe.[486] Die Ordnung und der Umbau von privaten Wirtschaftsbereichen ist dies nicht. Das System der Sozialversicherung ist wesentlicher Bestandteil der staatlichen Organisierung sozialer Sicherheit. Der Staat erfüllt damit seine verfassungsrechtliche Verpflichtung aus dem Sozialstaatsprinzip gemäß Art. 20 Abs. 1 GG.[487] Anders ist es im Bereich der Wirtschaftsordnung. Hier enthält das Grundgesetz keine Verpflichtung gegenüber dem Staat die ein oder andere wirtschaftspolitische Richtung einzuschlagen.[488] Den Staat trifft insoweit außerhalb von Art. 12 GG und Art. 14 GG keine Gewährleistungsfunktion bezüglich eines funktionierenden Wirtschaftssystems. Reguliert der Gesetzgeber einen privaten Wirtschaftsbereich, so wird hierdurch in der Regel kein staatliches Leistungssystem geordnet.[489] Insbesondere im Genehmigungsrecht tritt der Staat nicht als einseitiger Leistungsgeber, sondern als Eingriffsgewalt auf. Ein präventives Verbot mit Erlaubnisvorbehalt ist die verwaltungsrechtliche Ausprägung der liberalen Idee der freien Wirtschaft. Die wirtschaftliche Betätigung ist grundsätzlich erwünscht, soll aber nur auf ihre Sicherheit für das Gemeinwohl hin kontrolliert werden. Anspruch auf die Genehmigung hat nur derjenige, der die rechtlichen Voraussetzungen erfüllt. Die Genehmigung wird nur aufgrund der Initiative des Wirtschaftssubjektes erteilt

---

483 BVerfGE 143, 246 Rn. 232.

484 Vgl. unter anderem *Leisner* in Isensee/Kirchhof, HStR VIII, § 173, Rn. 37.

485 Siehe auch *Shirvani* DÖV 2017, 281 (283).

486 Siehe auch *Schwarz*, Vertrauensschutz als Verfassungsprinzip, S.182.

487 *Grzeszick* in Maunz/Dürig, GG, Art. 20 Rn. 18.

488 Siehe oben B.I.

489 Etwas anderes gilt nur dort, wo der Staat einseitige wirtschaftliche Begünstigungen schafft: Subventionen.

und stellt kein „Staatsgeschenk“ [490] dar. Bei der Genehmigung von gewerblichen Tätigkeiten, die der klassischen Privatautonomie unterfallen, ist der Staat nicht einseitiger Leistungsgeber, weshalb die Rechtsprechung zum Sozialversicherungsrecht nicht pauschal auf alle anderen Rechtsgebiete, insbesondere auf die Regulierung von Anlagengenehmigungsrecht, ausgedehnt werden darf.

Das Atomrecht stellt sich hier allerdings erneut als besonderes Rechtsgebiet dar. Obwohl das Erfordernis einer atomrechtlichen Genehmigung nach § 7 Abs. 2 AtomG ein präventives Verbot mit Erlaubnisvorbehalt darstellt, besteht bei Vorliegen der Voraussetzungen kein Anspruch auf die Genehmigung.[491] Die Genehmigungsbehörde hat ein sogenanntes Versagungsermessen.[492] Es kann daher nicht vom Prinzip privater Unternehmerfreiheit unter bloßer Sicherheitskontrolle des Staats ausgegangen werden. Des Weiteren handelt es sich bei der gewerblichen Nutzung der Kernenergie um keine traditionelle Wirtschaftstätigkeit, die auf Privatinitiative beruht und durch Privatautonomie gesteuert wird. Das Engagement des Staates in der Atomwirtschaft war erheblich. Der Ausbau der Atomwirtschaft wurde staatlich gelenkt und durch Subventionen gefördert. Der Staat kollaborierte mit der Wirtschaft und trat in diesem Fall als Leistungsgeber aus, weshalb dem Bundesverfassungsgericht jedenfalls insofern zuzustimmen ist, dass die *atomrechtliche* Genehmigung kein eigentumsfähiges subjektiv-öffentliches Recht darstellt.

Abseits der atomrechtlichen Genehmigung bleibt es jedoch dabei, dass das Versagen der Eigentumsfähigkeit aller öffentlich-rechtlicher Betriebsgenehmigungen zweifelhaft erscheint.

(3) Recht am „eingerichteten und ausgeübten Gewerbebetrieb“

Die Figur des „eingerichteten und ausgeübten Gewerbebetriebs“ als von der Eigentumsfreiheit geschützte Rechtsposition ist seit jeher Gegenstand juristischer Debatten. Befürworter wollen unter Zugrundelegung einer wirtschaftlichen Betrachtungsweise den Eigentumsbegriff des Art. 14 Abs. 1 GG auf die gesamte Vermögenssphäre des Bürgers und damit auch auf den „eingerichteten und ausgeübten Gewerbetrieb“ ausweiten. [493] Dieser soll neben dem eigentlichen

490 *Leisner* in Isensee/Kirchhof, HStR VIII, § 173 Rn. 118.

491 Vgl. *Leidinger* in Frenz, Atomrecht, § 7 AtG Rn 224.

492 Siehe zum Begriff des Versagungsermessens und der Kritik hieran *Leidinger* in Frenz, Atomrecht, § 7AtG Rn. 2 28 ff.

493 Vgl. *Badura* AöR 1973, Bd. 98, 153 ff; *Papier/Shirvani* in Maunz/Dürig, GG, Art. 14 Rn. 200; *Stern*, Das Staatsrecht der Bundesrepublik Deutschland, Bd. IV/1, S. 2191 f.; ablehnend *Wieland* in Dreier, GG, § 14 Rn. 63.

Bestand des Betriebs, also den Betriebsräumen, Anlagen, Waren usw., auch all das schützen, „was in seiner Gesamtheit den wirtschaftlichen Wert des konkreten Betriebs ausmacht".[494] So sollen auch die geschäftlichen Verbindungen und Beziehungen, wie zum Beispiel der Kundenstamm[495], unter die Schutzgewähr von den Schutz von Art. 14 GG fallen. Dies entspricht der ständigen Rechtsprechung des Bundesverwaltungsgerichts[496] sowie der Bundesgerichtshofs[497], während vom Bundesverfassungsgericht bislang offen gelassen wurde, ob der Gewerbebetrieb unter Art. 14 Abs. 1 GG fällt.[498] Die Rechtsprechung des Bundesverfassungsgerichts beschränkt sich in ihren Ausführungen darauf, dass der Schutz des eingerichteten und ausgeübten Gewerbebetriebs jedenfalls nicht weiter gehe, als der Schutz, den seine wirtschaftliche Grundlage genieße.[499] Insbesondere werden bloße Umsatz- und Gewinnchancen, sowie tatsächliche Gegebenheiten auch unter der Figur des eingerichteten und ausgeübten Gewerbebetriebs nicht von Art. 14 Abs. 1 GG erfasst.[500]

Einer Klärung der Frage, ob der eingerichtete und ausgeübte Gewerbebetrieb als eigenständige Eigentumsposition im Sinne von Art. 14 Abs. 1 GG anzuerkennen ist, bedarf es vorliegend jedoch nicht. Die vorzeitige Beendigung des Leistungsbetriebs beeinträchtigt unzweifelhaft die Nutzungsbefugnis der Kraftwerke. Anknüpfungspunkt für den Eigentumsschutz ist die Anlage selbst. Auf dieser Grundlage werden alle eigentumsrelevanten Nachteile erfasst. Die bewirkte Beeinträchtigung geht nicht über die substanzbezogene Sphäre hinaus. Immaterielle Werte wie der Kundenstamm, die Marke usw. werden durch die Regelung des Ausstiegsgesetzes nicht berührt. Insofern besteht im konkreten Fall kein Bedürfnis für die Anerkennung der Figur des eingerichteten und ausgeübten Gewerbebetriebs, denn selbst unter ihrer Hinzuziehung ergäbe sich kein weitreichenderer Schutz als der bereits ohnehin gewährte. [501] Da vorliegend die Gesamtheit des Sacheigentums bereits von Art. 14 Abs. 1 GG erfasst ist, geht das Bundesverfassungsgericht in seinem Urteil zum beschleunigten Atomausstieg zu

494 BGHZ 23, 157; 30, 241; 45, 150 (155).

495 BVerwGE 62, 224 (226).

496 BVerwGE 67, 93 (96).

497 BGHZ 111, 349 (355 f.).

498 BVerfGE 51, 193 (221 f.); 105, 252 (278).

499 Siehe BVerfGE 143, 246 Rn. 240 mit weiteren Nachweisen zur Rechtsprechung des Gerichts.

500 BVerfGE 105, 252 (278); siehe hierzu kritisch *Wendt* in Sachs, GG, Art. 14 Rn. 48.

501 So auch *Kahl/Bews* JURA 2014, 1004 (1009).

Recht davon aus,[502] dass der Streit um die Existenz eines Rechts am eingerichteten und ausgeübten Gewerbebetrieb unter Art. 14 Abs. 1 GG dahinstehen kann.

(4) Vorzeitige Stilllegung als Inhaltsbestimmung des Eigentums

Die nachträglich angeordnete zeitliche Befristung des Leistungsbetriebs durch die Zuteilung der Reststrommengen bestimmt das verfassungsrechtliche Anlageneigentum neu und stellt eine Inhalts- und Schrankenbestimmung des Eigentums dar.[503] Durch die vorzeitige Stilllegung der im Betrieb befindlichen Anlagen wird die durch die Betriebsgenehmigung ursprünglich erhaltene Nutzungsbefugnis zeitlich begrenzt und mit vollständigem Verbrauch der Reststrommengen beendet. Es handelt sich mithin um eine abstrakt-generelle Regelung von Pflichten des Eigentümers der Kernenergieanlagen. Der Schutzbereich von Art. 14 Abs. 1 GG ist durch die Beeinträchtigung der Nutzungsbefugnis betroffen, das Anlageneigentum bleibt dabei unberührt. Eine Enteignung kann in der vorzeitigen Stilllegung nicht gesehen werden, da es hierfür am Entzug einer konkreten Rechtsposition für öffentliche Zwecke fehlt.[504] Spätestens seit das Bundesverfassungsrecht im Urteil zum beschleunigten Atomausstieg vom 6. Dezember 2016[505] den Güterbeschaffungsvorgang als konstitutives Merkmal der Enteignung anerkannt hat,[506] ist die Einordnung der nachträglichen Befristung der Betriebsgenehmigungen als Legalenteignung kaum haltbar.

bb) Schutz der Berufsfreiheit aus Art. 12 GG

Die vorzeitige gesetzliche Stilllegung der bereits im Betrieb befindlichen Atomkraftwerke beendet die unternehmerische Tätigkeit im Bereich der Kernenergie und tangiert neben Art. 14 Abs. 1 GG auch die Berufsfreiheit aus Art. 12 Abs. 1 GG. Vertrauensschutz und somit der Schutz von unter der alten Wirtschaftsordnung getätigten Investitionen ist hier jedoch vorrangig in der Eigentumsgarantie zu finden.[507] Diese Einordnung beruht darauf, dass sich bei

---

502 BVerfGE 143, 246 Rn. 240.

503 So auch: *Roßnagel* in Roßnagel/Roller, Die Beendigung der Kernenergienutzung durch Gesetz, 9 (34); *Koch* NJW 2000, 1529 (1533); *Wieland* EnWZ 2013, 252 (256).

504 A.A. *Ossenbühl* AöR 1999, Bd. 124, 1 (9 ff.); *Di Fabio*, Der Ausstieg aus der wirtschaftlichen Nutzung der Kernenergie, S. 127 ff.

505 Siehe BVerfGE 143, 246 Rn. 265.

506 Zu den Folgen hiervon für den Grundsatz des Vertrauensschutzes siehe unten D.II.3.e)bb).

507 *Ossenbühl* AöR 1999, Bd. 124, 1 (4).

bereits laufenden Anlagen das Vertrauen der Energieversorgungsunternehmen in Investitionen in Sacheigentum realisiert hat. Da die Eigentumsgarantie nach einhelliger Meinung[508] auch die Nutzung der Eigentumsgüter umfasst, liegt es näher, die Verfassungsmäßigkeit der vorzeitigen Stilllegung zunächst am Maßstab von Art. 14 GG zu messen als die Beeinträchtigung entwerteter Dispositionen anhand der eher zukunftsorientierten Berufsfreiheit zu bewerten.[509] Hinzu kommt, dass bei einer Bewertung der vorzeitigen Stilllegung anhand von Art. 12 Abs. 1 GG beachtet werden müsse, dass nach ständiger Rechtsprechung der Schutz der Berufsfreiheit für die unternehmerische Betätigung nicht weiter gehe als der des Eigentumsrechts für dessen berufliche Nutzung.[510] Daher konzentrieren sich die nachstehenden Ausführungen zur Verfassungsmäßigkeit der vorzeitigen Stilllegung bereits laufender Kernkraftwerke auf deren Vereinbarkeit mit Art. 14 GG.

b) Ausschluss weiterer Genehmigungen

aa) Kein Eingriff in Art. 14 GG

Überlegungen sind zunächst dahingehend anzustellen, ob die Dispositionen, die im Vertrauen auf die zukünftige Genehmigungsfähigkeit von Kernkraftwerken getätigt wurden, unter den Schutzbereich von Art. 14 Abs.1 GG fallen. Nach den vorstehenden Ausführungen zu Art. 14 GG[511] steht fest, dass die Eigentumsgarantie den konkreten Bestand an vermögenswerten Gütern vor ungerechtfertigten Eingriffen durch die öffentliche Gewalt schützt. Es handelt sich um einen substanzbezogenen Schutz, der nicht die Sicherung von Chancen, Gewinnaussichten oder Erwartungen umfasst. Betrachtet man beispielsweise das Eigentum am Grundstück, das der Unternehmer in Erwartung einer späteren genehmigungsfähigen Anlage erlangt hat, so fällt dieses zweifelsfrei unter die Schutzgewähr von Art. 14 GG. Der Ausschluss weiterer Genehmigungen von Anlagen bewirkt aber keinen Eingriff in dieses vermögenswerte Recht, da der Grundstückseigentümer nach wie vor frei über das Wirtschaftsgut verfügen kann. Die gesetzliche Neuregelung lässt die Nutzung des Grundstücks als solche unberührt. Die Art. 14 GG anhaftende isolierte Betrachtung von Wirtschaftsgütern

---

508 BVerfGE 52, 1 (39); *Depenheuer/Froese* in Mangoldt/Klein/Starck, GG, Art. 14 Rn. 65.

509 Auch die Rechtsprechung stellt auf den „Schwerpunkt des Eingriffs" bzw. auf das „sachnähere Grundrecht" ab: *Shirvani* in Maunz/Dürig, GG, Art. 14 Rn. 353; vgl. auch *Schröder* NVwZ 2013, 106 ff.

510 BVerfGE 143, 246 Rn. 391.

511 C.III.1.c).

führt vorliegend dazu, dass die Eigentumsgarantie keinen Schutz zu gewähren vermag. Festzuhalten bleibt daher, dass der Ausschluss zukünftiger Genehmigungen keinen Eingriff in die Eigentumsfreiheit nach Art. 14 GG bewirkt.

bb) Schutz der Berufsfreiheit aus Art. 12 Abs.1 GG

Der Ausschluss weiterer Genehmigungen beeinträchtigt die unternehmerische Freiheit bestehender und möglicher Energieversorgungsunternehmen sowie Kernkraftwerksbetreibergesellschaften aus Art. 12 Abs. 1 GG. Von der Garantie der Berufsfreiheit sind neben der freien Wahl und Ausübung des Berufes auch die „Investitionsfreiheit" sowie „Dispositionsfreiheit" des Unternehmers umfasst.[512] Es werden alle Dispositionen, welche zur Ausübung des Berufes erforderlich und sinnvoll sind, geschützt.[513] Die Maßstäbe, an denen die Beeinträchtigung von Art. 12 GG zu messen ist, wurden im Apothekenurteil[514] des Bundesverfassungsgerichts vom 11. Juni 1958 entwickelt. Obwohl diese Rechtsprechung im Laufe der Zeit Modifizierungen und Kritik erfahren hat, wirkt sie als maßgebende Leitentscheidung fort.[515] Daher wird an dieser Stelle darauf verzichtet, die Rechtsprechung des Bundesverfassungsgerichts einer Grundsatzdiskussion zu unterziehen. Vereinzelt werden aber die sich hieraus ergebenden Anforderungen anhand des Atomausstiegs hinterfragt.[516]

(1) Berufswahl- oder Berufsausübungsregelung

Im Hinblick auf Art. 12 GG ist die Eingriffsintensität im Sinne der vom Bundesverfassungsgericht entwickelten Drei-Stufen-Theorie davon abhängig, ob es sich um eine Berufswahl- oder Berufsausübungsregelung handelt. Insofern ist strittig[517] und auch nach Urteil des Bundesverfassungsgerichts zum beschleunigten

---

512 *Stern*, Das Staatsrecht der Bundesrepublik Deutschland, Bd. IV/1, S. 1819.

513 *Manssen* in Mangoldt/Klein/Starck, GG, Art. 12 Rn. 66 ff.

514 BVerfGE 7, 377 (400 ff.).

515 Siehe hierzu umfangreicher *Breuer* in Isensee/Kirchhof, HStR VIII, § 171 Rn. 14 ff sowie *Hebeler* JA 2008, 413 ff.

516 Siehe unten D.I.3.b)bb)(3).

517 Für den eigenständigen Beruf des Kernkraftwerkbetreibers: *Di Fabio*, Der Ausstieg aus der wirtschaftlichen Nutzung der Kernenergie, S. 89 ff.; wohl auch *Enzensperger* DÖV 2016, 939 (943 f.); dagegen (h.M.): *Roßnagel* in Roßnagel/Roller, Die Beendigung der Kernenergienutzung durch Gesetz, 9 (29 ff.); *Borgmann*, Rechtliche Möglichkeiten und Grenzen des Ausstiegs aus der Kernenergie, S. 391 ff.; *Schmidt-Preuß*, Rechtsfragen des Ausstiegs aus der Kernenergie, S. 53; *Denninger*, Verfassungsrechtliche Fragen des Ausstiegs aus der Nutzung der Kernenergie zur Stromerzeugung,

Atomausstieg[518] weiterhin ungeklärt, ob der „Kernenergieerzeuger" ein eigenständiger Beruf darstellt oder unter das übergreifende Berufsbild des „Energieversorgers" fällt. Dabei ist zu beachten, dass Art. 12 Abs. 1 GG ein weites Schutzbereichsverständnis zugrunde liegt, wonach nicht nur Tätigkeiten im Rahmen der allgemein anerkannten Berufsbilder, sondern auch untypische berufliche Tätigkeiten geschützt werden.

Knüpft man vorliegend an den Beruf des Kernenergieerzeugers an, so führt dies zu einem Eingriff in die Berufswahl und somit zur höchsten Rechtfertigungslast auf der sogenannten „dritten Stufe". Der Zugang zum Beruf des Kernkraftwerkbetreibers wird durch die legislative Ausstiegsentscheidung schlechthin verwehrt. Es ist nicht mehr möglich den Beruf des Kernkraftwerkbetreibers zu ergreifen. Diese Beeinträchtigung beruflicher Freiheit kann „nur durch die Abwehr nachweisbarer oder höchstwahrscheinlicher schwerer Gefahren für ein überragend wichtiges Gemeingut […]"[519] legitimiert werden.

Stellt man jedoch auf das Berufsbild des Energieversorgers ab, so handelt es sich beim Ausschluss neuer Genehmigungen um eine Berufsausübungsregelung, die bereits dann gerechtfertigt ist, wenn „vernünftige Erwägungen des Gemeinwohls es zweckmäßig erscheinen lassen"[520]. Denn die Pflicht, die gewerbliche Produktion von Strom ohne Atomenergie zu betreiben, stellt es den Energieversorgern anheim, die berufliche Tätigkeit weiter auszuüben, wenngleich unter Einsatz anderer Produktionsmittel.[521]

In diesem Kontext ist zu beachten, dass sich zur Abgrenzung eines Berufsbildes bei natürlicher Betrachtungsweise an der allgemeinen Verkehrsauffassung orientiert wird.[522] Eine Berufsausübungsregelung liegt laut Bundesverfassungsgericht insbesondere dann nicht vor, wenn der Eingriff nicht einen selbstständigen Beruf, sondern lediglich Tätigkeiten betrifft, die nur als Bestandteil einer umfassenden Tätigkeit oder als Erweiterung eines anderen Berufs ausgeübt

---

S. 88 ff.; *Kloepfer* DVBl. 2011, 1437 (1433); *Wieland* EnWZ 2013, 252; *Komorowski* JURA 2001, 17 (21).

518 BVerfGE 143, 246.

519 BVerfGE 7, 377 (408).

520 BVerfGE 7, 377 (400 ff.).

521 Vgl. *Lampert*, Investitionsschutz im Zulassungsrecht, S. 111.

522 Vgl. zur Befugnis des Gesetzgebers im Rahmen von Art. 12 GG Berufsbilder zu fixieren BVerfGE 75, 246 (265) mit weiteren umfangreichen Nachweisen.

werden und deren Regelung die eigentliche Berufstätigkeit als Grundlage der Lebensführung unberührt lässt. [523]

Gegen die Annahme eines eigenständigen Berufes des Kernkraftwerksbetreibers sprechen insoweit die wirtschaftlichen Verhältnisse: Die Kernkraftwerksbetreiber sind lediglich verselbstständigte Teile der großen Energieversorgungsunternehmen E.ON, RWE, Vattenfall und EnBW, sie werden aber nach wie vor von ihnen beherrscht. Die Energieversorgungsunternehmen besitzen alle Anteile an den Betreibergesellschaften, weshalb Gewinne und Verluste an die Energieversorgungsunternehmen fallen. Aus wirtschaftlicher Betrachtungsweise bilden die Betreibergesellschaften daher zusammen mit den Energieversorgungsunternehmen eine Einheit.[524] Eine Selbstständigkeit der Betreibergesellschaften hat lediglich betriebswirtschaftliche und steuerrechtliche Gründe. Die Tatsache, dass an den Verhandlungen über den Atomausstieg allein die vier großen Energieversorger beteiligt waren und nicht die einzelnen Betreibergesellschaften, bekräftigt dies.[525] Es wäre außerdem nicht hinnehmbar, wenn Unternehmen durch Ausgründungen von Betreibergesellschaften eigenständige Berufsbilder im Sinne von Art. 14 GG schaffen könnten.[526]

Gegen diese Ansicht wird insbesondere von *Di Fabio* angeführt, dass auch unter Beachtung der wirtschaftlichen Verhältnisse der Konzernzweig der Kernenergie ein selbstständiger Beruf bilde, der von der Ausstiegsentscheidung betroffen sei. Das Atomgesetz zeichne ein eigenständiges Berufsbild des Kernkraftwerkbetreibers. Zwar entsprächen die oben genannten wirtschaftlichen Argumente der faktischen Lage, allerdings ließen sie außer Betracht, dass es seit der Liberalisierung der Strommärkte potenziell möglich sei, dass jenseits der vier großen deutschen Energieversorger auch sonstige europäische Unternehmer neu in das Geschäft einsteigen und ein Kernkraftwerk betreiben könnten. Aktuell seien zwar die Energieversorgungsunternehmen im Besitz der Anteile, dies könne sich jedoch jederzeit ändern, wenn Dritte die Anteile erwürben.[527]

---

523 BVerfGE 75, 246 (274); 68, 272 (281); vgl. *Borgmann*, Rechtliche Möglichkeiten und Grenzen des Ausstiegs aus der Kernenergie, S. 392, *Roßnagel* in Roßnagel/Roller, Die Beendigung der Kernenergienutzung durch Gesetz, 9 (31).

524 *Roßnagel* in Roßnagel/Roller, Die Beendigung der Kernenergienutzung durch Gesetz, 9 (31).

525 *Borgmann*, Rechtliche Möglichkeiten und Grenzen des Ausstiegs aus der Kernenergie, S. 392.

526 *Wieland* EnWZ 2013, 252 (254).

527 Zum Ganzen *Di Fabio*, Der Ausstieg aus der wirtschaftlichen Nutzung der Kernenergie, S. 103 f.

Dieser Ansicht ist entgegenzuhalten, dass das Atomgesetz durch seine Vorschriften vielmehr zum Ziel hat, die Gefahren, die sich aus der Nutzung der Atomkraft zur Energiegewinnung ergeben, zu regulieren. Die Zeichnung eines eigenständigen Berufsbildes des Kernkraftwerksbetreibers lässt sich den Regelungen nicht entnehmen. Vielmehr unterliegt der Betrieb der Atomkraftwerke keiner eigenständigen wirtschaftlichen Führung, sodass sich, insbesondere vor dem Hintergrund der engen personellen Verflechtung von Mutter- und Tochterunternehmen, kein eigenständiger Beruf des Kernkraftwerkbetreibers konstruieren lässt. Daher erstreckt sich, der herrschenden Meinung folgend, der Schutzbereich der Berufsfreiheit auf die Stromerzeugung und nicht auf den Betrieb kerntechnischer Anlagen. Der Ausschluss weiterer Genehmigungen zum Betrieb von Kernenergieanlagen zur Stromproduktion stellt daher auch nach hier vertretener Ansicht eine Berufsausübungsregelung dar.

(2) Eingriffsintensität und Rechtfertigungslast

Mit der vorangegangenen Identifizierung des Berufsbildes sind im Folgenden Überlegungen hinsichtlich der Eingriffstiefe anzustellen. Es ist fragwürdig, ob es der vorliegenden Konstellation gerecht wird, zur Rechtfertigung lediglich sachgerechte und vernünftige Gemeinwohlgründe genügen zu lassen. Zwar handelt es sich beim Ausschluss weiterer Genehmigungen um eine Berufsausübungsregelung, jedoch greift das Verbot der Nutzung der Kernenergie wesentlich stärker in die Berufsfreiheit ein als sonstige generelle Betreiberpflichten. Nach der Rechtsprechung ist es möglich, dass auch Berufsausübungsregelungen wegen ihrer spezifischen Eingriffsintensität anhand der Kriterien für eine verfassungsmäßige Berufswahlregelung zu messen sind.[528] Danach verletze eine Regelung der Berufsausübung die freie Berufswahl, wenn die betroffenen juristischen Personen „in aller Regel und nicht nur in Ausnahmefällen wirtschaftlich nicht mehr in der Lage sind, den gewählten Beruf ganz oder teilweise zur Grundlage ihrer unternehmerischen Erwerbstätigkeit zu machen“[529]. Die sinnvolle Ausübung des Berufs „Energieversorger“ müsste faktisch unmöglich sein.[530]

Entsprechend der vorstehenden Ausführungen ist zur Bewertung der Eingriffsintensität auf die Mutterkonzerne abzustellen. Zumindest für diejenigen Energieversorgungsunternehmen, die in ihrem Portfolio verstärkt auf die

528 BVerfGE 61, 291 (311); siehe hierzu auch *Breuer* in Isensee/Kirchhof, HStR VIII, § 171 Rn. 14 ff.

529 BVerfGE 30, 292 (314); 50, 290 (64),

530 BVerfGE 125, 260 (359).

Stromproduktion mithilfe der Kernenergie setzen, wirkt sich der Ausstieg aus der Atomkraft zugegebenermaßen gravierend aus. *Di Fabio* sieht darin einen Grund, zumindest eine Berufsausübungsregelung mit objektiv berufswahlregelnder Tendenz anzunehmen. Dabei zieht er als Beispiel die Bayernwerk AG mit Sitz in Regensburg heran, die – zur Zeit der legislativen Ausstiegsentscheidung – im Wesentlichen auf die Kernenergienutzung zur Energiegewinnung setzte. Im Falle des Ausstiegs aus der Nutzung der Kernkraft sei die Bayernwerk AG in ihrer Existenz gefährdet. [531] Bei der weit überwiegenden Anzahl der Energieversorger wirkt sich der Ausstieg aus der Nutzung der Kernenergie jedoch nicht existenzgefährdend aus und hat nicht typischerweise zur Folge, dass die Energieversorgungsunternehmen generell ihren Beruf aufgeben müssen. Da es laut Rechtsprechung aber nicht auf das Schicksal einzelner Unternehmer wie die Bayernwerk AG ankommt, sondern eine generalisierende Betrachtung des gesamten Wirtschaftszweiges anzulegen ist[532], kann vorliegend nicht auf eine faktische Wirkung gleich einer Berufswahlregelung geschlossen werden. Eine Berufsausübungsregelung, die in ihren wirtschaftlichen Beschränkungen einer Berufswahlregelung nahe kommt, ist insbesondere nicht schon dann anzunehmen, „wenn die Regelung den aus der Ausübung eines Berufs erzielten Gewinn soweit mindert, dass ein einzelner Unternehmer sich zur Aufgabe seines bisherigen Berufs veranlasst sieht.“[533]

Im Ergebnis bleibt es daher dabei, dass hier eine Regelung über die Art und Weise der Ausübung des Berufs des Energieerzeugers vorliegt, die bereits durch vernünftige Erwägungen des Gemeinwohls gerechtfertigt ist.[534] Die Anforderungen des Bundesverfassungsgerichts, um vorliegend eine Berufsausübungsregelung mit berufswahlregelnder Tendenz annehmen zu können, werden nicht erfüllt. Es verbleibt das Rechtsempfinden, dass der gesetzliche Ausstieg aus der Kernenergie in keine der drei Stufen reinzupassen scheint. Die Rechtsfertigungshürde der reinen Berufsausübungsregelung stellt sich als zu gering dar, um der vorliegenden Konstellation gerecht zu werden. Entsprechend könnte hierdurch auch die Rechtskraft des Vertrauensschutzes im Rahmen von Art. 12 GG verkürzt werden. Auf dieses Problem wird an anderer Stelle noch genauer einzugehen sein.[535]

---

531 Zum Ganzen *Di Fabio*, Der Ausstieg aus der wirtschaftlichen Nutzung der Kernenergie, S. 106 f.

532 St. Rspr. BVerfGE 30, 292 (315 f.); 68, 193 (219); 86, 28 (41 ff.).

533 BVerfGE 30, 292 (314).

534 BVerfGE 7, 377 (400 ff.).

535 Siehe unten D.I.5.

c) Allgemeiner Gleichheitssatz aus Art. 3 Abs.1 GG

Hinsichtlich der gesetzlichen Entscheidung eines Ausstiegs aus der Atomenergie ist aus dem allgemeinen Gleichheitssatz des Art. 3 Abs.1 GG kein direkter Vertrauensschutz zugunsten der Energieversorgungsunternehmen zu entnehmen. Insbesondere liegt kein Eingriff in Art. 3 Abs. 1 GG wegen „Gleichheit in der Zeit“ vor.[536] Zwar wurde die Kernenergie und die Stromproduktion mittels jener Technologie 40 Jahre lang gefördert, allerdings hindert dies den Gesetzgeber nicht daran, zu bestimmen, von dieser Technologie fortan Abstand zu nehmen. Selbst wenn man diesbezüglich die Frage aufwirft, ob die Ausstiegsentscheidung mit einem allgemeinen Verfassungsprinzip der Systembindung vereinbar wäre, so ist vorliegend zu konstatieren, dass der Gesetzgeber mit den Regelungen des Ausstiegsgesetzes 2002 ein umfassendes Paket schnürte, um der friedlichen Nutzung der Kernenergie zur Energiegewinnung ein Ende zu setzen. Zwar liegt in der Ausstiegsentscheidung ein Widerspruch zur vorherigen Förderungsmentalität zugunsten der Kernenergie, allerdings hindert das Prinzip der Systemgerechtigkeit einen solchen Strategiewechsel des Gesetzgebers dann nicht, wenn das komplette System ausgetauscht wird.[537] Dies ist vorliegend der Fall.

Allerdings nimmt der Gesetzgeber durch die Regelungen zur Abwicklung des Atomausstiegs eine Typisierung vor, die sich anhand von Art. 3 Abs. 1 GG messen lassen muss. Die vorzeitige Stilllegung der bereits im Betrieb befindlichen Atomkraftwerke wird durch Zuweisung einer jeweiligen Reststrommenge bewirkt. Die Reststrommengen fallen unterschiedlich hoch aus, sodass die Kernkraftwerke insofern ungleich behandelt werden. Gleichzeitig erfolgte die Berechnung dieser Reststrommengen auf Grundlage einer Regellaufzeit von 32 Jahren. Die Regellaufzeit galt für jedes Kraftwerk unabhängig seines jeweiligen Zustandes und stellt insofern eine Gleichbehandlung dar. Ob die durch das Ausstiegsgesetz 2002 zugewiesenen unterschiedlichen Restlaufzeiten eine zulässige Typisierung des Gesetzgebers darstellen und mit Art. 3 Abs. 1 GG vereinbar ist, ist an anderer Stelle zu diskutieren.[538]

d) Ergebnis

Kernfrage unter Vertrauensschutzgesichtspunkten ist, ob dieser Strategiewechsel in der Energiepolitik mit dem Instrument der vorzeitigen Stilllegung

536 Siehe oben C.IV.3.a).
537 Siehe oben C.IV.3.d).
538 Siehe unten D.II.4.

bestandsgeschützter Anlagen vorgenommen werden durfte. Bei der gesetzlichen Stilllegung der bereits im Betrieb befindlichen Atomkraftwerke handelt es sich um eine unechte Rückwirkung, deren vertrauensenttäuschender Eingriff vorrangig anhand dem Bestandsschutz aus Art. 14 GG zu messen ist. Das verfassungsrechtliche Eigentum aus Art. 14 GG beschränkt sich auf das Grundeigentum und auf die aufgrund der Genehmigung errichteten und betriebenen Anlagen. Eigenständigen Schutz besitzt zudem die Nutzungsbefugnis an den Kernkraftwerken, die sich ebenso aus der Genehmigung ergibt. Die Genehmigung selbst stellt kein eigentumsfähiges Recht i.S.d. Art. 14 Abs. 1 GG dar. Mit der Klarstellung des Bundesverfassungsgerichts wird das unternehmerische Eigentum und damit der darauf basierende Vertrauensschutz verkürzt. Bei der vorzeitigen Stilllegung der Kernkraftanlagen handelt es sich mangels Güterbeschaffungsvorgangs um eine Inhalts- und Schrankenbestimmung des Eigentums.

Der Ausschluss weiterer Genehmigungen ist dagegen eine Regelung mit Wirkung ausschließlich für die Zukunft und enthält keine Rückwirkung. Mangels Eingriff in ein vermögenswertes Recht werden Dispositionen im Vertrauen auf die Genehmigungsfähigkeit einer Anlage nicht von Art. 14 Abs. 1 GG geschützt. Der Ausschluss weiterer Genehmigungen stellt vielmehr eine Berufsausübungsregelung nach Art. 12 Abs. 1 GG dar. Inwiefern das Fortwirkungsinteresse der Energieversorger an der Genehmigungsfähigkeit von Kernkraftanlagen dort Berücksichtigung findet, ist im Folgenden zu untersuchen.

4. Rechtfertigung der Grundsatzentscheidung zur Beendigung der Kernenergienutzung aufgrund geänderter politischer Wertungen

Das Ausstiegsgesetz 2002 beinhaltet den strategischen Wechsel des Gesetzgebers, an der bisherigen positiven Grundsatzentscheidung des Atomgesetzes aus dem Jahr 1959 nicht mehr festhalten zu wollen. Die Nutzung der Kernenergie zur gewerblichen Erzeugung von Elektrizität soll geordnet beendet werden. Da das Atomrecht bislang ein Recht war, welches die Nutzung der Kernenergie förderte, war schließlich auch ein gesetzgeberischer Ausstieg nötig.[539] Dass allein der Gesetzgeber über die Zulässigkeit der Nutzung der Kernenergie zu entscheiden hat, bestätigte auch das Bundesverfassungsgericht in seinem sogenannten Kalkar-Beschluss:

539 *Winter* ZfU 2012, 209 (227).

„Die normative Grundsatzentscheidung für oder gegen die rechtliche Zulässigkeit der friedlichen Nutzung der Kernenergie im Hoheitsbereich der Bundesrepublik Deutschland ist wegen ihrer weitreichenden Auswirkungen auf die Bürger, insbesondere auf ihren Freiheitsbereich und ihren Gleichheitsbereich, auf die allgemeinen Lebensverhältnisse und wegen der notwendigerweise damit verbundenen Art und Intensität der Regelung eine grundlegende und wesentliche Entscheidung (...). Sie zu treffen ist allein der Gesetzgeber berufen."[540]

Diese Hervorhebung des Parlamentsvorbehalts sagt allerdings nicht, dass der Gesetzgeber bei der Neuregelung des Atomrechts frei von der Beachtung rechtsstaatlicher Gewährleistungsgarantien ist. Auf diese wird im Folgenden einzugehen sein.

a) Legitimität der gesetzlichen Beendigung der Kernenergienutzung

Um den verfassungsrechtlichen Anforderungen an die Rechtfertigung eines solchen Strategiewechsels zu genügen, bedarf es zunächst legitimer Gründe, die für den Ausstieg aus der Nutzung der Kernenergie sprechen. Der Regelungszweck des Gesetzes ist für die Abwägung der schutzwürdigen Interessen der Energieversorger und des Änderungsinteresses des Gesetzgerbers von großer Wichtigkeit. Die Bedeutung des gesetzgeberischen Anliegens für das Gemeinwohl bestimmt das Gewicht der den Energieversorgerinteressen gegenüberliegenden „Waagschale".[541]

aa) Grundsätzliche Bemerkungen

(1) Keine verfassungsrechtliche Begründungs- und Sachaufklärungspflicht des Gesetzgebers

Grundsätzlich besteht weder eine explizite verfassungsrechtliche Begründungspflicht für Gesetze noch für Gesetzesvorlagen.[542] Insbesondere kann aus der Verpflichtung aus dem Geschäftsordnungsrecht Gesetzesentwürfe zu begründen,[543]

540 BVerfGE 49, 89 (127); hierzu *Papier* DVBl. 2011, 189 (194).

541 *Roßnagel* in Roßnagel/Roller, Die Beendigung der Kernenergienutzung durch Gesetz, 9 (37).

542 So überwiegende Ansicht im Schrifttum, vgl. etwa *Kersten* in Maunz/Dürig, GG, Art. 76 Rn. 22; *Masing/Risse* in Mangoldt/Klein/Starck, GG, Art. 76 Rn. 70; *Pieroth* in Jarass/Pieroth, GG, Art. 76 Rn. 3; *Brosius-Gersdorf* in Dreier, GG, Art. 76 Rn. 31; siehe hierzu umfangreich *Hebeler* JA 2017, 413 (414 f.); *Hebeler* DÖV 2010, 745 (756).

543 Vgl. § 76 Abs. 2 GOBT bei Initiativen des Bundestages sowie die §§ 24, 26 GOBR bzw. §§ 24 ff., 40 GGO II bei Initiativen der Bundesregierung und des Bundesrates.

keine entsprechende verfassungsrechtliche Pflicht zur Begründung des späteren Gesetzes abgeleitet werden.[544] Dies hat auch das Bundesverfassungsgericht in seinem Urteil zum beschleunigten Atomausstieg noch einmal zutreffend festgestellt.[545] Darüber hinaus herrscht keine selbstständige Aufklärungspflicht des Sachverhalts im Gesetzgebungsverfahren.

> „Das Grundgesetz vertraut so darauf, dass auch ohne Statuierung einer eigenständigen Sachaufklärungspflicht die Transparenz und der öffentliche Diskurs im parlamentarischen Verfahren hinreichende Gewähr für eine jeweils ausreichende Tatsachengrundlage der gesetzgeberischen Entscheidung bieten.“[546]

Trotzdem stellt sich die Frage, ob hinreichende Gemeinwohlgründe gegeben sind, die den vorliegenden Grundrechtseingriff rechtfertigen. Zwar musste der Gesetzgeber die Gründe für den Atomausstieg nicht formal dokumentieren, allerdings müssen diese im materiell-rechtlichen Sinn vorliegen. So stellt das Bundesverfassungsgericht zu Recht darauf ab, dass das Fehlen einer selbstständigen Sachaufklärungspflicht den Gesetzgeber nicht davon befreie, seine Entscheidungen in Einklang mit den verfassungsrechtlichen Anforderungen zu treffen und sie insoweit auf „hinreichend fundierte Kenntnisse von Tatsachen und Wirkzusammenhänge“ zu stützen.[547]

(2) Rationalität, Vernünftigkeit, Vertretbarkeit der Gründe

Neben der Frage, ob überhaupt eine verfassungsrechtliche Pflicht zur formalen Begründung von Gesetzen existiert, herrscht in der Literatur zugleich Streit darüber, ob eine Pflicht zur „rationalen“, „vernünftigen“ oder „klugen“ Gesetzgebung besteht.[548] Ohne dieser Frage in aller Ausführlichkeit nachgehen zu wollen, fordert jedenfalls auch das Bundesverfassungsgericht, dass die Gründe des Gesetzgebers für eine Regelung „als sachlich bedingt und gerechtfertigt“ und „als zumindest nicht völlig unvernünftig erscheinen“[549] dürfen. Dem Gesetzgeber kommt bei seiner Zielprognose eine „Einschätzungsprärogative“[550] zu. Insofern ist die Überprüfung der Wahl der Gründe auf deren *Vertretbarkeit* begrenzt.

---

544 *Hebeler* DÖV 2010, 745 (756).
545 BVerfGE 143, 246 Rn. 280.
546 BVerfGE 143, 246 Rn. 275.
547 BVerfGE 143, 246 Rn. 275.
548 Ablehnend etwa *Masing/Risse* in Mangoldt/Klein/Starck, GG, Art. 76 Rn. 76; Vgl. zum Meinungsstand *Reyes y Ráfaeles* Der Staat 2013, 597 (602 ff.).
549 Vgl. BVerfGE 60, 16 (44).
550 BVerfGE 50, 290 (332).

„Dieser Maßstab verlangt, dass der Gesetzgeber sich an einer sachgerechten und vertretbaren Beurteilung des erreichbaren Materials orientiert hat.“[551] Zwar lässt sich das Erfordernis sachlicher Gründe nicht als ein Verfassungsprinzip einordnen, allerdings ist der verfassungsrechtlichen Ordnung ein rechtsstaatliches Leitbild der Rationalität zu entnehmen: Staatliche Maßnahmen sollen nicht bloß Ausdruck des Willens der Mächtigen, sondern jedenfalls auch der Vernunft sein.[552] Dieser so verstandenen „Rationalitätspflicht“ des Gesetzgebers kann auch ein gewisses Vertrauensschutzelement entnommen werden: der Normadressat setzt bei einer geplanten Neuregelung sein Vertrauen in einen vernünftigen und rationalen Normgeber.

(3) Systemgerechtigkeit

Zudem können sich aufgrund des Gebots der Systemgerechtigkeit gesteigerte Anforderungen an die Zielsetzung der Neuregelung ergeben. [553] Die vom Gesetzgeber zuvor selbst gewählten Vernünftigkeitskriterien und Wertungen seien folgerichtig zu konkretisieren. Die vorherige Zielsetzung „Förderung der Kernenergie“ wurde vollständig durch das Ziel „Beendigung der Kernenergienutzung“ ersetzt, weshalb innerhalb des „Systems“ der Kernenergie keine Widersprüchlichkeit entstand. Gegen ein so verstandenes Erfordernis der Systemgerechtigkeit wurde nicht verstoßen.

bb) Gründe des Gesetzgebers für den Atomausstieg

(1) Risikovorsorge zum Schutz des Lebens und der natürlichen Lebensgrundlagen

Die Entscheidung gegen die weitere friedliche Nutzung der Kernenergie dient – mit der Begründung des Gesetzentwurfs[554] – zuvörderst der Begrenzung der von dieser ausgehenden Risiken und daher dem Schutz des menschlichen Lebens und dessen natürlicher Lebensgrundlagen. Von der Kernenergie geht im Schadensfall ein immenses Maß an Zerstörung aus. Die von radioaktiven Stoffen ausgehende ionisierende Strahlung schädigt Zellen im menschlichen Körper und führt so zu erheblichen Gesundheitsgefährdungen. Im Falle eines atomaren Unfalls ist der Austritt dieser Strahlung unbeherrschbar. Die Umwelt droht durch die Strahlung kontaminiert und für den Menschen unbewohnbar zu

---

551 BVerfGE 50, 280 (333 f.).

552 *O'Hara*, Konsistenz und Konsens, S. 56; *Reyes y Ráfaeles* Der Staat 2013, 597 (600 ff.).

553 Siehe hierzu umfänglich oben C.III.3.c).

554 BT-Drs. 14/6890, S. 1, 13.

werden. Dabei haben die Betroffenen beziehungsweise die betroffenen Regionen keine Möglichkeit, sich vor der Bedrohung zu schützen oder sich der Gefahr zu entziehen.

Beim Betrieb der Kernkraftanlagen fallen zudem radioaktive Abfallstoffe an, die aufwendig entsorgt werden müssen. Aufgrund ihrer Strahlung geht von ihnen ein entsprechendes Risiko für Mensch und Natur aus. Ein Ort zur sicheren Endlagerung wurde nach wie vor nicht gefunden, weshalb ein weiterer Grund für die Ausstiegsentscheidung die ungeklärte Endlagerproblematik ist. Der Staat strebt eine nachhaltigere Energiepolitik sowie eine sozialverträgliche Energieversorgung an. Eine Beendigung der Kernenergienutzung kann das Entsorgungsproblem jedenfalls begrenzen.

Der bezweckte Schutz menschlichen Lebens und deren Lebensgrundlagen genießt insbesondere Verfassungsrang. Aus Art. 2 Abs. 2 Satz 1 GG folgt grundsätzlich auch die Pflicht des Staates, das Leben und die körperliche Unversehrtheit des Einzelnen zu schützen.[555] Zudem ist der Staat aus Art. 20a GG zum Schutze der Umwelt verpflichtet. Zwar bedarf es bei letzterem keines allumfassenden Umweltschutzes, der jedes andere Rechtsgut aushebelt, allerdings handelt es sich um eine bindende Zielsetzung, die von den Staatsorganen fordert, dass die natürlichen Lebensgrundlagen weitestgehend geschont werden.[556] Bei den genannten Rechtsgütern handelt es sich um sogenannte „absolute Gemeinschaftswerte“, die unabhängig von den politischen Mehrheiten gesellschaftlich Bestand haben.[557] Daher besitzt der Gesetzgeber insbesondere hier einen besonders großen Entscheidungsspielraum.

In Übereinstimmung mit der Literatur[558] handelte es sich beim gesetzlichen Atomausstieg nicht um eine Maßnahme zur Gefahrenabwehr. Diese ist nur dann gegeben, wenn ein Schadenseintritt hinreichend wahrscheinlich ist, wobei die Anforderungen an den Grad der Wahrscheinlichkeit der Rechtsgutgefährdung abhängig von dem Ausmaß des drohenden Schadens sowie dem Rang des Betroffenen Rechtsguts ist („Je-desto-Formel“). [559] Da das Rechtsgut „Leben“ in der

555 BVerfGE 49, 89 (140 ff.); 46, 160 (164); 77, 170 (214); 115, 320 (346).

556 *Huster/Rux* in Epping/Hillgruber, BeckOK GG, Art. 20a Rn. 27 ff.

557 Vgl. grds. BVerfGE 13, 97 (107) sowie mit weiteren Nachweisen *Breuer* in Isensee/Kirchhof, HStR VIII, § 171 Rn. 20.

558 *Ossenbühl* AöR 1999, Bd. 124, 1 (46); *Roßnagel* in Roßnagel/Roller, Die Beendigung der Kernenergienutzung durch Gesetz, 9 (41, 44 f.); *Roller* in Roßnagel/Roller, Die Beendigung der Kernenergienutzung durch Gesetz, 81 (99 ff.); *Borgmann*, Rechtliche Möglichkeiten und Grenzen des Ausstiegs aus der Kernenergie, S. 153, 156 ff.

559 Siehe *Di Fabio*, Risikoentscheidungen im Rechtsstaat, S. 67 ff.

Werteordnung überragende Bedeutung besitzt und ein Kernreaktorunfall einen immensen Schaden für dieses Rechtsgut bedeuten würde, sind an den Nachweis der Eintrittswahrscheinlichkeit nur geringe Anforderungen zu stellen. So hat auch das Bundesverfassungsgericht für den Bereich der Kernenergie mehrfach betont, dass eine *Gefahr* angesichts der Art und Schwere des potentiellen Schadens für die genannten Rechtsgüter auch bereits bei niedrigster Eintrittswahrscheinlichkeit anzunehmen sei.[560] Von den einzelnen Kernkraftwerken ging aber im Zeitpunkt der Ausstiegsentscheidung keine konkrete Gefahr aus, da es nach dem Stand von Wissenschaft und Technik praktisch ausgeschlossen erschien, dass sich ein Schadensfall realisierte.[561] Das von den im Betrieb befindlichen Atomkraftwerken ausgehende Schadenspotential lag im Bereich des sogenannten „hinnehmbaren Restrisikos"[562], das trotz risikominimierender Maßnahmen bei komplexen technischen Systemen prinzipiell nicht auszuschließen ist.[563] Wenn ein Schadensfall nach dem Stand der Technik nicht praktisch ausgeschlossen gewesen wäre, hätte in den behördlichen Aufsichtsmaßnahmen nach §§ 17-19 AtomG eine Handhabe bestanden, die einzelnen Kernkraftwerke stillzulegen. Ziel war es aber, die Risiken, die sich aus der Nutzung der Kernenergie schlechthin ergeben, zu minimieren. Daher traf der Gesetzgeber mit dem Ausstiegsgesetz 2002 Regelungen zur *Risikovorsorge*, indem er das Risiko eines radioaktiven Unfalls für die Zukunft jedenfalls zu minimieren versuchte.

Problematisch ist, welcher erforderliche Grad der Rechtsgutgefährdung vorliegen muss, um eine grundrechtliche Verpflichtung des Gesetzgebers zum Treffen von Maßnahmen zur Risikovorsorge anzunehmen. Darf der Gesetzgeber in verfassungsrechtlich geschützte Rechtspositionen eingreifen, wenn eine ungewisse Möglichkeit des Schadenseintritts besteht? Teilweise wird vertreten, dass keine allgemeine Staatspflicht zur Risikovorsorge existiere. Eine solche Pflicht könne erst dann vorliegen, wenn das Umschlagen vom Risiko in die Rechtsgutgefährdung *unabweisbar bzw. höchstwahrscheinlich* sei.[564] Die Möglichkeit der Rechtsgutgefährdung genüge insofern nicht. Nach *Lepsius* könne die Möglichkeit eines Schadenseintritts kein Gegenstand rechtlicher Regelung sein.[565] Dies

560 BVerfGE 49, 89 (141 f.); 53, 30 (57).
561 BVerfGE 49, 89 (141 f.).
562 BVerfGE 49, 89 (143).
563 *Di Fabio*, Risikoentscheidungen im Rechtsstaat, S. 105.
564 So *Scholz* in Maunz/Dürig, GG, Art. 20a Rn. 10.
565 Vgl. *Lepsius*, Risikosteuerung durch Verwaltungsrecht, VVDStRL, Bd. 63, 2004, 264 (277).

würde dem liberalen Staatsmodell zuwiderlaufen und technische Innovationen hemmen. Im Fall des Atomausstiegs ist insbesondere problematisch, dass das Bundesverfassungsgericht entschied, dass der Gesetzgeber mit dem Regelungsregime des Atomgesetzes und Strahlenschutzgesetzes seiner Verpflichtung aus Art. 2 Abs. 2 GG zum Schutz der Bürger bereits nachgekommen sei.[566] Daher soll sich der Atomausstieg überhaupt nicht auf ein verfassungsrechtliches Gebot stützen können.[567]

Die genannten Auffassungen können nicht überzeugen, denn es gilt an dieser Stelle zu differenzieren: Der Grad der Rechtsgutgefährdung, um eine grundrechtliche Schutzpflicht des Gesetzgebers *per se* auszulösen, ist unabhängig von der Verfassungsmäßigkeit des letztendlich erlassenen Rechts zu bestimmen. Im Hinblick auf das Grundrecht aus Art. 2 Abs. 2 Satz 1 GG muss wegen der drohenden Unumkehrbarkeit der Schäden für das menschliche Leben eine Schutzpflicht des Gesetzgebers bereits dann angenommen werden, wenn lediglich die *Möglichkeit* einer Rechtsgutverletzung besteht.[568] Gesetzliche Regelungen zur Abwehr von Schäden für Leib und Leben des Staatsvolkes müssen hiernach auch dann zulässig sein, wenn lediglich das geringste Risiko eines Schadenseintritts besteht. Nur dann, wenn der Schadenseintritt absolut ausgeschlossen ist, ist es dem Gesetzgeber verwehrt, sich auf seine Schutzpflicht aus Art. 2 Abs. 2 Satz 1 GG zu berufen. Beim Betrieb von Kernkraftanlagen selbst auf höchstem technisch möglichem Sicherheitsniveau ist nicht vollständig ausgeschlossen, dass es zu einem atomaren Unfall kommen kann. Das vorliegende *Restrisiko* reicht jedenfalls aus, um eine Schutzpflicht des Gesetzgebers aus Art. 2 Abs. 2 Satz 1 GG zu bejahen und die Minimierung dieses Risikos im Wege der Risikovorsorge als legitimen Regelungsgrund anzuerkennen.

Im Kalkar-Beschluss entschied das Bundesverfassungsgericht dennoch, dass, obwohl ein Schadenseintritt nicht absolut ausgeschlossen war, der Bürger zur Hinnahme des Restrisikos verpflichtet sei. Es sei ausreichend, dass es nach dem Stand von Wissenschaft und Technik ausgeschlossen erscheine, dass sich ein Schadensfall realisiere.

---

566 Siehe hierzu die Ausführungen des BVerfG im Verfahren Mülheim-Kärlich in BVerfGE 53, 30 (56) sowie zu Kalkar in BVerfGE 49, 89 (143).

567 So *Moench* in Ludwigs, Der Atomausstieg und seine Folgen, 13 (30).

568 So auch *Borgmann*, Rechtliche Möglichkeiten und Grenzen des Ausstiegs aus der Kernenergie, S. 138.

> „Ungewissheiten jenseits dieser Schwelle praktischer Vernunft haben ihre Ursache in den Grenzen des menschlichen Erkenntnisvermögens; sie sind unentrinnbar und insofern als sozialadäquate Lasten von allen Bürgern zu tragen."[569]

Vorliegend ist zu beachten, dass es sich hierbei um das Ergebnis der verfassungsrechtlichen Rechtfertigung handelt. Der Grundsatz, dass die Schutzpflicht des Gesetzgebers aus Art. 2 Abs. 2 Satz 1 GG ausgelöst wird, sobald eine Verletzung menschlichen Lebens möglich erscheint, gilt nach wie vor. Eine gesetzgeberische Maßnahme, die die Möglichkeit einer Verletzung des Lebens oder der körperlichen Unversehrtheit zu minimieren versucht, ist aber nur dann verfassungsgemäß, wenn in der Gesamtabwägung das Risiko nicht durch kollidierende Verfassungsgüter überwunden werden kann. Insofern besteht eine grundrechtliche Schutzpflicht des Staates nur dann, wenn ein Unterlassen gegen das Untermaßverbot, welches wiederum mit dem Übermaßverbot des Abwehrrechts korreliert, verstößt.[570]

Im Ergebnis war der Gesetzgeber daher nicht gehindert, das Restrisiko einzubeziehen und die Kerntechnologie zum Zweck der Risikovorsorge ganz zu verbieten, solange das Restrisiko besteht.[571]

(2) Geänderte Sicherheitsphilosophie und Risikowahrnehmung

Wurde soeben mit dem Restrisiko der Kernenergie für Mensch und Umwelt argumentiert, so stößt diese Argumentation auf folgendes Problem: Wie kann *vernünftig* begründet werden, dass das von den Kernkraftwerken ausgehende Restrisiko über 40 Jahre lang hingenommen wurde, um nun aufgrund eben selbiger Risikolage eine Beendigung der Kernenergienutzung zu begründen? Dabei ist zu berücksichtigen, dass sich an den Anlagen nichts geändert hat und keine neuen Erkenntnisse für eine abweichende Risikobewertung vorliegen. Auch die Endlagerungsproblematik war dem Gesetzgeber hinreichend bekannt. Hinzu kommt, dass auch das Bundesverfassungsgericht bereits entschied, dass das Restrisiko der Nutzung der Kernenergie mit der Schutzpflicht aus Art. 2 Abs. 2 Satz 1 GG vereinbar und vom Bürger hinzunehmen sei.[572] Um die prinzipielle Bestands- und Abwehrgarantie des Eigentums der Energieversorger überwinden zu können, müsste dieser verfassungsrechtlichen Bewertung

569 Zum Ganzen BVerfGE 49, 89 (143).

570 *Isensee* in Isensee/Kirchhof, HStR V, § 111 Rn. 165.

571 Vgl. *Ossenbühl*, Die Not des Gesetzgebers im naturwissenschaftlich-technischen Zeitalter, S. 28.

572 BVerfGE 49, 89 (143); 53, 30 (57 ff.); BVerfG NVwZ 1997, 158 f.

eigentlich durch neue Erkenntnisse entgegengetreten werden.[573] Kann der Eingriff in die Grundrechte der Energieversorger auch aufgrund des politischen Wunschs, auf geänderte Wertungen in der Gesellschaft zu reagieren, gerechtfertigt werden?

Zu beachten ist, dass es vorliegend nicht um die „Richtigkeit" des Strategiewechsels schlechthin geht. Dies ist Gegenstand der Politikwissenschaft. Der vorliegende Strategiewechsel ist deshalb aber ein verfassungsrechtliches Problem, weil er einen Kontinuitätsbruch beinhaltet. Es handelt sich um eine Kehrtwende des Gesetzgebers um 180 Grad. Der Strategiewechsel trifft auf eine jahrzehntelange kontinuierliche Risikobewertung, die fortan diametral anders sein soll.[574] Dies ist auch der elementare Unterschied zu sonstigen Konstellationen, in denen die bisherige Rechtsprechung neben der objektiven Gefährlichkeit auch das Fehlen sozialer Akzeptanz als Rechtfertigungsgrund anerkannte.[575] In diesen hatte der Gesetzgeber zuvor keinerlei Risikobewertung vorgenommen, weshalb sich ein Vergleich hierzu verbietet.[576] Im Falle der Atomkraft nahm der Gesetzgeber das von ihr ausgehende Risiko bis dato hin und manifestierte diese Haltung durch Gesetz. Die Energieversorger haben auf diese bisherige Haltung zur Kernenergie und deren staatliche Förderung vertraut und auf ihrer Grundlage Investitionen getätigt. Besteht daher ein schutzwürdiges Vertrauen darauf, dass der Gesetzgeber nur aufgrund rationaler Erwägungen in die Energiewirtschaft eingreift und anordnet, auf eine bestimmte Energiequelle zu verzichten? Da keine neue Beurteilungsgrundlage existiert, ist fragwürdig, ob sich der intensive Grundrechtseingriff allein aufgrund geänderter politischer Wertungen rechtfertigen lässt.

Insbesondere *Di Fabio* ist der Ansicht, dass hierin ein Verstoß gegen das Rechtsstaatsprinzip aus Art. 20 Abs. 3 GG zu sehen ist.[577]

> „Die bloße politische Neubewertung von Risiken, die als ‚praktisch ausgeschlossen' auch bislang von der höchstrichterlichen Rechtsprechung akzeptiert worden sind, ist nicht ohne weiteres durch das Wohl der Allgemeinheit getragen und vermag deshalb auch die

---

573 Vgl. *Schmidt-Preuß* NJW 2000, 1524 (1528).

574 *Ossenbühl* AöR 1999, Bd. 124, 1 (47).

575 Vgl. beispielhaft zur Rechtfertigung der Erhebung von Umlagen durch die BaFin zum Zweck der Erhaltung des Vertrauens der Öffentlichkeit in die Sicherheit des Finanzmarktes BVerfGE 124, 235 (246) sowie zur Erhöhung des Steuersatzes für Kampfhunde BVerwGE 110, 265 (276 f.), wo das BVerwG als Rechtfertigungsgrund die soziale Akzeptanz von Gebrauchs- und Wachhunden in der Gesellschaft anführte.

576 So aber *Ewer* NVwZ 2011, 1035 (1036).

577 *Di Fabio*, Der Ausstieg aus der wirtschaftlichen Nutzung der Kernenergie, S. 186.

> totale Abkehr der bisherigen kooperativen und fördernden Politik hin zu einer Legalenteignung nicht zu rechtfertigen“[578].

Demgegenüber wird vertreten, dass es genüge, wenn der Gesetzgeber für die Risiken der Kernenergienutzung insgesamt zu einer neuen Bewertung gelange.[579] Dies ergebe sich bereits aus dem oben beschriebenen Prognose- und Einschätzungsspielraum des Gesetzgebers, der erst dann überschritten sei, wenn seine Erwägungen so offensichtlich fehlsam sind, dass sie „vernünftigerweise keine Grundlage für gesetzgeberische Maßnahmen abgeben können“[580]. Die Möglichkeit eines Reaktorunfalls reiche danach aus, um die Gründe für den Grundrechtseingriff als vertretbar erscheinen zu lassen.[581] Insbesondere *Ossenbühl* hebt hervor, dass es ganz selbstverständlich sei, dass „der Gesetzgeber in der Energiepolitik eine andere Linie einschlagen und die Nutzung der Kernenergie ausschließen kann.“[582] Eine Gesetzesänderung aufgrund eines pol*itischen Strategiewechsels sei hiernach grundsätzlich zulässig.*

Ähnlich sieht es auch das Bundesverfassungsgericht, das jedoch in seiner Entscheidung zum beschleunigten Atomausstieg eine vorsichtigere Formulierung wählt.

> „Ob und unter welchen Bedingungen er eine Hochrisikotechnologie wie die friedliche Nutzung der Kernenergie zulässt, ist bei hinreichender Kenntnis der bestehenden Risiken zuerst eine politische Entscheidung, die der Gesetzgeber wesentlich auch von der Akzeptanz dieser Technologie in der Gesellschaft abhängig machen darf. Insofern ist er nicht grundsätzlich gehindert, eine ursprünglich zugunsten der Nutzung der Kernenergie getroffene Entscheidung für die Zukunft zu ändern, selbst wenn keine substantiell neuen Erkenntnisse über deren Gefährlichkeit und Beherrschbarkeit vorliegen. (…)“[583]

Das Gericht stellt auf die Besonderheit der Kerntechnologie als sogenannte Hochrisikotechnologie ab. Es stehe den Gesetzgeber aus diesem Grund ein ganz

---

578 *Di Fabio*, Der Ausstieg aus der wirtschaftlichen Nutzung der Kernenergie, S. 142.

579 *Roßnagel* in Koch/Roßnagel/Schneider/Wieland, 10. Deutsches Atomrechtssyposium, 105 (113); *Roßnagel* in Roßnagel/Roller, Die Beendigung der Kernenergienutzung durch Gesetz, 9 (18); zurückhaltender *Roller* in Roßnagel/Roller, Die Beendigung der Kernenergienutzung durch Gesetz, 81 (102); im Ergebnis auch *Denniger*, Verfassungsrechtliche Fragen des Ausstiegs aus der Nutzung der Kernenergie, S. 66.

580 BVerfGE 121, 317 (350); 77, 48 (106); 30, 292 (317); 25, 1 (12, 17).

581 *Roßnagel* in Koch/Roßnagel/Schneider/Wieland, 10. Deutsches Atomrechtssyposium, 105 (113).

582 *Ossenbühl* AöR 1999, Bd. 124, 1 (47).

583 BVerfGE 143, 246 Rn. 307 siehe auch Rn. 283.

besonders großer Ermessensspielraum bei der Wahl der Gemeinwohlgründe zu. Der politische Wunsch nach Risikominimierung stelle daher, auch ohne neue Gefährdungserkenntnisse, ein legitimer Rechtfertigungsgrund dar.

Das Gericht präzisiert jedoch, dass sich nicht allgemein bestimmen ließe, inwieweit „geänderte politische Wertungen oder gewachsene Befürchtungen und Ängste in der Bevölkerung" erhebliche Grundrechtseingriffe tragen können.

> „Zur Rechtfertigung erheblicher Grundrechtseingriffe bedarf es jedenfalls jeweils hinreichend gewichtiger Gemeinwohlgründe auf der Grundlage einer Würdigung der unter solchen Befürchtungen und Wertungen realitätsgerecht erkennbaren Gefahren oder Risiken. Soweit hierdurch bestehende Vertrauensschutzpositionen, namentlich bestandsgeschützte Investitionen, entwertet werden, wird allein der politische Wunsch, auf geänderte Wertungen in der Bevölkerung zu reagieren, jedenfalls kurzfristige Politikwechsel oft nicht tragen."[584]

Hieraus können folgende Kernthesen abgeleitet werden: Eine Rechtfertigung von Grundrechtseingriffen aufgrund geänderter politischer Wertungen statt neuer Erkenntnisse ist *erstens* grundsätzlich möglich. Wenn unter altem Recht entstandene schutzwürdige Vertrauenspositionen durch den Strategiewechsel entzogen oder entwertet werden, ist *zweitens* die Rechtfertigung des Eingriffs aufgrund geänderter politischer Wertungen im Regelfall nur mithilfe einer angemessenen Übergangsfrist zulässig.

Im Fall des beschleunigten Atomausstiegs durch die 13. AtomG-Novelle wich das Bundesverfassungsgericht von diesem selbst gesetzten Grundsatz ab, indem es aufgrund der Sonderstellung des Wirtschaftsbereichs der Kernenergie sowie des Gewichts der Gemeinwohlgründe sogar den abrupten und entschädigungslosen Entzug der im Jahr 2010 zugewiesenen Zusatzstrommengen für zulässig erklärte.[585] Die Besonderheit der Kerntechnologie als sogenannte Hochrisikotechnologie ist der ausschlaggebende Grund, weshalb hier eine Rechtfertigung dieses intensiven Grundrechtseingriffs aufgrund einer geänderten Sicherheitsphilosophie angenommen wurde. Es stehe dem Gesetzgeber ein besonders großer Ermessensspielraum zu.[586]

Es sei darauf hingewiesen, dass aufgrund dieser Besonderheit des Falls eine Übertragung der Rechtsprechung auf andere Technologien nur äußerst zögerlich vorzunehmen ist. Nichtsdestotrotz ist bemerkenswert, dass das Bundesverfassungsgericht grundsätzlich eine geänderte Risikowahrnehmung in der

---

584 BVerfGE 143, 246 Rn. 308.
585 BVerfGE 143, 246 Rn. 308.
586 Vgl. hierzu auch unten D.4.a)aa).

Gesellschaft als Rechtfertigungsgrund für den Entzug geschützter Rechtspositionen ausreichen lässt. Wichtig im Zuge dieser Erkenntnis ist die folgende Differenzierung: eine Gesetzesänderung für die Zukunft aufgrund einer geänderten Wertung, Lebensanschauung und Philosophie ist grundsätzlich möglich. In diesem Falle sind keine Rationalitäts-Anforderungen an die Gründe für den Strategiewechsel zu stellen. Wenn unter altem Recht entstandene schutzwürdige Vertrauenspositionen durch den Strategiewechsel abrupt entzogen oder entwertet werden, also in der Regel eine unechte Rückwirkung vorliegt, ist eine Rechtfertigung allein aufgrund geänderter politischer Motive nur unter Wahrung der Vertrauensschutzinteressen möglich.

Obschon das Gericht, wie bereits angedeutet, eine vorsichtige Formulierung verwendet und ein politisch motivierter Strategiewechsel des Gesetzgebers die Ausnahme bleiben müsse, so statuiert es ein Exempel für das Verhältnis zwischen demokratischer Willensbildung in der Gesellschaft und den Bestandsinteressen Einzelner. Es zeigt, dass wirtschaftliche und technische Strukturen nicht unumkehrbar sind, sondern dass letztlich demokratische Mehrheiten über die technischen Risiken bestimmen können, die eine Gesellschaft einzugehen bereit ist.[587] Die Gefahren, die diese Rechtsprechung birgt, sind offensichtlich: So ist nicht auszuschließen, dass durch Forschung auf dem Gebiet der Kernenergie eine Möglichkeit gefunden wird, die Technik völlig beherrschbar zu machen und so auch das geringste Restrisiko auszuschließen. Die öffentliche Gewalt hätte in diesem Fall aus ideologischen Gründen eine dann im Ergebnis ungefährliche Technik verboten.[588] Insbesondere bleibt das Bundesverfassungsgericht eine Antwort auf die Frage schuldig, wann eine solche Hochrisikotechnologie vorliegt, die selbst einen abrupten Strategiewechsel rechtfertigen könnte. Dieser Begriff ist wertungsoffen und begründet die Gefahr, auf eine Vielzahl anderer Technologien angewandt zu werden.

Trotzdem ist der Rechtsprechung des Bundesverfassungsgerichts im Grundsatz zuzustimmen. Wie bereits dargelegt, enthält das Grundgesetz weder eine Verpflichtung zur formalen Gesetzesbegründung noch zur Rationalität. Der Gesetzgeber ist nach Art. 20 Abs. 3 GG ausschließlich an die Verfassung gebunden. Ansonsten ist er frei, nach seinem Willen – und insofern nach der Risikowahrnehmung des Volkes – den Inhalt der Gesetze zu bestimmen. Verbleibt bei einer genehmigten gewerblichen Anlage die entfernteste Möglichkeit eines Schadensfalls, so kann der Gesetzgeber – und nur er(!) – aufgrund einer

587 *Roßnagel/Hentschel/Emanuel* UPR 2017, 128 (133).
588 *Di Fabio*, Der Ausstieg aus der wirtschaftlichen Nutzung der Kernenergie, S. 110.

geänderten Sicherheitsphilosophie hinsichtlich dieses Restrisikos die Technik und damit den Wirtschaftsbereich verbieten.[589] Insbesondere im Bereich von Technologien, deren Nutzung möglicherweise dazu in der Lage ist Leib und Leben der Bevölkerung erheblich zu gefährden trägt das gewohnte Schema zur Verhältnismäßigkeitsprüfung nicht. Die Entscheidung muss daher zuvörderst beim demokratisch legitimierten Gesetzgeber verbleiben. Will er seinem Willen Gesetzeskraft verleihen, so hat er aber grundsätzlich die Bestandsinteressen der Bürger zu berücksichtigen. Die gesetzgeberischen Gründe für einen politischen Strategiewechsel sind im Grundsatz legitim, allerdings muss die Art und Weise des Strategiewechsels verfassungskonform sein.[590] Kein Ziel des Gesetzgebers vermag die Missachtung grundrechtlicher Schutzpflichten zu rechtfertigen.

Dem Vertrauensschutzprinzip muss hierbei eine besondere Bedeutung zukommen. Das Vertrauen auf die alte Rechtslage muss im Falle eines solchen allein wertungsbasierten Strategiewechsels erheblich höher gewichtet werden, da der bloße Wille des Gesetzgebers verfassungsrechtlich manifestiertes Vertrauen nicht überwinden kann. Strategiewechsel aufgrund geänderter politischer Wertungen erfordern daher, sofern sie in schutzwürdige Vertrauenspositionen eingreifen, immer eine Ausgleichsregelung. Die Philosophie des Gesetzgebers hinsichtlich der Technik ist nicht in ihr selbst angelegt und daher auch nicht vom Verwender vorhersehbar.[591] Will der Staat sie für die Zukunft ausschließen, obliegt es ihm, die Betroffenen vor unzumutbaren Nachteilen zu bewahren. Ergeben neue wissenschaftliche Erkenntnisse aber eine abweichende Risikobewertung, so liegt deren Ursprung in der genutzten Technik. Hier trägt zuvörderst der Unternehmer die Verantwortlichkeit.

Unter Anwendung der Rechtsprechung des Bundesverfassungsgerichts vom 6. Dezember 2016 ergibt sich daher, dass auch die Grundsatzentscheidung zum Atomausstieg aus dem Jahr 2002 mit einer geänderten Sicherheitsphilosophie begründet werden durfte.

---

589 Die zuständige Behörde kann im Gegensatz dazu nicht allein aufgrund einer geänderten Sicherheitsphilosophie belastende Maßnahmen (z.B. nachträgliche Auflage, Widerruf der Genehmigung) ergreifen; vgl. *Leidinger* in Frenz, Atomrecht, § 7 AtG Rn. 187 -189.

590 Siehe auch *Degenhart* DVBl. 2013, 207 (208).

591 Vgl. *Börner* RdE 2017, 119 (124 f.).

cc) Gesetzgeberisches Ermessen im Bereich der Nutzung der Kernenergie

Da dem Gesetzgeber bei energiepolitischen Entscheidungen grundsätzlich ein weiter Entscheidungs- und Gestaltungsspielraum zukommt,[592] gilt dies auch bei der vorliegenden Frage nach der Zulässigkeit der friedlichen Nutzung der Kernenergie.[593] Der Gesetzgeber ist insofern frei, über die Art der Energiequelle zur Stromerzeugung nach seinen wirtschaftspolitischen Vorstellungen und Zielen zu entscheiden. Auf dem Gebiet der Kernenergie ist das gesetzgeberische Ermessen laut Bundesverfassungsgericht ganz besonders groß, da diese Hochrisikotechnologie[594] eine Sonderstellung[595] besitzt, die unter anderem durch extreme Schadensfallrisiken und die noch nicht geklärte Endlagerproblematik gekennzeichnet ist. Die Beurteilung der Schadensrisiken dieser Hochrisikotechnologie sei, angesichts einer einerseits äußerst geringen Realisierungswahrscheinlichkeit und andererseits eines äußerst weitreichenden Ausmaßes etwaiger Schäden, in besonderem Maße von einer politischen Bewertung und dabei in spezifischer Weise auch von einer öffentlichen Akzeptanz abhängig.[596] Aufgrund dieser hohen, nicht übertragbaren Verantwortlichkeit des Staates müsse dem Gesetzgeber notwendigerweise ein besonders großer Entscheidungsspielraum zukommen.

dd) Zwischenergebnis

Im Ergebnis ist festzuhalten, dass der Gesetzgeber mit dem Ausstiegsgesetz 2002 einen legitimen Gemeinwohlzweck verfolgte. Ziel ist die frühestmögliche, geordnete und sichere Beendigung der Kernenergienutzung zur Minimierung des von ihr ausgehenden Risikos für das menschliche Leben und dessen natürliche Lebensgrundlagen. Obwohl keine neuen Erkenntnisse zur Risikobewertung der Kerntechnologie vorlagen, kann der Gesetzgeber im Rahmen des vorhandenen Restrisikos über die Zulässigkeit einer Technologie nach seiner Wertung entscheiden. Auch wenn die Frage nach dem "ob" des gesetzgeberischen Handelns damit geklärt ist, muss die Art und Weise, also das „wie" des Strategiewechsels, verfassungskonform sein. Inwiefern der Gesetzgeber die Grundrechte

---

592 Siehe oben B.

593 *Roßnagel* in Roßnagel/Roller, Die Beendigung der Kernenergienutzung durch Gesetz, 9 (37 ff.).

594 BVerfGE 143, 246 Rn. 219.

595 BVerfGE 143, 246 Rn. 298.

596 BVerfGE 143, 246 Rn. 308.

der Betroffenen sowie deren Vertrauensschutzinteressen beachtet hat, ist noch zu untersuchen.

b) Geeignetheit der Maßnahmen

Bezüglich der Frage der Geeignetheit der Maßnahmen ist dem Gesetzgeber eine Eischätzungsprärogative[597] einzuräumen. Die verfassungsrechtliche Kontrolldichte nimmt dabei mit „dem Rang und der Bedeutung des auf dem Spiel stehenden Grundrechtsgutes und der Eigenart des betroffenen Sachbereichs zu“[598]. Die ergriffenen Maßnahmen müssen wenigstens geeignet sein, das gesetzte Ziel der Risikominimierung zu fördern. Zur Umsetzung oben genannter Ziele sieht der Gesetzgeber allein den Verzicht auf die Kernenergie als Energieträger zur Elektrizitätsgewinnung als geeignet an. Der Ausschluss neuer Betriebsgenehmigungen verhindert dabei, dass durch die Neuerrichtung von Atomkraftwerken weitere Risikoquellen geschaffen werden. Es werden keine über den aktuell prognostizierten Stand hinausgehende atomaren Abfälle produziert.[599] Diese Maßnahme allein reicht jedoch nicht, das gesetzgeberische Ziel zu verwirklichen. Kernpunkt des Strategiewechsels ist vielmehr auch, dass die bereits bestehenden Anlagen so schnell wie möglich vom Netz gehen. Das vorzeitige Abschalten bereits bestehender Anlagen bewirkt, dass die Risiken, die von ihnen ausgehen, in absehbarer Zeit beendet werden. Zwar müssen die Anlagen nach wie vor entsorgt werden, allerdings wird durch die Befristung der Nutzungsdauer die Erzeugung abgebrannter Brennelemente gestoppt. Dies bedeutet schließlich erneut eine Begrenzung der Produktion von Atommüll.[600] Dass die Nachbarländer Deutschlands nach wie vor Atomenergie benutzen, deren Folgen im Schadensfall auch Deutschland treffen würden, ändert hieran auch nach Ansicht der Bundesverfassungsgerichts[601] nichts.[602] Der deutsche Gesetzgeber ist grundsätzlich nur in Lage, auf seinem eigenen Hoheitsgebiet Risikovorsorge zu betreiben.[603]

---

597 BVerfGE 47, 109 (117); 50, 290 (332 f.).

598 BVerfGE 76, 1 (51).

599 *Roßnagel* in Roßnagel/Roller, Die Beendigung der Kernenergienutzung durch Gesetz, 9 (47).

600 *Borgmann*, Rechtliche Möglichkeiten und Grenzen des Ausstiegs aus der Kernenergie, S. 380 ff.

601 BVerfGE 143, 246 Rn. 287.

602 *Di Fabio*, Der Ausstieg aus der wirtschaftlichen Nutzung der Kernenergie, S. 111 f.; *Schmidt-Preuß*, Rechtsfragen des Ausstiegs aus der Kernenergie, S. 54.

603 *Kloepfer* DVBl. 2011, 1440.

Auch die weiterhin bestehende Möglichkeit des Imports von Atomstrom aus den Nachbarländern führt nicht zur Ungeeignetheit der Maßnahmen.[604] Der Gesetzgeber sieht den Ausstieg aus der Atomkraft als Teil einer insgesamt nachhaltigeren Energiepolitik. Indem er die Unzulässigkeit von Atomkraftwerken erklärt, verhindert er gleichzeitig Investitionen in diese Art der Energiegewinnung und lenkt die Privatwirtschaft zu Investitionen in erneuerbare Energien. Hierdurch womöglich auftretende negative Auswirkungen auf die Sicherheit der Energieversorgung in Deutschland stünden der Geeignetheit der Regelungen zur Erreichung einer Risikominimierung und Nachhaltigkeit nicht im Wege.[605] Die gewählten Maßnahmen stellen insofern geeignete Mittel dar, das Risiko der Nutzung der Kernenergie zu minimieren bzw. auszuschließen.

c) Erforderlichkeit

Weiterhin ist zu hinterfragen, ob dem Gesetzgeber ein gleich geeignetes, weniger einschränkendes Mittel zur Risikominimierung zur Verfügung stand.[606] In dem Fall wäre der Ausschluss neuer Genehmigungen und die Befristung des Leistungsbetriebs der bereits laufenden Anlagen mit dem Gebot der Erforderlichkeit unvereinbar.

Um das Ziel des Ausstiegs aus der Nutzung der Kernenergie zu erreichen, ist der Ausschluss weiterer Betriebsgenehmigungen unumgänglich. Hinsichtlich der Befristung der bereits im Betrieb befindlichen Anlagen ist nach deren Ausgestaltung zu differenzieren. Grundsätzlich orientiert sich die Restlaufzeit bis zur Stilllegung der jeweiligen Anlage an deren bisherigen Betriebsalter. Grund hierfür ist, dass sich bei länger im Betrieb befindlichen Anlagen der Stand von Wissenschaft und Technik immer weiter vom „Design" der Anlage entfernt und sich, bedingt durch die Abnutzung, der Sicherheitszustand verschlechtert.[607] Die Berechnung der Reststrommengen wurde daher aufgrund der Annahme einer Regellaufzeit von 32 Kalenderjahren vorgenommen. Aus ökonomischer Sicht wurde unterstellt, dass nach 32 Jahren eine Amortisation der Anlagen stattgefunden habe.[608] Dabei blieb der individuelle Zustand der Anlagen außer Betracht. Auch einer Anlage, die nach 32 Jahren keine wesentliche Verschlechterung ihres

604 *Di Fabio*, Der Ausstieg aus der wirtschaftlichen Nutzung der Kernenergie, S. 113.
605 Vgl. BVerfGE 143, 246 Rn. 288.
606 Vgl. BVerfGE 121, 317 (354).
607 *Roßnagel* in Roßnagel/Roller, Die Beendigung der Kernenergienutzung durch Gesetz, 9 (48).
608 D.I.2.

Sicherheitszustandes zu verzeichnen hatte, wurde auf diesem Wege eine Reststrommenge und insofern eine Restlaufzeit zugewiesen und zusammen mit allen Kernkraftwerken gleichbehandelt. Außerdem fallen die zugewiesenen Reststrommengen letztlich unterschiedlich hoch aus, sodass die Kernkraftwerke insofern ungleich behandelt werden. Der dadurch bewirkte Eingriff in das allgemeine Gleichbehandlungsgebot aus Art. 3 Abs. 1 GG ist jedoch gerechtfertigt. Der Gesetzgebungsauftrag verlangt, dass abstrakt-generelle Regelungen getroffen werden, weshalb dem Normgeber grundsätzlich eine weitreichende Gestaltungsfreiheit zustehen muss.[609] Dem Gesetzgeber steht es insofern zu, einer Typisierung vorzunehmen. Dabei ist erforderlich, dass sich die Regelung an den typischen Fällen orientiert.[610] Der Gesetzgeber kann nicht jede Individualität des Rechtsanwendungsfalls berücksichtigen. Es gilt insofern das Verbot des Einzelfallgesetzes aus Art. 19 Abs. 4 GG. Die hier vorgenommene Typisierung erfasst nicht das Allgemeine, sondern das für eine Vielzahl von realen Fällen Wesentliche.[611] Es handelt sich um eine notwendige Typisierung, um dem Gesetzgebungsauftrag gerecht zu werden.

Eine Berechnung der Reststrommengen, die sich an der individuellen Leistungsfähigkeit und an dem jeweiligen Sicherheitszustand des Kernkraftwerks orientierte, hätte außerdem ein hohes Maß an Informationsgewinnung und fachlichem Wissen verlangt. Dem Gesetzgeber stand es aufgrund der vorliegenden Komplexität des Bereichs zu, die Besonderheiten zu vernachlässigen, um die Vollziehbarkeit des Gesetzes in einer Vereinfachung zu sichern.[612] Eine Berücksichtigung jedes Einzelfalls hätte die Rechtsklarheit und die Wirksamkeit der gesetzlichen Regelung in Frage gestellt.[613] Nur in besonderen Fällen bedarf es Ausnahmeregelungen oder Härtefallklauseln.[614]

Eine Modernisierung oder Nachrüstung der Altanlagen kam als gleich geeignetes und weniger belastendes Mittel zur Risikominimierung nicht in

609 BVerfGE 60, 16 (51).

610 BVerfGE 27, 142 (150); 112, 268 (280 f.); 117, 1 (31); 120, 1 (30).

611 Vgl. *Roßnagel* in Roßnagel/Roller, Die Beendigung der Kernenergienutzung durch Gesetz, 9 (50 f.).

612 *Kirchhof* in Isensee/Kirchhof, HStR VIII, § 181 Rn. 130; siehe auch *Roßnagel* in Roßnagel/Roller, Die Beendigung der Kernenergienutzung durch Gesetz, 9 (52).

613 *Roßnagel* in Roßnagel/Roller, Die Beendigung der Kernenergienutzung durch Gesetz, 9 (53).

614 BVerfGE 60, 16 (39); 68, 155 (173).

Betracht[615], da das Ziel des gänzlichen Ausstiegs aus der Nutzung der Kernenergie nicht den Weiterbetrieb der Bestandsanlagen erlaubt. Diese stellten weiterhin auf unbestimmte Zeit eine Risikoquelle dar und produzierten zusätzlich abgenutzte Brennelemente, die entsorgt werden müssten.[616]

Der Gesetzgeber durfte vorliegend vom individuellen Zustand der Anlagen abgesehen. Um die Kernenergienutzung frühestmöglich zu beenden, war die vorgenommene Zuweisung unterschiedlicher Restlaufzeiten erforderlich.

d) *Verhältnismäßigkeit im engeren Sinne*

Die Verhältnismäßigkeit im engeren Sinne der Ausstiegsentscheidung ist gewahrt, wenn bei einer Abwägung zwischen der Schwere des Eingriffs und des vom Gesetzgeber verfolgten Gemeinwohlzwecks die Grenze der Zumutbarkeit gewahrt bleibt.[617]

aa) *Zumutbarkeit der vorzeitigen Stilllegung bereits im Betrieb befindlicher Anlagen*

Das Ermessen des Gesetzgebers ist bei der Bestimmung von Inhalt und Schranken des Eigentums durch das Gebot gerechter Abwägung begrenzt.[618] Der Gesetzgeber muss die Privatnützigkeit des Eigentums sowie dessen Sozialpflichtigkeit in ein angemessenes Verhältnis setzen. Die Inhalts- und Schrankenbestimmung ist daher nur zumutbar, wenn das Gemeinwohlinteresse am vorzeitigen Ausstieg aus der Kernenergie nicht außer Verhältnis zur durch den Eingriff bewirkten Belastung für die Energieversorger ist. Die Zumutbarkeit der vorzeitigen Stilllegung bereits im Betrieb befindlicher Anlagen hängt aufgrund der unechten Rückwirkung maßgeblich von der Schutzwürdigkeit des Vertrauens der Energieversorger ab. Die Anforderungen an die Verhältnismäßigkeitsprüfung müssen daher um Vertrauensschutzaspekte erweitert werden. Insofern ist die Frage, ob es sich vorliegend um eine zumutbare Inhalts- und Schrankenbestimmung des Eigentums handelt, an anderer Stelle zu diskutieren.[619]

---

615 Vgl. hierzu *Di Fabio*, Der Ausstieg aus der wirtschaftlichen Nutzung der Kernenergie, S. 114.

616 *Borgmann*, Rechtliche Möglichkeiten und Grenzen des Ausstiegs aus der Kernenergie, S. 382.

617 Siehe oben C.IV.3.

618 *Papier/Shirvani* in Maunz/Dürig, GG, Art. 14 Rn. 424 ff.

619 Siehe unten D.II.5.

bb) Zumutbarkeit des Ausschlusses weiterer Genehmigungen

Da es sich beim Ausschluss weiterer Genehmigungen um eine Berufsausübungsregelung handelt, ist diese zumutbar, wenn vernünftige Erwägungen des Gemeinwohls den Ausschluss weiterer Genehmigungen zweckmäßig erscheinen lassen. Die Schwere des Eingriffs muss in einem angemessenen Verhältnis zu dem Gewicht der ihn rechtfertigenden Gründe stehen.

(1) Kritik am Begriff der „Gemeinwohlbelange"

Das Bundesverfassungsgericht ließ bisher weitestgehend offen, was genau unter dem Begriff der Gemeinwohlbelange zu verstehen ist. Es sollen nicht nur „absolute", das heißt allgemein anerkannte und von der jeweiligen Politik des Gemeinwesens unabhängige, Gemeinschaftswerte einen Eingriff in Art. 12 GG rechtfertigen, sondern auch jene Interessen, die sich erst durch sozial- und wirtschaftspolitische Ziele ergeben.[620] Hieran wird kritisiert, dass nicht klar sei, woher Gemeinwohlbelange ihre Legitimationskraft und ihren Rang bezögen.[621] Da insbesondere die „relativen Gemeinschaftswerte" abhängig von den gesellschaftlichen- und wirtschaftlichen Vorstellungen der politischen Mehrheit seien, bestünde die Gefahr, dass der Gesetzgeber nach seinem politischen Wunsch Interessen zu einem Gemeinwohl im Sinne dieser Rechtsprechung erhebe. Die grundrechtliche Berufsfreiheit sei dadurch einem Totalvorbehalt gesetzlicher Beschränkung ausgeliefert. Bei einem energiepolitischen Strategiewechsel des Gesetzgebers würde dies bedeuten, dass die Schranke des Art. 12 GG letztlich wirkungslos wären.

Hiergegen ist jedoch einzuwenden, dass der Gesetzgeber ein Mandat zur Institutionalisierung, Systematisierung und Ausdifferenzierung des Berufswesens besitzt.[622] Soll er dieses Mandat wahrnehmen, so muss seine Gestaltungsfreiheit auch die Entscheidung über die Wahl und den Vorrang bestimmter Gemeinwohlzwecke umfassen. Das Grundgesetz ist wie bereits dargelegt wirtschaftlich neutral. [623] Es überlässt dem Gesetzgeber die Möglichkeit wirtschaftslenkend zu agieren. Hiermit wäre es unvereinbar, die Gemeinwohlgründe auf jene „absoluten", also verfassungsrechtlich anerkannten Rechtsgüter zu beschränken. Dies würde den parlamentarischen Gesetzgeber wirtschaftspolitisch handlungsunfähig machen und der demokratischen Rechtsordnung zuwiderlaufen. Daher muss

---

620 Vgl. BVerfGE 13, 97 (107); 11, 168 (184 f.); 46, 120 (145 f.); 103, 172 (184 ff.).

621 *Rupp* AöR 1967, Bd. 97, 212 (237); *Hufen* NJW 1994, 2913 (2918).

622 *Breuer* in Isensee/Kirchhof, HStR VIII, § 171 Rn. 21.

623 Siehe oben B.I.

der Gesetzgeber befugt sein, das Gemeinwohl zu konstituieren. Die Gründe zur Rechtfertigung eines Eingriffs in Art. 12 GG dürfen nur versagt werden, „wenn sie offensichtlich fehlsam oder mit der Wertordnung des Grundgesetzes unvereinbar sind“[624].

Da es sich bei den Gründen des Gesetzgebers für den vorzeitigen Atomausstieg um absolute Gemeinschaftswerte handelt,[625] erübrigt sich eine noch ausführlichere Auseinandersetzung hiermit. Insoweit wurde das Ziel der baldmöglichen, geordneten und sicheren Beendigung der Kernenergienutzung zur Minimierung des von ihr ausgehenden Risikos für das menschliche Leben und dessen natürliche Lebensgrundlagen bereits als vernünftiger Gemeinwohlgrund dargestellt.[626]

(2) Abwägung

Zur Bewertung der Schwere des Eingriffs ist wie oben dargestellt nach der vom Bundesverfassungsgericht geforderten wirtschaftlichen Betrachtungsweise auf den betreffenden Wirtschaftszweig abzustellen.[627] Die Kernenergie ist nur eine von mehreren den Energieversorgern zur Verfügung stehenden Energiequellen zur Stromproduktion. Die Energieversorger können grundsätzlich ihre Portfolios umstellen und sich insoweit der veränderten Rechtslage anpassen. Auch wenn dies zu Gewinnverlusten führen sollte, ist eine Existenzgefährdung der Unternehmen insgesamt nicht ersichtlich. Auch die Insolvenz einzelner Unternehmen ändert nichts an der Zumutbarkeit der Regelung, wenn die Einschränkung von anderen Unternehmen wirtschaftlich verkraftet wird.[628] Vor dem Hintergrund, dass die Energieversorger bereits über 40 Jahre von der Förderung der Kernenergie profitieren konnten, belastet die fortan bestehende Einschränkung diese nicht übermäßig. Das Fortwirkungsinteresse stellt sich hiernach als gering dar.

Für die Zumutbarkeit der Berufsausübungsregelung spricht vorliegend ferner das nur geringe Gewicht der Berufsfreiheit. Dieses hängt maßgeblich von der Subjektqualität des Berufsträgers ab. Bei großen Konzernen sowie

624 BVerfGE 13, 97 (107).
625 Siehe unten D.I.4.a)bb)(1).
626 Siehe oben D.I.4.a).
627 Siehe oben D.I.3.b)bb)(1); st. Rspr. BVerfGE 30, 292 (315f.); 68, 193 (219); 86, 28 (41 ff.).
628 *Roßnagel* in Roßnagel/Roller, Die Beendigung der Kernenergienutzung durch Gesetz, 9 (54).

Großunternehmen geht der persönliche Schutzzweck des Grundrechts nahezu völlig verloren. Der soziale Bezug der Berufsausübung ist viel geringer als bei individuellen Berufsträgern.[629] Da vorliegend die Energieversorger als juristische Personen von der Atomausstiegsentscheidung betroffen sind, ist auf deren Unternehmensstruktur abzustellen. Die umsatzstärksten Energieversorger in Deutschland sind RWE, E.ON, En.BW und Vattenfall. Diese gliedern sich in eine Vielzahl von Tochterunternehmen, wie z.B. eprimo (zu 100 Prozent im Besitz von RWE), E wie einfach (zu 100 Prozent im Besitz von E.ON), Yello Strom (zu 100 Prozent im Besitz von EnBW). Knapp 80 Prozent des deutschen Strommarktes wird so direkt oder indirekt von „den großen Vier"[630] beherrscht. Angesichts des gigantischen Konzernvolumens der betroffenen Energieversorger fehlt deren Berufsfreiheit der personale Bezug, der jedoch den Kern der Gewährleistung dieses Grundrechts ausmache.[631] Die Regelungsbefugnis des Gesetzgebers ist in Wirtschaftsbereichen wie dem vorliegenden, in denen große Unternehmen und Konzerne Akteure sind, größer als in Wirtschaftsbereichen, in denen kleine und mittlere Unternehmen tätig sind.[632]

Das wegen der schweren Folgen eines Kernreaktorunfalls hohe Gewicht des Interesses der Allgemeinheit an der Risikominimierung überwiegt gegenüber dem wirtschaftlichen Interesse der Energieversorger. Auch der Verlust der Einnahmemöglichkeit durch den Verzicht auf den Betrieb von Kernkraftanlagen zur Produktion von Strom ist zugunsten eines konsequenten Ausstiegs aus der Kernenergie hinzunehmen.[633] Der Schutz von Menschen und Natur vor den Gefahren der Kernenergie ist – in Bezug auf Art. 2 Abs. 2 1 GG schon wegen der Stellung im GG – höherwertiger als die Einschränkung der Berufsfreiheit durch den Ausschluss weiterer Genehmigungen.[634]

Aus der Summe der genannten Gründe erscheint jedenfalls der Ausschluss weiterer Genehmigung angemessen und für die Energieversorger zumutbar.

---

629 Zum Ganzen BVerfGE 50, 290 (363).

630 Vgl. Focus „Kritik an den großen Vier", abrufbar unter https://www.focus.de/immobilien/energiesparen/tid-12849/strom-kritik-an-den-grossen-vier_aid_355151.html, zuletzt abgerufen am 05.05.2021.

631 BVerfGE 50, 290 (362, 364 f.).

632 *Roßnagel* in Roßnagel/Roller, Die Beendigung der Kernenergienutzung durch Gesetz, 9 (54).

633 Vgl. hierzu die Argumentation des Gerichts bei der Rechtfertigung des Verbundverbots und Abstandsgebots des Glücksspielrahmenvertrags in BVerfGE 145, 20 Rn. 159.

634 *Enzensperger* DÖV 2016, 939 (945).

e) *Ergebnis*

Zur Rechtfertigung des Strategiewechsels des Gesetzgebers lag insofern ein legitimer Zweck vor, als mit dem vorzeitigen Ausstieg aus der Nutzung der Kernenergie eine Risikominimierung der Gefahren, die von dieser Technologie für Mensch und Umwelt ausgehen, erreicht werden sollte. Auch wenn bisher der Gesetzgeber das Restrisiko in Kauf genommen hatte und er keine neuen Erkenntnisse für eine von der Vergangenheit abweichende Risikoprognose besaß, durfte der Gesetzgeber laut Bundesverfassungsgericht die Entscheidung allein auf eine geänderte politische Wertung gründen. Die vom Gesetzgeber getroffenen Maßnahmen waren auch geeignet, das Ziel der Risikominimierung zu fördern sowie hierfür erforderlich.

Der Ausschluss weiterer Genehmigungen weist als Berufsausübungsregelung nur eine geringe Eingriffsschwelle auf und ist von vernünftigen Gründen des Gemeinwohls getragen. Insbesondere der fehlende personale Bezug der Berufsfreiheit der Energieversorgungsunternehmen lassen den Ausschluss der Genehmigungsfähigkeit zumutbar erscheinen. *De lege lata* gewährt Art. 12 Abs. 1 GG damit nur einen geringen Schutz der Unternehmer vor Systemwechseln des Gesetzgebers, der eine Technologie für die Zukunft auszuschließen versucht.

5. Vertrauensschutz jenseits des Rückwirkungsverbots?

In der Literatur wird der Schutz enttäuschten Vertrauens durch den Ausschluss weiterer Genehmigungen mit einem meist kurzen Hinweis darauf abgelehnt, dass vorliegend ein Vorgang *pro futuro* geregelt wird und insoweit kein Vertrauen betätigt werden konnte.[635] So könnten potentielle Betreiber, die die Errichtung kerntechnischer Anlagen erst für die Zukunft in Erwägung zögen, von vornherein keinen Schutz ihres Vertrauens in Anspruch nehmen.[636] Dennoch haftet der Konstellation ein Vertrauenselement an. Das Vertrauen der Energieversorger auf die bestehende Rechtslage, unter der die Errichtung und der Betrieb einer kerntechnischen Anlage jedenfalls noch möglich war, wurde enttäuscht.

Wie aufgezeigt, weist das Rückwirkungsverbot beim bloß zukunftsgerichteten Ausschluss weiterer Genehmigungen eine Schutzlücke auf. Es kommt jedenfalls

---

635 So etwa *Schmidt-Preuß*, Rechtsfragen des Ausstiegs aus der Kernenergie, S. 55 sowie *Borgmann*, Rechtliche Möglichkeiten und Grenzen des Ausstiegs aus der Kernenergie, S. 399 f.

636 *Borgmann*, Rechtliche Möglichkeiten und Grenzen des Ausstiegs aus der Kernenergie, S. 377.

kein Vertrauensschutz aus dem rechtsstaatlich konstituierten Rückwirkungsverbot in Betracht. Da außerdem durch den Ausschluss weiterer Genehmigungen nicht in bestehende Eigentumspositionen nach Art. 14 Abs. 1 GG eingegriffen wurde, ist der verfassungsrechtliche Schutz vor dem Eingriff des Staates in den Wirtschaftsbereich auf die Berufsfreiheit aus Art. 12 Abs. 1 GG beschränkt.[637] Problematisch hieran ist, dass reine Berufsausübungsregelungen typischerweise eine relativ geringe Eingriffsschwere aufweisen, weshalb sie nur selten an der Hürde der Verhältnismäßigkeit scheitern. Trotz des hohen Schadens für die Unternehmer erscheint das Fortwirkungsinteresse an der bisherigen Rechtslage nicht ausreichend berücksichtigt. Auf Grund dessen wird im Folgenden diskutiert, ob den Staat jenseits der Rückwirkungsfälle eine Verantwortung für das Vertrauen der Betroffenen trifft.

a) Problemkreis der „projektvorbereitenden Investitionen"

Problematisch ist dies insbesondere mit Blick auf frustrierte Investitionen, die im Vertrauen auf die Fortwirkung der gesetzlichen Genehmigungsfähigkeit von Anlagen getätigt wurden.[638] Auch wenn keine Rückwirkung vorliegt, wird der Unternehmer, der zur damaligen Zeit Investitionen tätigte, Verträge abschloss und in sonstiger Weise disponierte, durch den Strategiewechsel des Gesetzgebers in seinem Vertrauen in die Fortgeltung der Rechtsordnung enttäuscht und seine darauf beruhenden Dispositionen entwertet. Damit sind jene Dispositionen gemeint, die zeitlich vor der angestrebten Genehmigung liegen und diese vorbereiten bzw. Voraussetzung für diese sind. Konkret können hier der Erwerb des Grundstücks für den späteren Anlagenstandort sowie bereits geschlossene Verträge mit Zulieferern genannt werden. Der Unternehmer verliert infolge des Ausschlusses weiterer Genehmigungen das ökonomische Interesse an der Sache, weshalb auch vom Problemkreis des Zweckfortfalls[639] gesprochen wird. Vertrauensschutz zu verneinen, allein weil keine Rückwirkung vorliegt, greift hier zu kurz.

Entsprechend erkennt auch das Bundesverfassungsgericht grundsätzlich schutzwürdiges Vertrauen im Bereich *projektvorbereitender Investitionen* an. In seiner Entscheidung zur Förderung von Photovoltaikanlagen auf ehemaligen Ackerflächen vom 23. September 2010[640], zog das Gericht zur

---

637 So auch *Ossenbühl* AöR 1999, 1 (4).

638 Siehe hierzu auch *Kahl/Ellerbrok* EurUP 2018, 12 (17).

639 Vgl. hierzu ausführlich *Lampert*, Investitionsschutz im Zulassungsrecht, S. 78 ff.

640 BVerfG NVwZ-RR 2010, 905.

verfassungsrechtlichen Beurteilung der entwerteten Investitionen in Plananlagen, welche nunmehr die in § 32 Abs. 3 Satz 1 Nr. 3 EEG 2009 neu eingeführten Voraussetzungen nicht erfüllten, die allgemeinen Vertrauensschutzgrundsätze heran. Der erste Senat argumentiert, dass dahinstehen könne, ob es sich bei der Neuregelung des § 32 Abs. 3 Nr. 3 EEG 2009 um einen Eingriff in die Berufs- oder allgemeine Handlungsfreiheit handele.[641] Der anzulegende Maßstab des Vertrauensschutzes sei in beiden Fällen gleich. Die von den Unternehmern in geplante Anlagen geflossenen Investitionen wurden, wenn sie nicht in eine Solaranlage erfolgten, für die zum 25. März 2010 die bauplanungsrechtlichen Grundlagen geschaffen worden waren, frustriert. Sie waren wirtschaftlich nicht sinnvoll. Das Bundesverfassungsgericht erkennt dies an,[642] lässt aber zugleich offen, ob es sich bei der vorliegenden Konstellation überhaupt um eine unechte Rückwirkung handelt. Es begründet seine Rechtsauffassung damit, dass jedenfalls auch bei Vorliegen einer unechten Rückwirkung, das Vertrauen der Solarunternehmer nicht schutzwürdig sei.[643]

Auf entsprechende Weise ging das Bundesverfassungsgericht auch in einer jüngeren Entscheidung vom 12. Februar 2019 vor.[644] Von der Neuregelung in § 46a Abs. 1 Satz 1 EEG 2017 waren Anlagen betroffen, die zwar vor Inkrafttreten des Gesetztes genehmigt worden waren, aber erst danach in Betrieb genommen wurden. Auch hier ließ das Gericht offen, ob die Regelung einen Vergangenheitsbezug aufweise. Unabhängig davon sei sie mit dem Vertrauensschutz der Unternehmer vereinbar.[645]

Die erkennbare „Umgehungsstrategie" des Gerichts könnte ein Hinweis darauf sein, dass die Rückwirkungsdogmatik im Bereich projektvorbereitender Investitionen versagt. Dies bietet vorliegend umso mehr Anlass dazu, Vertrauensschutz auch jenseits der Rückwirkungsrechtsprechung zu hinterfragen.

b) Schutz des Fortwirkungsinteresses der Energieversorger aus Art. 12 GG

Jenseits der Rückwirkungs-Fälle hat das Bundesverfassungsgericht eine Pflicht des Gesetzgebers zur Schaffung von Übergangsvorschriften im Bereich von Art. 12 GG ausgesprochen. Nach der Rechtsprechung des Bundesverfassungs-

641 BVerfG NVwZ-RR 2010, 905 Rn. 29.
642 BVerfG NVwZ-RR 2010, 905 Rn. 30.
643 BVerfG NVwZ-RR 2010, 905 Rn. 32 ff.
644 BVerfG NVwZ 2019, 715 Rn. 13.
645 BVerfG NVwZ 2019, 715 Rn. 14.

gerichts können die Grundsätze der Verhältnismäßigkeit und des Vertrauensschutzes dazu nötigen, bei der Ausgestaltung von Berufsbildern eine angemessene Übergangsregelung für diejenigen zu erlassen, die eine künftig unzulässige Tätigkeit in der Vergangenheit bereits in zulässiger Weise ausgeübt haben.[646] Der Vertrauensschutz bewirkt, dass eine an und für sich betrachtet verhältnismäßige Beschränkung der Berufsfreiheit um Elemente des Vertrauensschutzes ergänzt werden muss.[647] Das Fortwirkungsinteresse des Berufsträgers muss vom Gesetzgeber in Form von Übergangsregelungen berücksichtigt werden. Dies gilt unabhängig von der mit der Regelung getroffenen Eingriffsart nach der Drei-Stufen-Theorie.[648] So können neben subjektiven[649] und objektiven[650] Berufszugangsvoraussetzungen auch Regelungen über die Art und Weise der Berufsausübung[651] eine Übergangszeit für diejenigen erfordern, die die berufliche Tätigkeit bislang zulässigerweise ausübten. Bei der Ausgestaltung der Übergangsvorschrift steht dem Gesetzgeber ein breiter Gestaltungsspielraum zu. Die verfassungsrechtliche Nachprüfung dieser beschränkt sich darauf, ob der Gesetzgeber in der Gesamtabwägung zwischen der Schwere des Eingriffs sowie dem Gewicht und der Dringlichkeit der ihn rechtfertigenden Gründe die Grenze der Zumutbarkeit überschritten hat.[652] Das Bundesverfassungsgericht hat bei der Einführung einer Altershöchstgrenze für Notare eine Übergangsfrist von 12 Jahren als verfassungsmäßig angesehen, da der Gesetzgeber „bei generalisierender Betrachtungsweise im Rahmen seiner Typisierungsbefugnis" davon ausgehen durfte, dass dieser Zeitraum genügt, um die im Hinblick auf die Amtsübernahme getätigten Investitionen zu erwirtschaften.[653] Wie auch im Rahmen von Art. 14 GG, orientiert sich die Rechtsprechung hinsichtlich der

646 BVerfGE 32, 1 (22 f.); 55, 185 (201, 203 f.); 64, 72 (83), 75, 246 (279); 89, 265 (309); 126, 112 (155 f.); 131, 47 (57).

647 Vgl. BVerfGE 126, 112 (155).

648 BVerfGE 131, 47 (57); so auch *Lampert*, Investitionsschutz im Zulassungsrecht, S. 113.

649 BVerfGE 55, 185 (196) – Zugangsvoraussetzungen zum Beruf des Steuerberaters; BVerfGE 64, 72 (82 ff.) – Höchstaltersgrenze für Prüfingenieure; BVerfGE 75, 246 (267 f.) – Abschaffung des Berufs des Vollrechtsbeistands und Vereinheitlichung mit dem Beruf des Volljuristen.

650 BVerfGE 145, 20 Rn. 128 ff. – Verbundverbot und Abstandsgebote für Spielhallen als Berufsausübungsregelung mit berufswahlregelnder Wirkung.

651 BVerfGE 98, 265 (298 f.) – Bayerisches Schwangerenhilfeergänzungsgesetz als Eingriff in die Berufsausübungsfreiheit.

652 Vgl. BVerfGE 98, 265 (309); 126, 112 (155); 131, 47 (57 f.).

653 BVerfG NJW 1993, 1575.

Angemessenheit einer Übergangsregelung am Amortisationszeitraum.[654] Eine Übergangsregelung sei jedenfalls dann ausreichend bemessen, wenn den Betroffenen eine Ausrichtung und Anpassung ihrer Unternehmen an die veränderte Rechtslage möglich ist.[655]

Hiernach könnte der Ausschluss weiterer Kernkraftwerksgenehmigungen eine Übergangsregelung erfordern. Die Energieversorger vertrauten in die Fortwirkung der Genehmigungsfähigkeit kerntechnischer Anlagen. Durch den Ausschluss weiterer Genehmigungen für Kernkraftwerke wird die wirtschaftliche Betätigungsfreiheit dieser Konzerne beschränkt. Die Erzeugung von elektrischer Energie mittels Atomkraft wird ausgeschlossen, sodass die Energieversorger ihre Unternehmensstrategie für die Zukunft umstellen müssen. Es muss auf andere Energieträger umgerüstet sowie neue technische Anlagen zur Energiegewinnung errichtet werden. Die Energieversorger werden gezwungen, ihren satzungsmäßigen Unternehmenszweck auf Dauer einzustellen. Der Vertrauenstatbestand ist aus Unternehmersicht erfüllt. Die Vertrauensgrundlage bildet das investitionsfördernde AtomG 1959, das die Genehmigungsfähigkeit kerntechnischer Anlagen postuliert. Aufgrund dieser wurde Kapital in Sachwerte investiert, um die Voraussetzungen für eine Genehmigung zu schaffen. Ein Vermögensabfluss ist bereits eingetreten und das Vertrauen auf die Genehmigungsfähigkeit wurde hierdurch betätigt. Da auch die vor der eigentlichen Inbetriebnahme eines Kraftwerks liegende Planungsphase dem Anwendungsbereich von Art. 12 GG unterfällt, ist durch die geänderte Rechtslage die Berufsfreiheit der Unternehmer verletzt und das Vertrauen in die Zulässigkeit der beruflichen Tätigkeit beeinträchtigt. Art. 12 GG beinhaltet den Schutz des subjektiven Fortwirkungsinteresses an dem vom Gesetzgeber geschaffenen Rechtsrahmen, der die Zulässigkeit der beruflichen Tätigkeit regelte. Daher muss die getroffene Berufsausübungsregelung speziell darauf hin überprüft werden, ob die Energieversorgungsunternehmer darauf vertrauen durften, die bislang rechtlich zulässige Tätigkeit auch künftig fortzuführen.

Trotz der wirtschaftlichen Auswirkungen wiegt der verfassungsrechtliche Schutz des Vertrauens der Energieversorger aus Art. 12 GG nur äußerst gering. Zum einen besitzt die Eingriffsschwelle der Berufsausübungsregelung nur niedrige Rechtfertigungsanforderungen, weshalb Investitionen, die in Erwartung der Anlagengenehmigung getroffen wurden, auch vor dem Hintergrund von Art. 12 GG kaum Schutz genießen. Zum anderen ist die skizzierte

654 Siehe oben C.I.3.b)aa).
655 BVerfGE 126, 112 (156).

Rechtsprechung des Bundesverfassungsgerichts zur Schaffung angemessener Übergangsregelungen bei der Ausgestaltung von Berufsbildern auf Ausschluss der Genehmigungsfähigkeit von Kernkraftanlagen nicht übertragbar. Bei der Nutzung der Kernenergie steht die konkrete wirtschaftliche Betätigung, auf die vertraut wird, unter einem präventiven Verbot mit Erlaubnisvorbehalt. Da die Energieversorger für die potentiell geplanten Atomkraftwerke eben noch keine Genehmigung besitzen und noch keine Inbetriebnahme stattgefunden hat, steht ihnen auch noch keine verfestigte Rechtsposition zu. [656] Die Energieversorger haben ohne Anlagengenehmigung die Elektrizitätsgewinnung mittels Kernenergie nicht bereits in zulässiger Weise betrieben. Die Rechtsprechung des Bundesverfassungsgerichts zur Bedeutung von Vertrauensschutz zielt jedoch darauf ab, diejenige Person schützen, die eine künftig unzulässige Tätigkeit in der Vergangenheit bereits in *zulässiger* Weise ausgeübt hat. Hier auf den Energieversorger in seiner Unternehmenshistorie abzustellen, wäre mit dem Sinn und Zweck der Rechtsprechung des Bundesverfassungsgerichts unvereinbar. Vertrauensschutz im Rahmen von Art. 12 GG will die individuellen Berufsträger vor abrupten Strategiewechseln schützen. Dem Berufsbild des Energieversorgers fehlt insofern erneut der personale Bezug.[657] Die Rechtsprechung des Bundesverfassungsgerichts zu Art. 12 Abs. 1 GG i.V.m. dem Grundsatz des Vertrauensschutzes zielt jedenfalls nicht darauf ab, die unternehmerische Betätigung eines Konzerns in bisherigem Umfang zu erhalten.

In Übereinstimmung hiermit entschied das Bundesverfassungsgericht in seinem Beschluss vom 8. Juni 2010, dass die Schutzwürdigkeit des Vertrauens in die unveränderte Fortführung eines Rettungsdienstunternehmens erheblich geschwächt war, weil die Genehmigung nach § 19 Abs. 2 SachsRettDG jeweils nur für die Dauer von vier Jahren erteilt wurde. Auch wenn die Unternehmer regelmäßig von einer Neuerteilung einer ausgelaufenen Genehmigung ausgehen durften, setze ein Anspruch auf Neuerteilung den Fortbestand der bisherigen Rechtslage voraus. Ein schutzwürdiges Vertrauen hieraus sei nicht anzuerkennen, weil grundsätzlich nicht darauf vertraut werden könne, dass eine günstige Rechtslage unverändert bestehen bleibe.[658] Ähnlich äußerte sich das Bundesverfassungsgericht in seinem Beschluss vom 12. Februar 2019 zum im Jahr 2017 neu eingeführten EEG-Ausschreibungssystem, wonach vor Erteilung der

656 Siehe hierzu *Kahl/Ellerbok* EurUP 2018, 12 (17 ff.).
657 Vgl. oben D.I.4.d)bb)(2).
658 Zum Ganzen BVerfGE 126, 112 (157).

Anlagengenehmigung das Vertrauen in den Fortbestand der ursprünglichen gesetzlich normierten Vergütungshöhe „erst recht“ nicht schutzwürdig sei.[659]

Schließlich sei auf eine ältere Entscheidung des Bundesverfassungsgerichts vom 3. Dezember 1997 zur rückwirkenden Abschaffung steuerlicher Begünstigungen von Schiffbauverträgen verwiesen. Zwar musste sich das Gericht im konkreten Fall mit der Verfassungsmäßigkeit des Wegfalls von Steuersubventionen befassen, allerdings sind dessen Ausführungen hinsichtlich des Schutzes des Unternehmervertrauens auf die geltende Rechtslage übertragbar.

> So „schützt die von Art. 2 Abs. 1 und Art. 12 Abs. 1 GG gewährte Unternehmerfreiheit nur die Dispositionsbefugnis des Unternehmers über die ihm und seinem Unternehmen zugeordneten Güter und Rechtspositionen, verfestigt aber nicht eine bestehende Gesetzeslage zu einem grundrechtlich geschützten Bestand.“

Konkret bedeutet dies, dass Dispositionen, die im Vertrauen auf den Erhalt einer Genehmigung getätigt wurden, keine schutzwürdige Vertrauensposition begründen können. Allein für die Zukunft wirkende Änderungen des Genehmigungsrechts sind von den Wirtschaftssubjekten in der Regel hinzunehmen.

Eine Ausnahme hiervon erkennt das Bundesverfassungsgericht nur dann an, wenn besondere Umstände Anlass dafür geben, anzunehmen, dass sich die Rechtslage vor Genehmigungserteilung nicht ändern wird.[660] Der Gesetzgeber müsste einen besonderen Vertrauenstatbestand geschaffen haben. Das Gericht hat dies in seinem Urteil zum Berlinhilfegesetz angenommen, weil das Gesetz im Interesse der Schaffung wirtschaftlicher Anreize Steuervergünstigen für einen Zeitraum von fünf Jahren gewährt.[661] Ebenso sollen aus Vertrauensschutzgründen erlassene Übergangsregelungen eine besonders schutzwürdige Rechtposition darstellen.[662] Beide Fälle sind jedoch mit der Regelungswirkung des AtomG 1959 nicht vergleichbar. Die Übergangsregelung des Berlinhilfegesetzes begründet nach Auffassung des Bundesverfassungsgerichts eine selbstständige vermögenswerte Rechtsposition. Diese wurde zu Lasten der Tabakkonzerne verschärft. Die potentielle Genehmigungsfähigkeit einer Kernkraftanlage begründet aber keinen Anspruch der Energieversorger auf Neuerteilung einer Genehmigung.

---

659 BVerfG NVwZ 2019, 715 Rn. 29.

660 Vgl. BVerfG, NVwZ 2019, 715 Rn. 29, wonach das EEG ein Rechtsgebiet mit derart bewegter Entwicklung sei, dass der Einzelne nur eingeschränkt auf das unveränderte Fortbestehen einer ihm günstigen Rechtslage rechnen könne.

661 BVerfGE 30, 392 (403 ff.).

662 BVerfGE 102, 68 (97 f.); BVerfG, NVwZ 2004, 604 (605); 143, 246 Rn. 335 ff.

Die Erteilung der Genehmigung liegt im Ermessen der Behörde.[663] Zudem enthält das AtomG 1959 selbst keine konkreten finanziellen Förderungsmaßnahmen und -programme. Allein die Förderfunktion des AtomG reicht nicht aus, um eine konkrete Rechtsposition zugunsten der Energieversorger begründen zu können.[664] Auch liegt keine besonders schutzwürdige Übergangsregelung vor. Da der Gesetzgeber im AtomG 1959 keinen besonderen Vertrauenstatbestand geschaffen hat, der die Energieversorger glauben lassen könnte, die Entscheidung für die Nutzung der Kernenergie währte für die Zukunft unbegrenzt fort, können Investitionen vor Erhalt einer Genehmigung auch hiernach keinen Vertrauensschutz beanspruchen.

Das allgemeine Vertrauen in die Genehmigungsfähigkeit von Kernkraftanlagen genießt hiernach keinen besonderen Schutz. Dieses Ergebnis steht auch im Einklang mit der subjektiven Ausrichtung des Vertrauensschutzprinzips. Nach ständiger Rechtsprechung gehe der verfassungsrechtliche Vertrauensschutz nicht so weit, den Staatsbürger vor jeder Enttäuschung zu bewahren.[665] Insbesondere genieße die allgemeine Erwartung, das geltende Recht werde zukünftig unverändert fortbestehen, keinen besonderen verfassungsrechtlichen Schutz.[666] Schutzwürdiges Vertrauen hinsichtlich der Genehmigungsfähigkeit von Anlagen zu bejahen, würde zu einer Loslösung des Vertrauensschutzprinzips von den Grundrechten und deren subjektiver Abwehrdimension bedeuten. Resultat wäre ein objektives Verfassungsgebot, das Vertrauen unabhängig von seiner grundrechtlichen Berechtigung schützt. Es ist jedoch nicht die Aufgabe des Vertrauensschutzprinzips, das abstrakte Vertrauen in eine bestehende Rechtslage zu schützen. Die hiervon ausgehende Wirkung entspräche dem bereits diskutieren Rechtsinstitut der Kontinuität, welches bereits aus verfassungsrechtlichen Gründen abgelehnt wurde.[667] Es ist die Aufgabe des Gesetzgebers, die Zukunft zu gestalten. Die Demokratiegewährleistung des Grundgesetzes verbietet in diesem Fall auch vor dem Hintergrund des Vertrauensschutzprinzips die Bindung eines künftigen Gesetzgebers durch einen früheren. Insofern können die im Grundgesetz verorteten Abwehrmechanismen den Gesetzgeber weder daran hindern,

---

663 Siehe oben D.I.3.a)aa)(2).

664 Vgl. *Kahl/Bews*, Ökostromförderung und Verfassung, S. 176 f. für den Bereich der Einspeisevergütung nach EEG 2014.

665 Vgl. BVerfGE 63, 312 (331); 67, 1 (15); 68, 287 (307); 71, 255 (272); 76, 256 (349 f.); 127, 1 (17).

666 Vgl. BVerfGE 38, 61 (83); 68, 193 (222); 105, 17 (40); 127, 1 (17).

667 Siehe oben C.III.3.c)bb).

eine Technik für die Zukunft zu verbieten, noch bedarf es einer Übergangsregelung, sofern nicht bereits eine genehmigte Anlage bzw. eine in sonstiger Weise „verfestigte Rechtsposition“ vorliegt.

a) *Dispositionsbezogener Vertrauensschutz*

Angesichts dieser Schutzlücke geht die Literatur teilweise dazu über, die Unterscheidung zwischen echter und unechter Rückwirkung aufzugeben und einen dispositionsbezogenen Vertrauensschutz einzufordern.[668] Dabei rührt der Rechtsgedanke des dispositionsbezogenen Vertrauensschutzes aus dem Steuerrecht. Es wird bemängelt, dass die vorhandenen Kategorien von echter und unechter Rückwirkung nicht geeignet seien, die Fälle, in denen das Vertrauen des Bürgers Vorrang haben müsse, von den Fällen zu unterscheiden, in denen das Änderungsinteresse des Gesetzgebers überwiege.[669] Konkret soll Vertrauensschutz auch dann gewährt werden, wenn sich das Vertrauen in die Neuregelung in noch keiner subjektiven grundrechtlichen Rechtsposition verfestigt hat. Vielmehr sei das Geltungsvertrauen auch für diejenigen Dispositionen zu schützen, die im Rahmen eines in Zukunft offenen Sachverhalts getätigt wurden.[670] Für die Annahme von Vertrauensschutz sei der Zeitpunkt der Dispositionsbetätigung maßgeblich und nicht der Zeitpunkt, in dem der Vertrauenstatbestand verwirklicht wurde. Das Grundrecht müsse demnach noch nicht durch Verwirklichung des jeweiligen Tatbestandsmerkmals der Altnorm „ins Werk gesetzt worden sein“.

Wendete man dies auf die vorliegende Konstellation an, so wäre das Vertrauen der Energieversorger auf die weitere Nutzung der Kernenergie zur Elektrizitätsgewinnung insofern schutzwürdig, als unternehmerische Dispositionen durch den Ausschluss der Genehmigungsfähigkeit entwertet werden. Die

668 Allgemein hierzu *Blanke*, Vertrauensschutz im deutschen und europäischen Verwaltungsrecht, S. 41 ff.; sowie *Leisner*, Das Gesetzesvertrauen des Bürgers, in FS für Berber, 273 (278 ff.); *Kirchhof* DStR 2015, 717 (718); *Pieroth*, Rückwirkung und Übergangsrecht, S. 79 ff.; *Stötzel*, Vertrauensschutz und Gesetzesrückwirkung, S. 156 ff; *Aschke*, Übergangsregelungen als verfassungsrechtliches Problem, S. 287 ff.; *Leisner-Egensperger* NVwZ 2012, 985 (987).

669 *Lang* WPg 1998, 163 (168 f.); *Werder*, Dispositionsschutz bei der Änderung von Steuergesetzen zwischen Rückwirkungsverbot und Kontinuitätsgewähr, S. 167 ff.; siehe auch allgemein hierzu *Rüsken* in Klein, AO, § 163, Rn 89.

670 *Leisner*, Das Gesetzesvertrauen des Bürgers, in FS für Berber, 273 (295).

Dispositionen der Unternehmer wären bereits vor Genehmigung und Inbetriebnahme der eigentlichen Anlage zu schützen.

Die von der Literatur vertretene Gegenansicht hält an der Rückwirkungsdogmatik des Bundesverfassungsgerichts fest.[671] Der dispositionsbezogene Vertrauensschutz stünde zunächst im Widerspruch zu den Voraussetzungen des Vertrauenstatbestands (Vertrauensgrundlage – Vertrauensbetätigung – Vertrauensschaden).[672] Wie bereits oben angeführt, ist der Vertrauenstatbestand bei projektvorbereitenden Investitionen jedoch erfüllt. Eine zur Vertrauensgrundlage kausale Vertrauensbetätigung hat stattgefunden und mündete in einem Vertrauensschaden. Dieses Argument überzeugt daher nicht. Der dispositionsbezogene Vertrauensschutz könnte vielmehr das Problem lösen, dass, obwohl es sich nicht um einen abgeschlossenen Tatbestand handelt, Dispositionen endgültig entwertet werden, aber keinen gesteigerten Vertrauensschutz erfahren. Den Grund für die unterschiedliche verfassungsrechtliche Bewertung der echten und unechten Rückwirkung darin zu sehen, dass der Betroffene sein Verhalten bei einer unechten Rückwirkung anpassen könne,[673] wurde bereits vorstehend kritisiert[674] und greift jedenfalls in den Fällen nicht, in denen eine Anpassung an die neue Rechtslage in Realität nicht möglich ist. Hierin kann allenfalls der Grund gesehen werden, den dispositionsbezogenen Vertrauensschutz auf die Regelungsmaterie des Steuerrechts zu begrenzen bzw. den dispositionsbezogenen Vertrauensschutz jedenfalls nicht auf die Konstellationen anzuwenden, in denen – so wie vorliegend– zweifelhalft ist, ob überhaupt ein Vergangenheitsbezug besteht.

Streicht nämlich der Gesetzgeber eine steuerliche Begünstigung rückwirkend für den laufenden Veranlagungszeitraum, werden die bis dahin im Vertrauen auf die alte Rechtslage getätigten Dispositionen endgültig entwertet. Der Steuerpflichtige kann zwar sein Verhalten für die Zukunft, also den restlichen Veranlagungszeitraum, noch anpassen, die bislang getätigten Dispositionen können allerdings nicht rückgängig gemacht werden und werden nach neuem Recht besteuert. Die Auflösung der strengen Kategorien von echter und unechter Rückwirkung hin zu einem dispositionsbezogenen Ansatz machen angesichts des Maßes des enttäuschten Vertrauens Sinn.

---

671 *Maurer* in Isensee/Kirchhof, HStR IV, § 79 Rn. 27 ff.; *Schwarz* JA 2013, 683 (687).

672 Vgl. *Kahl/Bews*, Ökostromförderung und Verfassung, S. 170.

673 So *Kahl/Bews*, Ökostromförderung und Verfassung, S. 171.

674 Siehe oben D.II.2.a).

Im Bereich vorgreifender Investitionen in Plananlagen können Dispositionen im Vertrauen auf bestehendes Genehmigungsrecht jedoch in der Regel rückgängig gemacht werden. So können beispielsweise erworbene Grundstücke erneut verkauft und Bauteile andernorts verwendet werden. Außerdem kann dem Unternehmer durch ein gestuftes Verfahren mittels Teilgenehmigungen Rechtssicherheit verschafft werden.[675] Während im Steuerrecht ein dispositionsbezogener Vertrauensschutz vor dem Hintergrund der Endgültigkeit der Steuerfolgen Sinn ergibt, ist es nicht interessengerecht, einen dispositionsbezogenen Vertrauensschutz auch auf projektvorbereitende Dispositionen anzuwenden, die der Natur nach reversibel sind.

Vor diesem Hintergrund erscheint es sinnvoll, dort, wo die Unterscheidung zwischen echter und unechter Rückwirkung nicht in der Lage ist, eine gerechte Lösung zu erziehen, den von der Lehre entwickelten dispositionsbezogenen Vertrauensschutz heranzuziehen. Nicht sinnvoll und überdies nicht statthaft ist die Heranziehung desselben, um Vertrauensschutz bei Gesetzesänderungen mit Wirkung allein für die Zukunft ohne Vergangenheitsbezug zu gewähren. Dies würde einem abstrakten Vertrauensschutz gleichkommen, der aus bereits genannten verfassungsrechtlichen Gründen[676] abzulehnen ist.

b) *Übertragbarkeit der Rechtsprechung des Bundesverfassungsgerichts zu „konkret verfestigten Rechtspositionen"?*

Aufgrund der gezeichneten Problematik wird im Schrifttum außerdem vereinzelt verlangt, dass die Rechtsprechung des Bundesverfassungsgerichts zu den gesteigerten Rechtfertigungsanforderungen einer unechten Rückwirkung bei einer Wirkung ähnlich einer echten Rückwirkung[677] auf den Bereich vorgreifender Investitionen übertragen wird.[678] Insofern könnten insbesondere projektvorbereitende Investitionen von einem stärken Schutz profitieren.

Dem kann lediglich insoweit zugestimmt werden, als eine Übertragbarkeit der Rechtsprechung dem Grunde nach möglich ist. Bisher wandte das Bundesverfassungsgericht diese Grundsätze zwar lediglich bei unecht rückwirkenden Steuer- sowie Abgabengesetzen an, gleichwohl lassen sich Überlegungen dahingehend anstellen, ob die neue Rechtsprechung auf vergleichbare Bereiche außerhalb des Steuerrechts übertragen werden kann. Wenn Normen des Steuerrechts

675 Siehe hierzu *Leidinger* in Frenz, Atomrecht, § 7 AtG Rn. 58.
676 Vgl. oben C.V.3.a) und c) bb).
677 Siehe oben C.I.3.c).
678 *Leinser-Egensperger* NVwZ 2012, 985.

als Rahmenbedingung wirtschaftlichen Handels ein Mindestmaß an grundrechtlich und rechtsstaatlich gebotener Verlässlichkeit verlangen, [679] so kann jedenfalls für die Grundsatzentscheidung des Gesetzgebers, einen Wirtschaftsbereich fördern bzw. ermöglichen zu wollen, nichts anderes gelten. So wie sich Steuerpflichtige um den steuerlichen Vorteil willen für ein bestimmtes wirtschaftliches Verhalten entscheiden, treffen Unternehmer ihre Investitionsentscheidung in ein Projekt aufgrund der vorliegenden Rechtslage zur Genehmigung dieses Projekt. Ohne das bestehende Genehmigungsrecht hätte der einzelne Unternehme nicht in das jeweilige Vorhaben investiert.

Spätestens seit dem Beschluss des Bundesverfassungsgerichts vom 12. November 2015[680] wird deutlich, dass auch jenseits der Konstellationen von Steuern, die mit Ablauf eines Veranlagungszeitraumes entstehen, an unechte Rückwirkungen gesteigerte Anforderungen zu stellen sind, wenn die unechte Rückwirkung im Ergebnis einer echten Rückwirkung nahe kommt.[681] So rechtfertige das allgemeine Ziel der Umgestaltung des Abgabenrechts sowie das öffentliche Interesse an der Refinanzierung der öffentlichen Abwasserbeseitigungsanlage eine unecht rückwirkende Abgabenbelastung nicht.[682] Damit wird deutlich, dass das Bundesverfassungsgericht auch jenseits des Steuerrechts an die strengeren Rechtfertigungsanforderungen anknüpft.

Allerdings liegt beim Ausschluss der Genehmigungsfähigkeit kerntechnischer Anlagen keine unechte Rückwirkung vor, sondern eine Regelung, die allein zukunftsgerichtet ist. Eine Übertragung der Rechtsprechung verbietet sich daher.

c) Ergebnis

Vertrauensschutz jenseits der Rückwirkungsdogmatik ist nach Rechtsprechung des Bundesverfassungsgerichts bislang vor allem im Rahmen der Berufsfreiheit nach Art. 12 GG zu finden. Allerdings wird auch hier das allgemeine Vertrauen in den Bestand einer Rechtslage nicht geschützt. Vielmehr kann nur ein besonderer Vertrauenstatbestand, der zu einer Selbstbindung des Gesetzgebers führt, eine Ausnahme von diesem Grundsatz rechtfertigen. Für den durch das Ausstiegsgesetz 2002 geregelten Ausschluss der Genehmigungsfähigkeit weiterer

---

679 Vgl. BVerfGE 127, 1 (20).

680 BVerfG NVwZ 2016, 300.

681 Vgl. *Grzeszick*, Rückwirkung und Vertrauensschutz im Recht der Energiewende, S. 28 f.

682 BVerfG NVwZ 2016, 300 Rn. 66.

Kernkraftanlagen bedeutet dies, dass vorgreifende unternehmerische Investitionen nicht besonders geschützt werden. Die schutzwürdige Vertrauensbetätigung manifestiert sich erst in der Genehmigung und der darauffolgenden Errichtung und Inbetriebnahme der Anlage. Die Phase vor Genehmigungsbescheidung liegt im Risikobereich des Unternehmers. Insofern begründen Dispositionen vor Genehmigungserteilung keine schutzwürdige Rechtsposition. Die Energieversorger können sich auch nicht auf einen besonderen Vertrauenstatbestand berufen. Das AtomG 1959 ist zwar erheblich investitionsfördernd und wirtschaftslenkend, begründet jedoch keinen unmittelbaren Anspruch auf Erteilung einer Genehmigung. Der in der Literatur diskutierte dispositionsbezogene Vertrauensschutz würde zudem zu einer uferlosen Ausweitung des Vertrauensschutzprinzips auf jedwede betriebswirtschaftliche Disposition im Rahmen einer unternehmerischen Projektverwirklichung führen und ist – mit Ausnahme auf dem Gebiet des Steuerrechts – abzulehnen.

6. Vertrauensschutz aus Art. 14 GG aufgrund des Rückwirkungsverbots bei vorzeitiger Stilllegung bereits laufender Anlagen

Nachdem die grundsätzlichen Anforderungen an die Rechtfertigung eines vorzeitigen Ausstiegs aus der Nutzung der Kernenergie dargestellt wurden, ist der Strategiewechsel folgend speziell darauf hin zu prüfen, ob der Gesetzgeber dem Vertrauensschutz der Energieversorgungsunternehmen ausreichend Rechnung getragen hat. Nach der vorstehenden Untersuchung des Vertrauenstatbestandes[683] werden hierzu im weiteren Verlauf das Gewicht des Vertrauens sowie sonstige Abwägungsgesichtspunkte ermittelt. Ziel ist es, die verfassungsrechtlichen Kriterien zu ermitteln, die der Gesetzgeber bei seiner Abwägung zwischen der Bedeutung der Ausstiegsentscheidung für das Gemeinwohl und der Schutzwürdigkeit des Vertrauens Einzelner miteinzubeziehen hat.

a) Gewicht der Gemeinwohlbelange

Nach dem zur Legitimität der gesetzgeberischen Gründe[684] Gesagtem erscheint das Gewicht der vom Gesetzgeber genannten Gemeinwohlbelange schwer bestimmbar. Das Änderungsinteresse des Gesetzgebers beruht maßgeblich auf dem politischen Willen einer neuen Mehrheit. Das Umschlagen der

683 Siehe oben D.II.1.

684 Siehe oben D.II.4.a)cc)(3).

Sicherheitsphilosophie hängt von subjektiven Kriterien ab, die zur Beurteilung der Hinnehmbarkeit des Restrisikos anzulegen sind.[685] Da der Gesetzgeber aber auch die Entscheidung zur Förderung der Kernenergie traf, muss er auch in der Lage sein, seine Strategie später zu ändern. Insofern trifft den Gesetzgeber auf dem Gebiet der Atomkraft eine Verantwortlichkeit, die das Änderungsinteresse maßgeblich bestimmt. Hinzukommt, dass die energiepolitische Entscheidung über die Nutzung der Kernenergie ganz besonders im Ermessen des Gesetzgebers liegt und von der wirtschaftlichen Neutralität des Grundgesetzes gedeckt ist.[686]

Die vom Gesetzgeber verfolgten Gründe für den Ausstieg aus der Kernenergie sind dabei grundsätzlich von hohem Gewicht, da sie nicht lediglich verfassungsgemäße Ziele bilden, sondern darüber hinaus Verfassungsgebote erfüllen. Namentlich erfüllen sie die Pflicht des Staates zum Schutz des Lebens und der Gesundheit der Bevölkerung aus Art. 2 Abs. 2 Satz 1 GG sowie dem Schutz der natürlichen Lebensgrundlagen aus Art. 20a GG. Aus der Schutzpflicht des Art. 2 Abs. 2 Satz 1 GG ergibt sich eine dauernde Verpflichtung für alle Staatsorgane, die Unversehrtheit menschlichen Lebens zu wahren. Es handelt sich um ein Verfassungsgut höchsten Ranges.[687] Entscheidend für die Frage nach der verfassungsrechtlichen Rechtfertigung eines Eingriffs zum Schutz von Leben ist neben der Bedeutung des betroffenen Abwehrrechts auch die Möglichkeit des schutzbedürftigen Bürgers, sich der Gefahrenquelle zu entziehen oder sich anderweitig zu schützen. Im Falle eines Kernreaktorunfalles ist angesichts der unkontrollierten Freisetzung radioaktiver Strahlungen eine Schadensabwehr so gut wie unmöglich, weshalb die Schutzpflicht des Staates hier umso schwerer wiegt. Das Leben und die natürlichen Lebensgrundlagen stellen überragend wichtige Gemeinschaftsgüter dar, weshalb das Änderungsinteresse des Gesetzgebers grundsätzlich in der Lage dazu ist, den Strategiewechsel des Atomausstiegs zu bewirken.

b) Schutzwürdigkeit des Vertrauens

aa) Erheblicher Vertrauensschaden

Die Energieversorger haben auf Initiative und Förderung des Gesetzgebers erhebliche Investitionen getätigt, die durch die Ausstiegsentscheidung entwertet

685 *Ossenbühl* AöR 1999, Bd. 124, 1 (49).

686 Siehe oben B.

687 Vgl. BVerfGE 39, 1 (42); 46, 160 (164); 115, 25 (45).

wurden. Das Ausmaß des Vertrauensschadens ist enorm, da insbesondere die ursprünglich unbefristet genehmigten Anlagen, die durch Kapitaleinsatz in Milliardenhöhe[688] errichtet wurden, entwertet wurden. Als Vertrauensschaden sind auch spätere anlagenbezogene Investitionen wie etwaige Nachrüstungsmaßnahmen sowie Sicherheitsinvestitionen zu nennen. Die Rückbaukosten sind im Gegensatz dazu nicht als Vertrauensschaden anzusehen, da sie ohnehin irgendwann aufgetreten wären. Der Vertrauensschaden ist besonders groß, weil die Benutzung der Anlagen jenseits der Benutzung zur Stromgewinnung nicht möglich ist. Auch eine Eigentumsverwertung in Form der Veräußerung der Anlagen ist nicht möglich. Insgesamt können die getätigten Investitionen nicht rückgängig gemacht werden. Im Ergebnis wiegt die Schutzwürdigkeit des Vertrauens der Energieversorger bereits wegen des erheblichen Ausmaßes des Vertrauensschadens schwer.

bb) Reststrommengen als schonende Übergangsregelung

Maßgeblich für vorliegende Abwägung ist weiterhin, dass das Vertrauen der Energieversorger in ihre geschützte Eigentumsposition durch eine Übergangsregelung im Ausstiegsgesetz 2002 bereits berücksichtigt wurde. In § 7 Abs. 1a i.V.m. Anlage 3 AtomG wurden jeder Kernkraftanlage Reststrommengen zugewiesen. Die Betriebsgenehmigungen der laufenden Anlagen werden durch die Reststrommengen auflösend bedingt. Das Erlöschen der Berechtigung zum Leistungsbetrieb erfolgt, wenn die für die jeweilige Anlage aufgeführte Netto-Elektrizitätsmenge produziert ist. Sie erlöschen – rechnete man die Reststrommengen in eine Restbetriebszeit bis zur endgültigen Stilllegung der Anlage um – mit Ablauf der Übergangsfrist, *ipso iure*. Die Reststrommengen dienen als Übergangsregelungen zwischen altem und neuem Recht dazu, den Bestandsinteressen der Energieversorger Rechnung zu tragen. Der bewirkte Eingriff in die wirtschaftliche Betätigungsfreiheit der Energieversorger wird auf diesem Wege abgemildert[689] und deren Eigentumspositionen jedenfalls nicht abrupt entwertet. Unecht rückwirkende Inhaltsbestimmungen, die für sich betrachtet unverhältnismäßig sind, können so ausnahmsweise mit dem in Art. 14 GG gelagerten Vertrauensschutz im Einklang stehen.[690] Voraussetzung ist, dass die so

---

688 Die Baukosten des Kernkraftwerks Mülheim-Kärlich betrugen ca. 3,6 Milliarden Euro; abrufbar unter https://www.atommuellreport.de/daten/akw-muelheim-kaerlich.html, zuletzt abgerufen am 05.05.2021.

689 Vgl. BVerfGE 83, 201 (213).

690 BVerfGE 100, 226 (244).

genannte „ausgleichpflichte Inhaltsbestimmungen“ vom Gesetzgeber mit einer *angemessenen* Übergangsregelung verbunden wurde. Welche Anforderungen an die Angemessenheit einer Übergangsregelung zu stellen sind, kann nicht allgemein bestimmt werden.[691] Vielmehr steht die Festlegung der Übergangsregelung grundsätzlich im Ermessen des Gesetzgebers.[692] Orientierte man sich bei der Beurteilung der Übergangsregelung an der Amortisationsdauer, müssten die Restlaufzeiten mindestens so lang sein, dass sie den Energieversorgern eine Erwirtschaftung des Verkehrswerts der einzelnen Kernkraftwerke ermöglichen. Da die Atomkraftwerke mit Erlöschen der Betriebsgenehmigung schlechthin unbrauchbar werden, kommt die Berechnung der Übergangsfrist nur auf Grundlage der Amortisationsdauer in Frage.[693] Demnach kommt es entscheidend darauf an, nach wie vielen Betriebsjahren sich die auf ein Kernkraftwerk geleisteten Investitionen amortisiert haben.

Vorliegend wurde für jedes Kraftwerk auf der Grundlage einer Regellaufzeit von 32 Kalenderjahren ab Beginn des kommerziellen Leistungsbetriebs eine Reststrommenge berechnet und die ab dem 1. Januar 2000 verbleibende Restlaufzeit festgelegt. Regellaufzeit meint dabei die durchschnittliche technische Lebensdauer eines Atomkraftwerks.[694] Diese Bemessungsgrundlage wurde von Seiten des Gesetzgebers auch ausreichend analysiert und begründet.[695] Hierzu wurden die von den Energieversorgern vorgelegten Daten und Zahlen ausgewertet. Wegen der Komplexität der wirtschaftlichen Hintergründe im Bereich der Kernenergie kann vorliegend keine detaillierte betriebswirtschaftliche Bewertung der Regellaufzeit respektive der festgesetzten Reststrommengen erfolgen. Für die Angemessenheit der Reststrommengen spricht aber bereits, dass sich die Energieversorger und die Bundesregierung im Atomkonsens I auf die Übergangsfrist einigten. In den Verhandlungen wurde nach Ansicht beider Seiten ein für die Unternehmen betriebswirtschaftlich „vertretbares Ergebnis“ gefunden.[696] Zur Bemessung der Reststrommengen wurde nicht allein auf die

691 Siehe hierzu ausführlich oben C.I.3.b).

692 Vgl. BVerfGE 42, 42 (288); 67, 1 (15 f.); 116, 96 (134).

693 *Jahndorf/Pichler* GewArch 2012, 377 (379).

694 Vgl. The World Nucelar Industry Status Report, 2019, S. 318, abrufbar unter https://www.worldnuclearreport.org/IMG/pdf/wnisr2019-v2-hr.pdf, zuletzt abgerufen am 05.05.2021.

695 Vgl. zur Darlegungslast des Gesetzgebers bei der Festsetzung von Übergangsfristen unter anderem BVerfGE 79, 311 (343 f.); 86, 90 (107 ff., 112, 116 ff.); 92, 365 (396); 94, 115 (141); 101, 158 (219).

696 Siehe Gesetzentwurf zum Ausstiegsgesetz, BT-Drs. 14/6890, S. 16.

Amortisationsdauer der Anlagen abgestellt. Diese dürfte auch nach Ansicht mehrerer Stimmen in der Literatur deutlich weniger als 32 Jahre betragen. *Schmidt-Preuß* geht davon aus, dass bereits nach einer 15-jährigen Betriebsdauer die Annahme der Amortisation nicht zu beanstanden sei.[697] Und auch *Roller* sieht den Gesetzgeber bei einem Zeitraum von 20-25 Jahren auf der „sicheren Seite".[698] Die Reststrommengen sind vielmehr so bemessen, dass sie den Genehmigungsinhabern der Kernkraftwerke neben der Amortisation ihrer Investitionen auch das Erzielen eines angemessenen Gewinns ermöglichen,[699] was, so ist an dieser Stelle hervorzuheben, aus verfassungsrechtlicher Perspektive nicht unbedingt erforderlich ist.[700] Dabei ist außerdem zu berücksichtigen, dass sich nach einer 32-jährigen Betriebszeit die finanzielle Belastung aufgrund von nach dieser Betriebszeit tendenziell nötigen Erhaltungs- und Nachrüstungsinvestitionen erledigen[701] und eine flexible Übertragung der Strommengen (z.B. von alten, weniger wirtschaftlichen auf neue wirtschaftliche Anlagen) möglich ist. Die Berechnung der Reststrommengen unter Heranziehung einer Regellaufzeit von 32 Jahren dient daher im besonderen Maße den Interessen der Energieversorger an der wirtschaftlichen Nutzbarkeit ihres Eigentums. Ein Grundsatz, dass sich zum Beispiel Nachrüstungsinvestitionen in eine Anlage oder sonstige betriebsbedingte Ausgaben stets amortisieren müssen, existiert nämlich nicht.[702] Das Bundesverfassungsgericht hat in diesem Zusammenhang bereits 2010 zum Verkehrsflughafen Berlin-Schönefeld festgestellt, dass „der Ausgleichsanspruch bei Inhaltsbeschränkungen und Entziehungen des Eigentums zum Wohl der Allgemeinheit nicht notwendig den Verkehrswert abdecken (muss) (...). Da der Ausgleichsanspruch nur der Kompensation eines gleichheitswidrigen Sonderopfers dient (...), muss er grundsätzlich auch nur diejenige Belastung ausgleichen, die die von der Sozialgebundenheit gerechtfertigte Belastung des Eigentums übersteigt."[703]

Zusammenfassend lässt sich daher feststellen, dass die Reststrommengen über Gebühr die Interessen der Energieversorger berücksichtigen. Die

---

697 *Schmidt-Preuß* NJW 2000, 1524 (1528).

698 *Roller* in Roßnagel/Roller, Die Beendigung der Kernenergienutzung durch Gesetz, 81 (110).

699 Siehe Gesetzentwurf zum Ausstiegsgesetz, BT-Drs. 14/6890, S. 16, 21.

700 Siehe oben C.I.3.b)bb).

701 Siehe Gesetzentwurf zum Ausstiegsgesetz, BT-Drs. 14/6890, S. 16.

702 So auch *Roller* in Roßnagel/Roller, Die Beendigung der Kernenergienutzung durch Gesetz, 81 (115).

703 BVerfG NVwZ 2010, 512 Rn. 43.

getroffenen Regelungen zur Beendigung der Nutzung der Kernenergie vor Ablauf der technisch-wirtschaftlichen Nutzungsdauer stellen sicher, dass den Betreibern die Amortisation ihrer Investitionen vollumfänglich ermöglicht wird und zudem ein angemessener Gewinn erzielt werden kann. Dies mag die Folge der im Atomkonsens I getroffenen Vereinbarung sein, allerdings wäre nach verfassungsrechtlichen Grundsätzen auch eine kürze Übergangsfrist bis zur endgültigen Stilllegung möglich gewesen. So ist die Bemessung der Übergangsfrist auch ohne Berücksichtigung eines angemessenen Gewinns zulässig, da dieser keinen Vertrauensschaden im Sinne von Art. 14 GG darstellt.[704]

cc) Sozialer Bezug der Kernenergie

Aufgrund der Besonderheit des Wirtschaftsbereichs der Kernenergienutzung ist eine verminderte Schutzwürdigkeit des Vertrauens der Energieversorgungsunternehmer anzunehmen. Das Bundesverfassungsgericht sieht im Atomrecht eine Sonderrechtsmaterie. Bei den aufgrund des Atomgesetzes bis 2001 von den Energieversorgungsunternehmen errichteten Kernkraftwerken und den damit verbundenen Eigentumspositionen sei zu berücksichtigen, dass es sich um Eigentum mit besonders ausgeprägtem sozialem Bezug handele.[705] Dies sei der Grund, weshalb dem Gesetzgeber bei der Ausgestaltung des Atomrechts ein besonders weiter Gestaltungsspielraum zukomme.[706]

Grundsätzlich sind nach der Rechtsprechung des Bundesverfassungsgerichts der gesetzgeberischen Regelungsbefugnis unterschiedliche Schranken gezogen.[707] Dabei stellt die Gestaltungsfreiheit des Gesetzgebers keine starre Größe dar, sondern ist vom sozialen Bezug des regelungsbedürftigen Eigentums abhängig.[708] Je größer der soziale Bezug des Eigentums ist, umso höher ist die Gestaltungsfreiheit des Gesetzgebers. Näherer Betrachtung bedarf daher der Begriff des „sozialen Bezugs“. *Kirchhof* sieht darin eine Subformel zur näheren Bestimmung der grundsätzlichen Sozialbindung des Eigentums aus Art. 14 Abs.2 S.1 GG.[709] Dabei setzt er die Sozialbindung einer Gemeinwohlbindung gleich. Der

704 Siehe auch *Roller* ZUR 2017, 277 (268).

705 BVerfGE 143, 246 Rn. 219 sowie 298.

706 BVerfGE 143, 246 Rn. 219 mit Verweis auf BVerfGE 49, 89 (145 ff).

707 BVerfGE 24, 367 (389); 31, 229 (240); 37, 132 (140); 42, 263 (294); 50, 290 (349 f.); 52, 1 (29 f.); 53, 257 (292); 309, 64 (87, 101); 68, 361 (367 f.); 69, 272 (300); 70, 101 (110 ff.); 95, 64 (84); 101, 239 (257 f.).

708 *Schwarz*, Vertrauensschutz als Verfassungsprinzip, S. 178 ff.

709 *Kirchhof* in Isensee/Kirchhof, HStR VIII, § 173 Rn. 143 ff. und 179 ff; siehe zum Ganzen auch *Leisner*, Sozialbindung des Eigentums, S. 86 ff, 185 ff.

Gebrauch des Eigentums diene neben der Privatnützigkeit auch dem „Wohle der Gemeinheit“ (Art. 14 Abs. 2 GG). Der Gemeinwohlauftrag richte sich an den Gesetzgeber, wenn er Inhalt- und Schranken des Eigentums regelt.[710] Ein sozialer Bezug liegt demnach vor, wenn die zu regelnde Eigentumsposition einen Bezug zur Gemeinschaft aufweist[711] und diese ebenso auf die Eigentumsposition *angewiesen*[712] ist. Im Folgenden werden die Eigentumspositionen im Rahmen der Kernenergie auf ihren sozialen Bezug hin geprüft.

(1) Energieversorgung als öffentliche Aufgabe

Zunächst ist festzuhalten, dass die Aufgabe der Energieversorgung Teil der Daseinsvorsorge und somit als öffentliche Aufgabe anzusehen ist. Eine Staatsaufgabe stellt die Energieversorgung demgegenüber nicht dar, da nicht der Staat selbst als Energieerzeuger tätig wird, sondern Unternehmen, die die marktwirtschaftlich geprägte Energiewirtschaft mit Kapitaleinsatz beeinflussen.[713] Aus der Einordnung der Energieversorgung als öffentliche Aufgabe folgt zugleich ihre Bedeutung für das Gemeinwohl. Die Gesellschaft ist auf die Versorgung mit Strom *angewiesen*. Auch die friedliche Nutzung der Kernenergie zur Gewinnung von Strom dient dem Gemeinwohl und weist insofern einen sozialen Bezug auf. Diese Form der Sozialbindung führt allerdings gerade nicht zu einer umfangreichen Befugnis des Gesetzgebers, in die Eigentumsrechte der Energieversorgungsunternehmen dergestalt einzugreifen, dass eine bestimmte Energiegewinnungsform für die Zukunft unmöglich wird. Als der Gesetzgeber die Atomausstiegsentscheidung traf, übte er nicht seine Regelungsbefugnis aus diesem Gemeinwohlbezug aus. Zwar setzt die Annahme, dass der Atomausstieg die Versorgungssicherheit gefährdet, eine Vielzahl von Prognosen und Wertungen voraus, allerdings bleibt festzustellen, dass der Gesetzgeber mit seiner Ausstiegsentscheidung die Interessen der Allgemeinheit an einer bis dahin bestehenden Energieversorgungquelle konterkarierte.

---

710 *Kirchhof* in Isensee/Kirchhof, HStR VIII, § 173 Rn. 146.

711 *Kirchhof* in Isensee/Kirchhof, HStR VIII, § 173 Rn. 179 f.

712 Besonders deutlich zeigt sich die Sozialbindung des Eigentums im Bereich des Wohnungsmietrecht, vgl. hierzu BVerfGE 89, 1 (6): „Die Wohnung ist für jedermann Mittelpunkt seiner privaten Existenz. Der Einzelne ist auf ihren Gebrauch zur Befriedigung elementarer Lebensbedürfnisse sowie zur Freiheitssicherung und Entfaltung seiner Persönlichkeit angewiesen.“

713 Siehe zum Ganzen *Schmidt-Preuß* in Isensee/Kirchhof, HStR IV, § 93 Rn. 43 sowie *Kahl/Bews* JURA 2014, 1004 (1008).

(2) Kernkraft als „Hochrisikotechnologie“

Zu einem anderen Ergebnis gelangt man jedoch dann, wenn man den sozialen Bezug der Kernenergie nicht anhand des von ihr geleisteten Beitrags zur Energieversorgung bemisst, sondern anhand des hohen Schadens, den ein atomarer Unfall für die Allgemeinheit bedeuten würde. Vergangene Störfälle wie die Zerstörung des Kernreaktors von Tschernobyl 1986 sowie die Nuklearkatastrophe von Fukushima 2011 zeigen das Ausmaß des Schadens für die Umwelt und das Leben der Menschen. Da die friedliche Nutzung der Kernenergie ein hohes Schadensfallrisiko aufweist, wird sie auch als „Hochrisikotechnologie“ eingestuft. Es ist bislang ungeklärt, wann eine Hochrisikotechnologie in Abgrenzung zu weniger risikoreichen Technologien vorliegt. Nach dem Bundesverfassungsgericht sei die Hochrisikotechnologie Atomkraft jedenfalls durch extreme Schadensfallrisiken und die noch nicht geklärte Endlagerungsproblematik gekennzeichnet.[714] Mensch und Natur hängen von der Sicherheit der Kernkraftanlagen ab und sind darauf *angewiesen*, dass diese störfallfrei betrieben werden. Das Restrisiko eines atomaren Unfalls bleibt bestehen und kann mit technischer Überwachung lediglich minimiert, aber niemals ganz ausgeschlossen werden. Der Gebrauch der Anlagen zur Energiegewinnung kollidiert daher mit überragend wichtigen Gemeinschaftsgütern. Im Falle eines Unfalls ist der Eintritt von extremen Folgen für die gesamte deutsche Bevölkerung sicher. Daher weist das Eigentum der Kernkraftwerke und der damit verbundenen Eigentumspositionen einen besonders hohen sozialen Bezug auf, wodurch dem Gesetzgeber bei der Neuregulierung des Atomrechts ein besonders weiter Gestaltungsspielraum zukommt.

(3) Ungelöste Endlagerproblematik

Auch die bislang erfolglose Endlagersuche für radioaktive Abfälle, die bei der Energiegewinnung durch Kerntechnik entstehen, lässt auf eine hohe Sozialbindung des Eigentums der Energieversorgungsunternehmen schließen. Das Bundesverfassungsgericht erklärte hierzu, dass die Kerntechnologie mit der bisher noch nicht geklärten Endlagerproblematik belastet sei.[715] Aufgrund der Unüberschaubarkeit der Gefahren, die von radioaktiven Abfällen ausgehen und ihrer langen Halbwertzeiten über teilweise Millionen Jahre hinweg, trägt die Umwelt und schließlich der Mensch das Schadensrisiko einer unzureichenden

714 BVerfGE 143, 246 Rn. 219.
715 BVerfGE 143, 246 Rn. 219.

Endlagerung. Es müssen unter anderem Vorkehrungen getroffen werden, dass Menschen künftiger Generationen nicht mit der Radioaktivität in Kontakt geraten. Wegen dieser noch ungelösten Problematik, welche eine erhebliche Gefahr für die Allgemeinheit birgt, ist ebenso ein sozialer Bezug der Eigentumspositionen der Energieversorgungsunternehmen zu bejahen.

(4) Fazit

Da es sich bei der Kerntechnologie um eine Hochrisikotechnologie handelt, von der im Schadensfall eine erhebliche Gefahr für die Allgemeinheit ausgeht, besitzt der Gesetzgeber bei der Neuregulierung des Atomrechts einen besonders weiten Gestaltungsspielraum, dessen Maßstab jedoch nicht ohne weiteres auf die Neuregulierung anderer Wirtschaftsbereiche übertragen werden darf. Dieser Ermessensspielraum bedeutet zugleich, dass das Vertrauen der Energieversorger durch den sozialen Bezug der Kernenergieanlagen weniger schutzwürdig ist.

dd) Staatlich veranlasste Dispositionen

Der Tatsache, dass es sich vorliegend um staatlich veranlasste Dispositionen handelt, muss besonderes Gewicht zukommen. Je höher die Lenkungswirkung der Vertrauensgrundlage ist, desto schutzwürdiger ist das betätigte Vertrauen.[716] Die Nutzung der Kernenergie in privater Hand wurde erheblich von staatlicher Seite gefördert. Der Staat veranlasste die Wirtschaft zu Investitionen in einem hohen Ausmaß. Der Förderzweck des § 1 Nr. 1 AtomG 1959 sowie das hierunter geschaffene Subventionsregime beinhalteten eine entsprechende Lenkungswirkung. Die von Seiten der Energieversorger getätigten Dispositionen sind daher grundsätzlich besonders schutzwürdig. Da die Energieversorgungsunternehmen gezielt zu Investitionen in die Nutzung der Kernenergie zur Stromgewinnung veranlasst wurden, wog deren Bestandsinteresse in die geschaffene Rechtslage schwer.

Allerdings weisen die Dispositionen gleichzeitig eine hohe Sozialbindung auf.[717] Dies hat wiederum zur Folge, dass das Vertrauen der Energieversorger jedenfalls aus Gründen staatlicher Veranlassung keiner besonderen Berücksichtigung bedarf.

---

716 Vgl. hierzu ausführlich oben C.I.1.b)cc).

717 Siehe oben D.II.5.b)cc).

ee) Verlust schutzwürdigen Vertrauens durch Aufsichtsmaßnahmen nach AtG

Die Vertrauensschutzposition der Energieversorger ist nicht durch die potentielle Möglichkeit einer Aufhebung der Betriebsgenehmigung durch die Verwaltung relativiert.[718] Zwar sieht § 17 AtG einen Widerruf oder eine Rücknahme der Anlagengenehmigung vor, dies bedeutet jedoch nicht, dass die Betreiber jederzeit mit dem Verlust der Genehmigung rechnen mussten. Vielmehr bezieht sich die Vertrauensposition der Energieversorger gerade darauf, dass die atomrechtliche Genehmigung, außer in den im Gesetz geregelten Fällen und unter den dort genannten Voraussetzungen, unangetastet bleibt.[719] Die gesetzlichen Aufsichtsmaßnahmen können von der Behörde ergriffen werden, wenn aufgrund neuer Erkenntnisse zur *konkreten* Anlage oder Tätigkeit eine neue Risikobewertung vorzunehmen ist.[720] Mit der Entscheidung über die *generelle* Hinnehmbarkeit des Restrisikos der Kernenergie, die der Gesetzgeber vorliegend traf – und nur er treffen konnte – war aufgrund der Bestimmungen des AtG nicht zu rechnen.

ff) Politische Diskussion um die Kernenergie

Außerdem ist fragwürdig, ob das Vertrauen der Energieversorger aufgrund der politischen Diskussion um die Kernenergie bemakelt und daher weniger schutzwürdig oder sogar zu versagen ist.[721] Das Bundesverfassungsgericht entschied für den politisch umstrittenen Bereich des sozialen Mietrechts, dass hier mit häufigen Gesetzesänderungen gerechnet werden muss und daher niemand uneingeschränkt auf den Bestand der Rechtslage vertrauen kann.[722] Ebenso war auch eine uneingeschränkte Vertrauensposition im Fischereipachtrecht zu verneinen, da das Fischereirecht unter dem Vorbehalt der Gründung einer Schutz- und Wirtschaftsgenossenschaft und der Bildung von Fischereibezirken stand, die dann durch Gesetzesänderung, die sich in der Rechtsentwicklung abzeichnete, verwirklicht worden ist.[723]

---

718 So aber *Roßnagel* in Roßnagel/Roller, Die Beendigung der Kernenergienutzung durch Gesetz, 9 (64).

719 Vgl. *Ossenbühl* AöR 1999, Bd. 124, 1 (39).

720 *Frenz* in ders., Atomrecht, § 17 AtG Rn. 4.

721 Bejahend *Roller* in Roßnagel/Roller, Die Beendigung der Kernenergienutzung durch Gesetz, 81 (106 f.); *Roßnagel* in Roßnagel/Roller, Die Beendigung der Kernenergienutzung durch Gesetz, 9 (57 ff.)

722 BVerfGE 71, 213 (252).

723 BVerfGE 71, 137 (145); vgl. auch *Ossenbühl* AöR 1999, Bd. 124, 1 (45).

Die Nutzung der Kernenergie war in Deutschland seit jeher umstritten und hat insbesondere in den 70er Jahren aus Anlass von Castor-Transporten Proteststürme in der Bevölkerung ausgelöst. Außerdem hatten bereits DIE GRÜNEN im Jahr 1984[724] sowie die SPD-Fraktion im Jahr 1987[725] Gesetzentwürfe zum Ausstieg aus der Kernenergie in den Bundestag eingebracht. Spätestens seit der Regierungsbildung von SPD und GRÜNEN sowie der Aufnahme des Atomausstiegs in den Koalitionsvertrag war es für die Energieversorger vorhersehbar, dass der Gesetzgeber seine Haltung zur Atomkraft früher oder später ändert und deren Nutzung ausschließt.

Zu diesem Problemkreis der Vorhersehbarkeit der Gesetzesänderung, die den Zeitraum berechtigten Vertrauens verkürzt, gilt im Grundsatz das bereits Gesagte.[726] Zwar ist es richtig, dass auch normfremde Einflüsse das Vertrauen schwächen können[727], allerdings müssen hierbei die Umstände des Einzelfalles beachtet werden. Anders als in den beiden oben genannten Judikaturen, in denen die Vertrauenspositionen von vornherein eingeschränkt war, wurde die Vertrauensposition der Energieversorger zuvor in keiner Weise eingeschränkt. Die positive und unumstrittene Haltung zur Kernkraft von Seiten des Gesetzgebers war gesetzlich durch die Regelungen des Atomgesetzes abgesichert. Von der pauschalen Heranziehung des Kriteriums der Vorhersehbarkeit für die Beurteilung der Schutzwürdigkeit des Vertrauens ist daher abzusehen. Insbesondere verbietet es sich, schutzwürdiges Vertrauen wegen politischer Diskussionen schlechthin zu verneinen. Vielmehr müssen besondere Umstände hinzukommen, die für weniger schutzwürdiges Vertrauen sprechen.

Solche Umstände sind hier allerdings nicht ersichtlich. Der Zweck, das Vertrauen auszuschließen, um Ankündigungseffekte auf Seiten der Energieversorger zu vermeiden, kann ebenso nicht überzeugen. Das Bekanntwerden des geplanten Atomausstiegs konnte nicht dazu führen, dass die Energieversorger die ursprüngliche Rechtslage noch einmal erheblich ausnutzen. Die Errichtung eines Atomkraftwerks erfordert Investitionen in Milliardenhöhe sowie eine Bauzeit von vielen Jahren. Die Produktion von Strom durch die bereits im Betrieb befindlichen Anlagen kann zwar hochgefahren werden, allerdings nicht über die Kapazitäten des Kraftwerks hinaus. Ein Ankündigungseffekt konnte wegen der faktischen Gegebenheiten folglich nicht eintreten. Im Ergebnis darf daher der

724 BT-Drs. 10/1913 (1984).
725 BT-Drs. 11/13 (1987).
726 Siehe oben C.I.1.b)aa).
727 Anders *Ossenbühl* AöR 1999, Bd. 124, 1 (45).

Tatsache, dass der Atomausstieg durch politische Diskussionen vorhersehbar war, keine tragende normative Bedeutung zur Bewertung der Schutzwürdigkeit des Vertrauens zukommen.

gg) Kooperatives Handeln der Energieversorger

Wurde vorstehend die politische Diskussion um die Kernenergie als *normfremder Einfluss* auf das Vertrauen der Energieversorger diskutiert, so ist entsprechend zu hinterfragen, wie sich der *Atomkonsens I* auf die Vertrauensposition der Energieversorgungsunternehmen im Zeitpunkt des Erlasses des Ausstiegsgesetzes auswirkt. Fraglich ist insbesondere, ob durch die Einwilligung in den Atomkonsens I eine Verwirkung der grundsätzlich bis zu diesem Zeitpunkt bestehenden Vertrauensschutzposition eintrat.

Das Grundgesetzt sieht eine Verwirkung von Grundrechten explizit lediglich in Art. 18 GG vor, wonach derjenige, der seine Grundrechte zum Kampf gegen die freiheitliche demokratische Grundordnung missbraucht, diese Grundrechte verwirkt. Abseits hiervon ist die Verwirkung von subjektiven Rechtspositionen durch die Rechtsprechung bestimmt. Das Bundesverwaltungsgericht bejaht die Möglichkeit des Verwirkens von subjektiven Rechten:

> „Die Verwirkung ist Ausfluss des Grundsatzes von Treu und Glauben, der für die gesamte Rechtsordnung Gültigkeit hat. Sie bildet einen Anwendungsfall des venire contra factum proprium (Verbot widersprüchlichen Verhaltens) und besagt, daß ein Recht nicht mehr ausgeübt werden darf, wenn seit der Möglichkeit der Geltendmachung längere Zeit verstrichen ist und besondere Umstände hinzutreten, die die verspätete Geltendmachung als Verstoß gegen Treu und Glauben erscheinen lassen. Das ist insbesondere der Fall, wenn der Verpflichtete infolge eines bestimmten Verhaltens des Berechtigten darauf vertrauen durfte, daß dieser das Recht nach so langer Zeit nicht mehr geltend machen werde (sog. Vertrauensgrundlage), der Verpflichtete ferner tatsächlich darauf vertraut hat, daß das Recht nicht mehr ausgeübt werde (sog. Vertrauenstatbestand) und sich infolgedessen in seinen Vorkehrungen und Maßnahmen so eingerichtet hat, daß ihm durch die verspätete Durchsetzung des Rechts ein unzumutbarer Nachteil entstehen würde."[728]

Die Kernfrage, die sich aufgrund dieses Maßstabes stellt, ist, ob der Atomkonsens I eine schutzwürdige Vertrauensgrundlage zugunsten der Bundesrepublik Deutschland darstellt. Durfte der Staat wegen der vertraglichen Einwilligung der Energieversorgungsunternehmen in den Atomaussteig darauf vertrauen, dass

---

728 BVerwGE 108, 93-100, Rn. 31.

diese ihre durch den Ausstiegsgesetz betroffenen Eigentums- und Vertrauensschutzpositionen nicht mehr geltend machen?

(1) Rechtsbindungswille

Hierzu müssten die Energieversorger zunächst in den „Stilllegungspfad" des Ausstiegsgesetzes eingewilligt haben. Laut *Kloepfer* liege eine Einwilligung der Energieversorger in den Atomausstieg jedoch nicht vor.[729] Die Vereinbarung spreche lediglich davon, dass die Energieversorger die Entscheidung der Bundesregierung, die Stromerzeugung mit Hilfe der Kernenergie geordnet beenden zu wollen, „respektieren". Mangels Rechtsverbindlichkeit scheide der Atomkonsens als Vertrauensgrundlage aus.

Dem muss jedoch entgegnet werden, dass der Atomkonsens einige Hinweis enthält, die auf einen gegenseitigen Rechtsbindungswillen und damit auf seine Verbindlichkeit schließen lassen. So sind in ihm – statt allgemeiner Absichtserklärungen – sehr detaillierte Einzelfragen zur Ausgestaltung des Ausstiegs aus der Kernenergie geregelt. Es werden unter anderem die genauen Berechnungsgrundlagen für die Reststrommengen für jedes einzelne Kernkraftwerk dargestellt.[730] Außerdem ist die Ausformulierung des Atomkonsens weit überwiegend so gewählt, dass von seiner Verbindlichkeit ausgegangen werden muss. Zum Beispiel heißt es in Ziffer II. 1. der Vereinbarung: „Die Berechtigung zum Betrieb *endet, wenn* die vorgesehene bzw. durch Übertragung geänderte Strommenge für die jeweilige Anlage *erreicht ist.*"[731] Insgesamt enthält der Vertragstext nur sehr wenige weiche Formulierungen, sondern – entsprechend der vorstehenden – klare, vertragliche Regelungen, die unmittelbare Pflichten auferlegen, ohne in ihrer Umsetzung disponibel zu sein. Die Feststellung, dass die Energieversorger die Entscheidung der Bundesregierung, die Stromerzeugung aus Kernenergie geordnet beenden zu wollen, respektieren[732] sowie, dass die Vertragsparteien ihre unterschiedlichen Grundauffassungen zur Ausstiegsfrage

---

729 Vgl. *Kloepfer* DVBl. 2007, 1189 (1191 f.), der einen Rechtsbindungswillen der Energieversorgungsunternehmen hinsichtlich der Ausstiegsentscheidung verneint; anders *Klöck* NuR 2001, 1 (6): „Wer in eine konsensuale Regelung einwilligt, mit der ein Satus quo geändert wird, verzichtet damit auf ihm möglicherweise zustehenden Schutz seines Vertrauens, der Status quo werde weiterbestehen."

730 Ziff. I. Abs. 1 Der Vereinbarung zw. der Bundesregierung und den EVU v. 14.06.2000.

731 Hervorhebungen seitens der Verfasserin.

732 Ziff. II. 2. Der Vereinbarung zw. der Bundesregierung und den EVU v. 14.06.2000.

ausdrücklich festhalten,[733] lässt den Rechtsbindungswillen nicht entfallen.[734] Es liegt nämlich im Wesen eines Konsenses, dass die Auffassungen der Parteien nicht ausschließlich übereinstimmen. Ziel ist es, trotz unterschiedlicher Grundinteressen, einen Kompromiss zu finden und im Wege eines kooperativen Miteinanders eine Lösung zu finden, die beiden Vertragspartnern verhältnismäßige Pflichten auferlegt. Dies hat insbesondere dort den Vorteil, wo aufgrund der Komplexität des Wirtschaftsbereichs, die sachgerechte Ausgestaltung des Ausstiegsgesetzes nur schwer umsetzbar und die Höhe der zur Wahrung der Verhältnismäßigkeit erforderlichen Entschädigung nur schwer bestimmbar ist.[735] Der Atomkonsens I stellt einen Kompromiss auf der Suche nach einem Atomausstieg dar, der den Rechtsfrieden zwischen Staat und Wirtschaft wahrt. Somit liegt ein verbindlicher Vertrag zwischen der Energieversorgungsunternehmen und der Bundesregierung vor.

(2) Verfassungswidrigkeit des Atomkonsens

Dass es sich um einen verbindlichen Vertrag handelt, begründet allerdings nicht auch automatisch die Annahme, dass es sich bei dem Vertrag auch um eine verfassungsrechtlich schutzwürdige Vertrauensgrundlage handelt.

Die Bundesregierung verhandelte im Atomkonsens I mit den vier großen Energieversorgungsunternehmen über den späteren Inhalt des Atomgesetzes. Auch wenn es sich vorliegend nicht um ein Gesetz als Vertrauensgrundlage handelt, ist der Staat mithilfe eines Organs nach außen vertrauensstiftend aufgetreten. Dabei gilt zu beachten, dass prinzipiell jedwede Form staatlichen Handelns, also auch schlichte Realakte, eine Vertrauensgrundlage bilden können. Dies muss bereits hinsichtlich der subjektiven Ausrichtung des Grundsatzes des Vertrauensschutzes gelten. Mindestkriterium für eine taugliche Vertrauensgrundlage ist jedoch, dass das staatliche Verhalten eine rechtliche Verbindlichkeit aufweist. Es muss Rechtsfolgen erzeugen können.[736] Ansonsten kann der Bürger nicht auf einen Rechtszustand schließen.[737] Für die Frage, ob durch den Atomkonsens die Bundesregierung eine Vertrauensgrundlage erworben hat und die Energieversorger ihre verfassungsrechtliche Vertrauensschutzposition verwirkten, ist

733 Ziff. I Abs. 1 und III. 1. Abs. 1 Der Vereinbarung zw. der Bundesregierung und den EVU v. 14.06.2000.

734 So auch *Kischel*, Der Atomkonsens als rechtsverbindlicher Vertrag, S. 21.

735 *Di Fabio*, NVwZ 2020, 1324.

736 Vgl. *Hahn*, Der Gesetzgebungsvertrag als Rechtsproblem, S. 205.

737 Siehe hierzu oben C.I.1.a).

insbesondere von Bedeutung, dass der Atomkonsens überhaupt geeignet war, verfassungsrechtliches Vertrauen zu begründen sowie zu zerstören.

Aus einer Entscheidung des Bundesverfassungsgerichts wurde teilweise geschlossen, dass das Gericht den Atomkonsens zwischen den Energieversorgern und der Bundesregierung nicht als Vertrauensgrundlage ansehe.[738] In dieser heißt es:

> „Der Aussagegehalt der Anlage 2 zu dieser Vereinbarung, die das Kernkraftwerk Biblis betrifft, fällt in die vom Bund in Anspruch genommene Sachkompetenz. Deren materieller Aussagewert ist gering; es handelt sich um typische und politisch übliche Absichtserklärungen, an denen kein vernünftig und verantwortlich Handelnder ein „Tau festbinden" würde." [739]

In seinem Urteil vom 6. Dezember 2016 zum beschleunigten Atomausstieg klärte das Gericht sodann auf, dass sich diese Bemerkung lediglich auf die Anlage 2 des Atomkonsenses beziehe, die eine „Erklärung des Bundesumweltministeriums gegenüber RWE zum weiteren Verfahren der Nachrüstung des Kernkraftwerkes Biblis Block A" zum Gegenstand habe. Sie beziehe sich demgegenüber nicht auf die Konsensvereinbarung als solche.[740] Aus der Judikatur des Bundesverfassungsgerichts kann daher nicht geschlossen werden, dass der Atomkonsens lediglich politischer Natur ohne rechtlich verdingliche Bedeutung ist. Allerdings ist durchaus erkennbar, dass das Gericht für den Vertrauensschutz der Energieversorger das letztlich verabschiedete Ausstiegsgesetz und nicht die Atomkonsensvereinbarung als maßgeblich erachtet.[741] Erst mit Gesetzesbeschluss würde berechtigtes Vertrauen begründet werden. „Vorher handeln Investoren auf eigenes Risiko."[742]

Die Literatur ist sich weitestgehend einig, dass die Bundesregierung mit dem Abschluss des Vertrags gegen geltende Verfassungsprinzipien verstieß.[743] Dem ist insofern zuzustimmen, als man im Atomkonsens eine Bindung gegenüber der gesamten Bundesrepublik Deutschland sehen wollte. Dann hätte die Bundesregierung außerhalb ihrer Kompetenzen gehandelt. Es läge sowohl ein Verstoß

---

738 So etwa *Kloepfer*, DVBl. 2007, 1189 (1191).

739 BVerfGE 104, 249 (267).

740 BVerfGE 143, 246 Rn. 343.

741 BVerfGE 143, 246 Rn. 343.

742 BVerfGE 143, 246 Rn. 377.

743 So etwa *Schorkopf* NVwZ 2000, 1111 ff.; *Kloepfer* DVBl. 2007, 1189 (1191 f.); *Klöck* NuR 2001, 1 (3); *Hahn*, Der Gesetzgebungsvertrag als Rechtsproblem, S. 16 f., 19 f., 29 ff; *Schneehain*, Der Atomausstieg, S. 45 ff.

gegen die Verfassungstreue[744], als auch eine unzulässige Bindung des Gesetzgebers über den konkreten Inhalt des späteren Gesetzes. Der Bundesregierung durfte eine rechtlich verbindliche Absprache – für den Staat – jedoch nur mit Beteiligung des Parlaments treffen. Dies muss allein deshalb schon gelten, da nach der Wesentlichkeitstheorie des Bundesverfassungsgerichts allein das Parlament dazu befugt ist, wesentliche Fragen der Grundrechtsausübung und -eingriffe zu regeln.[745] Eine Selbstverpflichtung, die gleichzeitig als Grundlage für Vertrauen dient, war allein durch die Bundesregierung nicht möglich. Dem kann auch nicht entgegengehalten werden, dass der Bürger, der auf die informalen Absprachen vertraut, nur selten Kenntnis über den Kompetenzverstoß und damit über die Wirkungslosigkeit der Absprache hat. Der Staat muss den insofern gesetzten Rechtsschein nicht gegen sich geltend machen lassen.

Eine Bindung des Parlaments wurde nach vom Wortlaut der Vereinbarung jedoch nicht angestrebt. Vielmehr verpflichtete sich die Bundesregierung dazu, einen Entwurf zur (verhandelten) Atomgesetznovelle zu erarbeiten und in den Bundestag einzubringen.[746] Insofern scheitert eine Verpflichtung der Bundesrepublik Deutschland bereits an deren formalen Bindung.

(3) *Informales Handeln des Staats als Vertrauensgrundlage*

Zuletzt erscheint fraglich, ob auch ohne rechtliche Bindungswirkung gegenüber dem Staat der Atomkonsens zwischen der Bundesregierung und den Energieversorgungsunternehmen geeignet war, Vertrauen zu begründen sowie zu zerstören. Nach vereinzelter Ansicht soll auch das informale Handeln des Staats den verfassungsrechtlichen Grundsatz des Vertrauensschutzes aktivieren:

Hahn sieht, ungeachtet der Frage der Bindungswirkung und Verfassungsmäßigkeit der Konsensvereinbarung, in der Rechtsprechung des Bundesverfassungsgerichts zur Vorhersehbarkeit von Gesetzesänderungen ein Argument für die Annahme einer Vertrauensgrundlage.[747] Wenn normfremde Einflüsse wie Regierungsankündigungen und Gesetzesinitiativen Vertrauen herabwerten oder zerstören können, so sollen diese im Umkehrschluss auch dazu in der Lage sein, Vertrauen zu begründen. Die Schutzwürdigkeit des auf dieser Grundlage gefassten Vertrauens sei hiervon gesondert zu beurteilen. Demnach könne auch die Vereinbarungen der Energieversorger und der Bundesregierung als

---

744 *Kloepfer* DVBl. 2007, 1189 (1192).

745 So etwa BVerfGE 68, 1 (86 f.).

746 Ziff. I Abs. 3 der Vereinbarung zw. der Bundesregierung und den EVU v. 14.06.2000.

747 Siehe zum Ganzen *Hahn*, Der Gesetzgebungsvertrag als Rechtsproblem, S. 208 ff.

der Norm vorgelagertes Verhalten Vertrauen begründen. Dies überzeugt jedoch nicht. Nach den vorstehenden Ausführungen zum Zeitraum berechtigten Vertrauens[748] ist die Rechtsprechung zur Vorwirkung einer Neuregelung aufgrund von Ankündigungen und politischen Diskussionen abzulehnen. Durch diese normfremden Einflüsse kann schutzwürdiges Vertrauen weder begründet noch zerstört werden. Hierfür ist allein der Zeitpunkt der Gesetzesverkündung maßgeblich. Entsprechend können auch der Atomkonsens I und II keine Vertrauensgrundlage sein, sofern sie nicht eine eigene rechtserhebliche Verbindlichkeit aufweisen.

Auch nach *Michael* sei Anknüpfungspunkt für die Vertrauensbegründung bei informalen Absprachen die positive Unterstützung durch den Staat im Rahmen seiner Kompetenzen.[749] Die Vertrauensbegründung müsse dem Staat hierzu aber zurechenbar sein. Handelt er demgemäß außerhalb seiner Kompetenzordnung, ist die Begründung von Vertrauen ausgeschlossen. Nach den vorstehenden Ausführungen handelte die Bundesregierung jedoch außerhalb ihrer Kompetenzen, da jedenfalls formal betrachtet die Bundesrepublik Deutschland in unzulässiger Weise gebunden wurde und die Bundesregierung ohne Ermächtigungsgrundlage handelte. Der Atomkonsens war daher nicht geeignet, das durch das AtomG 1959 geschaffene Vertrauen zu zerstören.

(4) Fazit

Zwar liegt beim Atomkonsens ein Rechtsbindungswille der Parteien vor. Allerdings wird durch den Vertrag auf staatlicher Seite lediglich die Bundesregierung und nicht die gesamte Bundesrepublik Deutschland gebunden. Eine Bindung der Bundesrepublik Deutschland scheidet aufgrund eines Kompetenzverstoßes der Bundesregierung aus. Da verfassungsrechtliches Vertrauen in ein Gesetz nur durch einen Rechtsakt des Gesetzgebers oder ausreichende Legitimation eines anderen Organs zerstört werden kann, ist die Begründung sowie Zerstörung von verfassungsrechtlichem Vertrauen durch den Atomkonsens aus geschlossen. In der Konsequenz stellte der Atomkonsens keine eigenständige Vertrauensgrundlage zugunsten des Staats dar. Der Staat durfte sich nicht darauf einrichten, dass die Energieversorger ihre subjektiven Abwehrrechte nicht geltend machen würden. Umgekehrt bliebe auch die Vertrauensschutzposition der Energieversorger, die sich aus dem bisher geltenden AtomG herleitet, von der Konsensvereinbarung unberührt. Das Vertrauen in das bis dahin geltende Genehmigungsrecht

748 Siehe oben C.I.2.b)cc).

749 *Michael*, Rechtssetzende Gewalt im kooperierenden Verfassungsstaat, S. 469, 473.

und in die unter diesem Recht entstandenen Anlagen wurde durch den Atomkonsens nicht verwirkt.

c) *Gesamtabwägung und Ergebnis*

Schließlich gilt es, die schutzwürdige Vertrauensposition der Betreiber mit der Bedeutung des gesetzgeberischen Anliegens für das Gemeinwohl an einer vorzeitigen Stilllegung der Kernkraftwerkanlagen abzuwägen.[750] Die vorzeitige Stilllegung bereits im Betrieb befindlicher Anlagen ist unzulässig, wenn die Bestandsinteressen der Betroffenen die Veränderungsgründe des Gesetzgebers überwiegen.

Das Gewicht und das Ausmaß der Vertrauensschutzposition der Energieversorger ist verfassungsrechtlich schutzwürdig und hat sich wirtschaftlich in einem erheblichen, konkreten Schaden realisiert. Demgegenüber steht das Änderungsinteresse des Gesetzgebers, das allein auf einer geänderten Sicherheitsphilosophie beruht. Die verfolgten Gemeinwohlgründe aus Art. 2 Abs. 2 Satz 1 GG und Art. 20a GG wiegen vorliegend zwar schwer, allerdings nur dann, wenn man sie überhaupt als legitime Rechtfertigungsgründe begreift.[751] Dies stellt die entscheidende Weichenstellung für die weitere verfassungsrechtliche Bewertung dar. Tut man dies in Übereinstimmung mit dem Bundesverfassungsgericht, so erweist sich das Vertrauen der Energieversorger durch die Ausgestaltung des Ausstiegsgesetzes 2002 als ausreichend berücksichtigt: Die Einigung im Atomkonsens I und die dort verhandelten Reststrommengen berücksichtigen das Vertrauen der Energieversorger in angemessener Weise, da neben der Amortisation der getätigten Investitionen auch ein angemessener Gewinn ermöglicht wird. Auch mit einer kürzeren Übergansfrist wäre den Interessen der Energieversorger ausreichend Rechnung getragen worden. Insofern können der Verkehrswert des betroffenen Eigentums und der Amortisationszeitraum für Investitionen als Hilfsgrößen zur Ermittlung einer geeigneten Übergangsfrist dienen, allerdings liegt die Länge der Übergangsfrist im Gestaltungsermessen des Gesetzgebers. Insbesondere muss nicht jede Investitionserwartung des betroffenen Normadressaten erfüllt werden. Die politische Diskussion um die Kernenergie und die damit einhergehende Vorhersehbarkeit des Strategiewechsels dürfen in der Abwägung dagegen keine maßgebliche Rolle spielen. Auch war das AtomG nicht bereits durch dessen §§ 17 ff. negativ behaftet.

750 *Ossenbühl* AöR 1999, Bd. 124, 1 (49).

751 Ablehnend *Degenhart* DVBl. 2013, 207 (206).

Insgesamt kann das Vertrauensschutzprinzip den vorliegenden Strategiewechsel des Gesetzgebers nicht verhindern. Es bewirkt jedoch, dass die Energieversorger durch angemessene Übergangsregelungen vor erheblichen wirtschaftlichen Nachteilen bewahrt werden. Insofern wurde ein angemessener Ausgleich zwischen dem Bestandsinteresse der Unternehmer und dem Änderungsinteresse des Gesetzgebers gefunden. Die vorzeitige Stilllegung bereits im Betrieb befindlicher Anlagen durch das Ausstiegsgesetz von 2002 genügt daher dem Grundsatz des Vertrauensschutzes und war verfassungsgemäß.

II. Verfassungsmäßigkeit des beschleunigten Ausstiegs durch die 13. AtomG-Novelle 2011

Die am 6. August 2011 in Kraft getretene 13. AtomG-Novelle sollte das Vertrauen der Energieversorger erneut auf eine harte Probe stellen, indem sie die zweite Phase des Ausstieges einläutete. Der zuvor noch hinausgeschobene Ausstieg aus der Kernenergie durch Zuweisung von Zusatzstrommengen wurde unter dem Eindruck der Atomkatastrophe von Fukushima rückgängig gemacht und darüber hinaus beschleunigt. Im Kern regelt die 13. AtomG-Novelle für jedes in Deutschland betriebene Kernkraftwerk den Entzug der Berechtigung zum Leistungsbetrieb mittels eines festen Abschalttermins. Unabhängig von den verbleibenden Strommengen des Ausstiegsgesetzes 2002 müssen die Kraftwerke nacheinander, das letzte bis spätestens 31. Dezember 2022, vom Netz gehen. Acht Kernkraftwerke mussten mit sofortiger Wirkung zum 6. August 2011 stillgelegt werden.[752] Die erst kurz zuvor zur Anlage 3 in Spalte 4 des AtomG neu hinzugefügten Elektrizitätsmengen der 11. AtomG-Novelle wurden ersatzlos gestrichen. Das Gesetz regelte keinerlei finanzielle Kompensation für die den Betreibern entstandenen Schäden. Dieser erneute Kontinuitätsbruch bietet Anlass dazu, seine Zulässigkeit vor dem Hintergrund der Grundrechte der Betroffenen und deren Vertrauensschutzinteressen zu hinterfragen. Dabei wird das Urteil des Bundesverfassungsgerichts vom 6. Dezember 2016 maßgeblich in die Bewertung miteinbezogen. Bei den nachstehenden Ausführungen wurde ein etwaiger Verstoß der 13. AtomG-Novelle gegen Art. 19 Abs. 1 Satz 1 GG durch Erlass eines unzulässigen Einzelfallgesetzes ausgeklammert, da Schwerpunkt der verfassungsrechtlichen Bewertung des Gesetzes erneut dessen Vereinbarkeit mit dem Vertrauensschutz der Energieversorger sein soll.

752 Vgl. § 7 Abs. 1a Satz 1 Nr. 1 AtomG in seiner Fassung v. 05.08.2011, BGBl. I S. 1704 (2011).

1. Vertrauenstatbestand

a) Vertrauensgrundlage

aa) Ausstiegsgesetz vom 22. April 2002

Im Zeitpunkt des Inkrafttretens der 13. AtomG-Novelle vertrauten die Energieversorger maßgeblich auf die durch das Ausstiegsgesetz 2002 geschaffene Rechtslage. Das Gesetz normiert neben der Grundsatzentscheidung des Gesetzgebers zur Beendigung der Nutzung der Kernenergie die Art und Weise des Ausstiegsvollzugs. Es beinhaltet für die Wirtschaftsunternehmen kalkulierbare Rahmenbedingungen für den ungestörten Betrieb ihrer Kraftwerke bis zur Nutzungsbeendigung. Die Energieversorger vertrauten insbesondere darauf, die dort zugewiesenen Reststrommengen verstromen zu können. Das Ausstiegsgesetz und die dort zugesicherten Restrommengen bilden damit eine eigenständige Vertrauensgrundlage.

bb) Laufzeitverlängerung durch die 11. AtomG-Novelle vom 8. Dezember 2010

Daneben stellen die im Rahmen der 11. AtomG-Novelle hinzugefügten Zusatzstrommengen eine weitere maßgebliche Vertrauensgrundlage dar. Als Folge einer klimaschutzorientierten Energiepolitik sollte die Kernenergie als Brückentechnologie dienen. Die durch eine weitere Spalte ins Gesetz aufgenommenen Elektrizitätsmengen zielten darauf ab, den Kernkraftwerksbetreibern dabei eine Laufzeitverlängerung um durchschnittlich 12 Jahre ermöglichen. Konkret heißt es in der Gesetzesbegründung:

> „Zur Erreichung der Klimaschutzziele, bezahlbarer Energiepreise und verringerter Abhängigkeit vom Ausland ist die Nutzung der Kernenergie als Brücke in das Zeitalter der erneuerbaren Energien für den Zeitraum von durchschnittlich zwölf Jahren sinnvoll und erforderlich.“[753]

Der Gesetzgeber bewertete das von den Kernkraftwerken ausgehende Restrisiko erneut neu und stellte fest, dass die deutschen Anlagen „ein – im internationalen Vergleich gesehen – hohes Schutzniveau“ besäßen.[754] Die Diskussion um die Verfassungsmäßigkeit der 11. AtomG-Novelle wegen fehlender Zustimmung des Bundesrates ist hierbei unschädlich, da nur das Bundesverfassungsgericht zur Entscheidung über die Verfassungsmäßigkeit eines Gesetzes befugt ist.[755]

---

753 BT-Drs. 17/3051, S. 6.

754 BT-Drs. 17/3051, S. 6.

755 Vgl. BVerfGE 143, 246 Rn. 378.

Wichtig ist, dass die Energieversorger grundsätzlich auf die in der 11. AtomG-Novelle zugewiesenen Zusatzstrommengen vertrauen durften.

cc) Einfluss des Atomkonsens I und II auf den Vertrauensgrad

Wie bereits vorstehend erörtert, kann mangels Bindung des Staats der Atomkonsens I keine eigenständige Vertrauensgrundlage sein.[756] Dies gilt mit entsprechender Begründung auch hinsichtlich des Atomkonsens II. Vielmehr bilden das soeben betrachtete Ausstiegsgesetz 2002 sowie die 11. AtomG-Novelle die maßgeblichen Rechtsakte, auf denen die Energieversorger ihr Vertrauen berechtigterweise begründen können. Das vertrauensstiftende Handeln der Bundesregierung vor Gesetzesverkündung muss allerdings nicht gänzlich unberücksichtigt bleiben. Vielmehr kann es in die Bewertung der Schutzwürdigkeit des Vertrauens einfließen.

Wie bereits dargestellt ist es inkonsequent, wenn man unter dem Vertrauensschutz ein subjektives Postulat versteht, ausnahmslos alle vertrauensauswirkenden Ereignisse, die sich vor Verkündung einer Neufassung zutragen, für die Bewertung der Schutzwürdigkeit des Vertrauens außer Acht zu lassen. Die Beeinflussbarkeit der Vertrauensdichte durch normfremde Einflüsse ist eine Schwäche, die dem Prinzip des Vertrauensschutzes unmittelbar anhaftet und insoweit hinzunehmen ist. Ein positiver Einfluss auf den Vertrauensgrad von normfremden Einflüssen, die der politischen Sphäre zuzuordnen sind, ist allerdings nur dann zu bejahen, wenn besondere Umstände des Einzelfalls hinzutreten, die ein „Mehr“ an Vertrauensschutz zu rechtfertigen vermögen.[757]

Diese besonderen Umstände liegen im Fall der Atomkonsensvereinbarungen vor. Anders als andere normfremde Einflüsse wie bloße Regierungsankündigungen können vertragliche Zusagen des Staats gegenüber Privaten nicht einseitig wieder zurückgenommen werden. Es handelt sich um einen schriftlichen Vertrag, der die Vertragspartner bindet und den es nach dem Grundsatz *pacta sunt servanda* einzuhalten gilt. Dieser Vertragstreue, zu der sich beide Parteien verpflichtet haben, ist ein Vertrauensschutzgedanke immanent. Soweit das Parlament durch den späteren Erlass des jeweils ausgehandelten Gesetzes das vorgelagerte informale Handeln seines Organs bestätigt, muss es sich das Handeln seines Organs insoweit zurechnen lassen. Dies gilt vor dem Hintergrund von Art. 20 Abs. 3 GG insbesondere für den Staat, wenn ein Staatsorgan, wie hier, mit einem Privatrechtssubjekt paktiert und nach außen auftritt. Lässt sich der Staat

756 Siehe D.I.6.b)gg)-

757 Siehe zum Ganzen C.III.2.cc).

auf die Ebene der Gleichordnung zum Abschluss von Gesetzgebungsverträgen mit dem Bürger nieder, so ist dies ein hinreichender Grund ein „Mehr“ an Vertrauensschutz hinsichtlich der auf dieser Grundlage entstandenen Gesetzeslage anzunehmen. Das auf Grundlage eines zuvor zur Wahrung der Verhältnismäßigkeit ausgehandelten Ausstiegsgesetz gebildete Vertrauen ist zugunsten der betroffenen Privaten besonders hoch.

Die Vertrauensgrundlage bildet zwar im Ergebnis das Gesetz. Das darauf gegründete Vertrauen ist aber durch den vorgelagerten Konsens schutzwürdiger. Konkret bedeutet dies, dass das Vertrauen der Energieversorgungsunternehmen auf die Reststrommengen durch den Atomkonsens I und das Vertrauen in die Zusatzstrommengen durch den Atomkonsens II gestärkt wurde.

b) Vertrauensbetätigung und Vertrauensschaden

Da der entstandene Vertrauensschaden der Kraftwerksbetreiber im Detail sehr unterschiedlich ausfällt, muss sich die vorliegende Darstellung auf die wichtigsten Punkte beschränken. Der verursachte Vertrauensschaden kann dabei in drei Kategorien untergegliedert werden.

aa) Verstrombarkeitsdefizit hinsichtlich der Reststrommengen 2002 durch fixe Abschalttermine sowie „Vollbremsungsschäden“

Für die Kernkraftwerke der Gruppe des § 7 Abs. 1a Nr. 1 AtomG, deren Berechtigung zum Leistungsbetrieb mit Ablauf des 6. August 2011 erlosch[758], bewirken die Fristen, dass nicht alle Kraftwerke die 2002 geregelten *Reststrommengen* verstromen können. In diesem Fall geht der beschleunigte Atomausstieg noch über das Ausstiegsgesetz von 2002 hinaus, als ein früherer Stilllegungszeitpunkt als ursprünglich durch die Reststrommengen veranschlagt, fixiert wurde. Dies betrifft insbesondere das Kernkraftwerk Krümmel sowie das Kraftwerk Mülheim-Kärlich. Mit dem Inkrafttreten der 13. AtG-Novelle ist die Berechtigung zum Leistungsbetrieb des Kraftwerks Krümmel erloschen, obwohl es zu diesem Zeitpunkt noch über eine Reststrommenge nach Anlage 3 Spalte 2 in Höhe von 88.245,11 GWh verfügte.[759] Dies entsprach nach Angaben des Betreibers einer Laufzeit von weiteren neun bis zehn Jahren. Im Kernkraftwerk Krümmel hätten bis zum 6. August 2011 nur lediglich 44,2% der diesem Kraftwerk

758 Mit Ausnahme des bereits im März 2011 vom Netz genommenen Kraftwerk Neckarwestheim 1.

759 Vgl. tabellarische Darstellung in BVerfGE 143, 246 Rn. 316.

zugewiesenen Reststrommenge erzeugt werden können.[760] Insofern konnte das Kraftwerk Krümmel auch als einziges Kraftwerk nicht die in der Ausstiegsnovelle 2002 gewährte Regellaufzeit von 32 Jahren erreichen.[761] Das Kraftwerk Mülheim-Kärlich konnte die durch die Novelle 2002 zugewiesenen Reststrommengen in einem Umfang von insgesamt 99.150,00 GWh nicht mehr vollständig nutzen, obwohl diese Gegenstand des Prozessvergleichs mit dem Land Rheinland-Pfalz waren.[762]

Die sofortige Stilllegung der in § 7 Abs. 1a Satz 1 Nr. 1 AtomG aufgeführten Kernkraftwerke führt außerdem zu sogenannten „*Vollbremsungsschäden*"[763]. Sie entstehen, weil die Kraftwerke nicht geordnet und unter technischer Beobachtung vom Netz gehen können. Darunter fallen unter anderem frustrierte Aufwendungen aufgrund nicht ausgenutzter Brennelemente, Vertragsstrafen infolge der Kündigung laufender Verträge sowie längeren Nachbetriebsphasen. Dabei meint der Nachbetrieb die Dauer, der es bedarf, um den Kernbrennstoff (in der Regel die in der Anlage befindlichen Brennelemente) sowie die während des Betriebs angefallenen radioaktiven Abfälle zu entfernen.[764] Die Brennstoffe müssen im Regelfall zunächst 5 Jahre in Abklingbecken gelagert werden, bevor sie in CASTOR-Behältern transportiert werden können.[765] In diesem Zuge kann es auch zu einem Engpass bei CASTOR-Behältern kommen, da durch die vorzeitige Stilllegung mehrerer Kraftwerke der Abtransport der Kernbrennstoffe sowie der radioaktiven Betriebsunfälle in hoher Zahl gewährleistet werden muss.[766]

bb) Entzug der Zusatzstrommengen 2010

Den finanziell bedeutsamsten Einschnitt stellt der Entzug der Zusatzstrommengen dar. Die durch die 11. AtomG-Novelle insgesamt zugewiesenen 1.804 TWh hätten eine Laufzeitverlängerung von durchschnittlich 12 Jahren für jedes Kraftwerk und einen entsprechenden finanziellen Umsatz bedeutet. Dieser wurde allen Energieversorgern ersatzlos genommen.

---

760 Vgl. zum Ganzen das Vorbringen der Beschwerdeführerinnen Vattenfall und Krümmel in BVerfGE 143, 246 Rn. 107.

761 Vgl. tabellarische Darstellung in BVerfGE 143, 246 Rn. 387.

762 Vgl. tabellarische Darstellung in BVerfGE 143, 246 Rn. 316.

763 Vgl. *Moench* in Ludwigs, Der Atomausstieg und seine Folgen, 13 (24).

764 *Wieland* in Ossenbühl, Deutscher Atomrechtstag 2002, 165.

765 *Wieland* in Ossenbühl, Deutscher Atomrechtstag 2002, 165 (166).

766 Siehe *Frenz/Leidinger* in ders., Atomrecht, § 7e AtG Rn. 3.

cc) Frustrierte Investitionen im Vertrauen auf die Reststrommengen 2002 und die Zusatzstrommengen 2011

Zuletzt sind die Investitionen, die im Vertrauen auf die zugewiesenen Elektrizitätsmengen und damit einhergehenden Laufzeiten der Kernkraftwerke getätigt wurden, frustriert worden. RWE habe im Hinblick auf das Ausstiegsgesetz 2002 Investitionen in Höhe von etwa 157 Mio. Euro in die 2011 fällige Standardrevision des Kernkraftwerks Biblis B getätigt, weil sie von einer Laufzeit dieses Reaktors bis Mitte oder Ende des Jahres 2013 ausgegangen sei.[767] In das Kraftwerk Krümmel seien im Vertrauen auf die Rechtslage des Ausstiegsgesetzes 2002 Investitionen in Höhe von etwa 200 Mio. Euro geflossen, die in Kenntnis der endgültigen Stilllegung am 6. August 2011 nicht vorgenommen worden wären.[768] Weiterhin sei das Kernkraftwerk Biblis A ohne Inkrafttreten der 11. AtG-Novelle bereits Mitte 2011 stillgelegt worden; nur in Anbetracht der Zusatzstrommengen seien Anfang 2011 umfangreiche Bestellungen für Nachrüstungsinvestitionen dieses Kraftwerks zur Nutzung der Elektrizitätsmengen in Auftrag gegeben worden. Die langen Vorlaufzeiten haben eine frühzeitige Beauftragung von Lieferanten erfordert. Trotz der unmittelbaren Kündigung aller Bestellungen nach Bekanntgabe der 13. AtG-Novelle konstatiert RWE eine verbleibende Gesamtschadenshöhe von circa 32 Mio. Euro. [769]

2. Vertrauensschutz durch Rückwirkungsverbot

Die getroffenen Regelungen der 13. AtomG-Novelle stellen eine unechte Rückwirkung dar.[770] Die nachträgliche Befristung des Leistungsbetriebs knüpft an den laufenden Anlagenbetrieb und damit an einen in der Vergangenheit begonnenen und gegenwärtig noch andauernden Sachverhalt ein. Die Befristung schließt die noch nicht vollständige Nutzung der 2002 zugewiesenen Reststrommengen aus. Zwar nennt das Bundesverfassungsgericht nicht einmal das Wort „Rückwirkung“, jedoch prüft es entsprechend seiner ständigen Praxis die Problematik des Vertrauensschutzes im Rahmen der Rechtmäßigkeitskontrolle des Grundrechtseingriffs.

---

767 Vorbringen der Beschwerdeführerin RWE in BVerfGE 143, 264 Rn. 96.

768 Vorbringen der Beschwerdeführerinnen Vattenfall und Krümmel in BVerfGE 143, 246 Rn. 117.

769 Vorbringen der Beschwerdeführerin RWE in BVerfGE 143, 246 Rn. 80.

770 So auch *Schröder* NVwZ 2013, 105 (108).

3. Vertrauensschutz durch Grundrechtsschutz

Da es sich wie vorstehend erläutert beim beschleunigten Atomausstieg um eine unechte Rückwirkung handelt, bemisst sich deren Zulässigkeit vorrangig an den Grundrechten. Vertrauensschutz gegenüber der 13. AtomG-Novelle ergibt sich vorliegend aufgrund der Eigentumsfreiheit aus Art. 14 Abs. 1 GG, der Berufsfreiheit aus Art. 12 Abs. 1 GG und dem allgemeinen Gleichheitssatz aus Art. 3 Abs. 1 GG.

a) Grundrechtsrelevanz der 13. AtomG-Novelle insgesamt

Überwiegend anerkannt ist, dass der Gesetzgeber mit der 13. AtomG-Novelle insofern in geschützte Eigentumspositionen der Energieversorgungsunternehmer eingreift, als die Nutzungsmöglichkeit der Kernkraftwerke ab dem jeweiligen fixen Enddatum untersagt wird.[771] Auch das Bundesverfassungsgericht nimmt einen Eingriff in die Nutzungsbefugnis der atomrechtlich genehmigten Anlagen an.[772] Das Anlageneigentum und dessen Nutzbarkeit sind durch die atomrechtliche Genehmigung konkretisiert. Zu Recht stellt das Bundesverfassungsgericht fest, dass die daraus ergebende Eigentumsposition bereits durch die Grundsatzentscheidung zum Atomausstieg 2002 eingeschränkt war.[773] Die Nutzbarkeit der Kernkraftwerke galt nicht mehr unbegrenzt, sondern nur bis zur Verstromung der Reststrommengen 2002 bzw. Zusatzstrommengen 2010. In diese Rechtsposition greift die 13. AtomG-Novelle ein, indem durch die dort geregelten festen Abschaltfristen ein Teil der Reststrommengen 2002 nicht mehr konzernintern verstrombar sind. Es handelt sich um eine Verschärfung der Laufzeitbegrenzung. Die atomrechtliche Genehmigung stellt kein eigenständig geschütztes Eigentumsrecht dar.[774] Besondere Aufmerksamkeit verlangt aus Vertrauensschutzperspektive die gesonderte Eigentumsfähigkeit der Reststrommengen 2002 sowie der Zusatzstrommengen 2010 und in diesem Zusammenhang die Frage, ob es sich bei der vorliegenden Regelung um eine Inhalts- und

---

771 Siehe nur *Schlömer*, Der beschleunigte Ausstieg aus der friedlichen Nutzung der Kernenergie, S. 103; *Bruch/Greve* DÖV 2011, 794 (795); *de Witt* UPR 2012, 281 (283 f.); *Enzensperger* DÖV 2016, 939 (945); *Ewer* NVwZ 2011, 1035 (1037); *Klopefer* DVBl. 2011, 1437 (1438); *Wieland* EnWZ 2013, 252 (255).

772 BVerfGE 143, 246 Rn. 230.

773 BVerfGE 143, 246 Rn. 230.

774 BVerfGE 143, 246 Rn. 231.

Schrankenbestimmung des Eigentums oder um eine Enteignung handelt. Auf diese Punkte wird im Folgenden noch näher einzugehen sein.[775]

Auch der allgemeine Gleichheitssatz aus Art. 3 Abs. 1 GG wurde tangiert. Das entstandene Verstrombarkeitsdefizit durch die stufenweise Einführung fester Abschalttermine in § 7 Abs. 1a Satz 1 AtomG benachteiligt die Konzerne RWE und Vattenfall gegenüber ihren Konkurrenten EnBW und E.On und stellt daher eine rechtfertigungsbedürftige Ungleichbehandlung nach Art. 3 Abs. 1 GG dar. Nicht alle Kernkraftwerke erreichen zudem die ursprünglich veranschlagten 32 Jahre Regellaufzeit. Das Kernkraftwerk Krümmel, das am 6. August 2011 vom Netz ging, hatte bis dahin eine Laufzeit von 27,36 Kalenderjahren und lag damit unter der 32-jährigen Regellaufzeit.[776]

Die 13. AtomG-Novelle beschränkt außerdem die Berufsfreiheit der Energieversorger aus Art. 12 Abs. 1 GG, da sie die Beendigung ihrer unternehmerischen Tätigkeit im Bereich der Nutzung der Kernenergie beschleunigt. Primärer Anknüpfungspunkt des Vertrauensschutzes aus Perspektive der Energieversorgungsunternehmer ist allerdings auch hier der Schutz des bereits Erworbenen im Rahmen von Art. 14 GG, weshalb sich die anschließenden Ausführungen hierauf konzentrieren.[777] Auch das Bundesverfassungsgericht prüft den Vertrauensschutz der Energieversorger vorrangig anhand des Eigentumsschutzes nach Art. 14 GG und vermerkt, dass sich aus der von den Beschwerdeführern gerügten Verletzung der Berufsfreiheit nach Art. 12 GG „keine weitergehenden verfassungsrechtlichen Konsequenzen“ ergeben.[778]

b) Exkurs: Anerkennung der Grundrechtsfähigkeit von Vattenfall

Eine weitere spannende Frage, die das Bundesverfassungsgericht zu beantworten hatte, war, ob eine von einem ausländischen Staat gehaltene juristische Person des Privatrechts Grundrechtsträger und damit in diesem Verfahren beschwerdebefugt sein konnte. Das Urteil des Bundesverfassungsgerichts stellt hinsichtlich dieser Problematik einen entscheidenden Wendepunkt zur Verfassungsdogmatik dar.

Das Bundesverfassungsgericht löst die Problematik der Grundrechtsfähigkeit einer juristischen Person grundsätzlich anhand der *Lehre vom personalen Substrat*, die einen Durchgriff auf die hinter der juristischen Person stehenden

---

775 Siehe dazu unten D.III.c).

776 Siehe unten D.II.5,b)dd).

777 Vgl. D.III.b)bb)

778 BVerfGE 143, 246 Rn. 390 f.

natürlichen Personen zur Voraussetzung für die Grundrechtsberechtigung macht.[779] Zweiter dogmatischer Grundpfeiler bildet das *Konfusionsargument*, wonach der deutsche Staat „nicht gleichzeitig Adressat und Berechtigter der Grundrechte sein (kann)“[780]. Auf Grundlage dieser Argumentation verneint das Bundesverfassungsgericht die Grundrechtsberechtigung staatlich beherrschter Unternehmen und juristischer Personen des öffentlichen Rechts.[781] In seiner bisherigen Rechtsprechung verneinte das Gericht außerdem die Grundrechtsberechtigung einer ausländischen juristischen Person[782] und macht hiervon nur bei juristischen Personen mit Sitz in einem EU-Mitgliedstaat aufgrund des Anwendungsvorrangs des EU-Rechts eine Ausnahme[783].

In Bezug auf die Beschwerdeführer RWE und E.ON war die Anerkennung deren Grundrechtsfähigkeit vor dem Hintergrund dieser Rechtsprechung erwartungsgemäß. Der persönliche Schutzbereich der Eigentumsgarantie ist über Art. 19 Abs. 3 GG auch für juristische Personen des Privatrechts eröffnet, soweit das Grundrecht seinem Wesen nach anwendbar ist. Dies ist bei den Energieversorgern der Fall. Sie sind als privatwirtschaftlich organisierte Rechtssubjekte ausgestaltet, welche eigene vermögenswerte Rechtspositionen innehaben können.[784] Dies gelte auch für die Beschwerdeführerin Krümmel, an der zu 50% Vattenfall und zu 50% die E.On. Kernkraft GmbH beteiligt sind.[785]

Demgegenüber erwies sich die Entscheidung des Gerichts, die Beschwerdeführerin Vattenfall ebenso als grundrechtsfähig einzustufen, als überraschender. Bei der Beschwerdeführerin Vattenfall Europe AG[786] handelte es sich um eine Aktiengesellschaft deutschen Rechts mit Sitz in Berlin. Die Anteile an der AG werden jedoch letztlich vollständig vom schwedischen Staat gehalten. Der Senat stellte hierzu fest, dass die Beschwerdebefugnis gegeben sei, weil eine solche juristische Person des Privatrechts, die von einem ausländischen Staat gehalten werde, wie andere rein private Marktteilnehmer weder unmittelbar noch

779 BVerfGE 15, 256 (262); 21, 362 (369 f.).

780 BVerfGE 21, 362 (370).

781 Eine Ausnahme wird zugunsten der Grundrechtsfähigkeit von Rundfunkanstalten, Universitäten sowie Religionsgemeinschaften gemacht.

782 BVerfGE 21, 207 (208 f.); 100, 313 (364); hierzu *Remmert* in Maunz/Dürig, GG, § 19 Abs. 3 Rn. 88.

783 Siehe nur BVerfGE 129, 78 (94 ff.).

784 BVerfGE 143, 246 Rn.182; so auch *Kloepfer* DVBl. 2011, 1437 (1439).

785 BVerfGE 143, 246 Rn. 204 ff mit Verweis auf BVerfGE 128, 226 (246 f.).

786 Im Jahre 2012 umfirmiert auf: Vattenfall GmbH.

mittelbar über innerstaatliche Machtbefugnisse verfüge.[787] Die Gefahr einer Konfusion drohe demnach nicht.[788] Für die Beschwerdebefugnis von Vattenfall spreche dabei insbesondere die Niederlassungsfreiheit nach Art. 54 Abs. 1 und 2 i.V.m. Art. 49 Abs. 1 Satz 2 AEUV, da das schwedische Mutterunternehmen Vattenfall ein deutsches Tochterunternehmen gegründet hat.[789] Verweigerte man Vattenfall die Grundrechtsfähigkeit und damit die Beschwerdebefugnis, stünde ihr keine Rechtsschutzmöglichkeit gegen die mit der 13. AtomG-Novelle verbundenen Beeinträchtigungen zu.[790]

Dieses Ergebnis wird von der Literatur kritisch bewertet..[791] Zum einen wird darin eine unzulässige Privilegierung von Vattenfall gesehen, da Eigengesellschaften deutscher Gebietskörperschaften die Beschwerdebefugnis verwehrt bleibe, obwohl diese zum Teil mangels Beteiligungsreche im Gesetzgebungsverfahren gleichermaßen rechtsschutzlos gestellt seien.[792] Vattenfall habe nun im Vergleich zu den deutschen öffentlichen Unternehmen einen Wettbewerbsvorteil.[793] Zum anderen bestehe keine grundrechtstypische Gefährdungslage, da das Eigentumsgrundrecht „nicht das Privateigentum, sondern das Eigentum Privater" schütze.[794] Fragwürdig sei außerdem die Annahme eines rechtfertigungsbedürftigen Eingriffs in die Niederlassungsfreiheit aus Art. 54 Abs. 1 und 2 i.V.m. Art. 49 Abs. 1 Satz 2 AEUV, da die Niederlassungsfreiheit grundsätzlich keinen Schutz von nicht-diskriminierenden Maßnahmen nach Markteintritt gewähre.[795] Dem Gericht wird sogar unterstellt, dass es Vattenfall womöglich deshalb die Beschwerdebefugnis zuerkannte, um im Hinblick auf das anhängige Investitionsschiedsverfahren keine „offene Flanke" zu riskieren.[796]

Abseits dieser Kritik ist im Ergebnis aber zu begrüßen, dass durch Anerkennung ihrer Beschwerdefähigkeit Vattenfall eine Möglichkeit zur Geltendmachung verfassungsrechtlichen Investitionsschutzes vor dem Bundesverfassungsgericht

---

787 BVerfGE 143, 246 Rn. 194.
788 BVerfGE 143, 246 Rn. 192.
789 BVerfGE 143, 246 Rn. 196 ff.
790 BVerfGE 143, 246 Rn. 194.
791 Siehe auch die umfangreiche Kritik von *Ludwigs/Friedmann* an der überkommenen BVerfG-Judikatur in NVwZ 2018, 22 (23 ff.).
792 *Shirvani* DÖV 2017, 281 (283).
793 *Roller* ZUR 2017, 277 (285).
794 *Roller* ZUR 2011, 277 (286) mit Verweis auf BVerfGE 143, 246 Rn. 195.
795 *Ludwigs* NVwZ-Beil. 2017, 3 (6).
796 *Shirvani* DÖV 2017, 281 (283).

eröffnet wurde. So fördert die „neue offene Auslegung“[797] von Art. 19 Abs. 3 GG einen Gleichlauf von nationalen Grundrechten und unionsrechtlichen Freiheiten[798] und gewährleistet aus verfahrensrechtlicher Sicht eine integrativen Investitionsschutz im gemeinsamen europäischen Binnenmarkt. Dass das Bundesverfassungsgericht diese Rechtsprechung auf andere Konstellation ausweitet, ist jedoch zweifelhaft. Das Gericht weist diesbezüglich „auf die besonderen Umstände des vorliegenden Falls“ hin[799] und sieht davon ab, seine Rechtsprechung zu verallgemeinern.[800]

c) Eigentumsfähigkeit der Reststrommengen aus dem Ausstieggesetz 2002

Erste maßgebliche Weichenstellung für die weitere Beurteilung des schutzwürdigen Vertrauens der Energieversorger ist die Frage, ob die Elektrizitätsmengen selbstständige Eigentumspositionen darstellen und daher eigenständigen Schutz nach Art. 14 Abs. 1 GG genießen. Der in der Literatur herrschende Streit[801] über die gesonderte Eigentumsqualität der Reststrommengen 2002 wurde durch das Urteil des Bundesverfassungsgerichts entschieden. Das Gericht verneint die selbstständige Eigentumsfähigkeit der 2002 gewährten Reststrommengen. Es handele sich um keine selbstständige Eigentumsposition, denn die Reststrommengen prägten lediglich die unter den Schutz von Art. 14 GG fallende Nutzung des Anlageneigentums.[802] Obwohl sie als Faktor für den Leistungsbetrieb dienen, ein privatnütziges Wertbestimmungsmerkmal darstellen und es möglich ist, sie auf andere Kraftwerke zu übertragen,[803] seien sie nicht frei verfügbar wie sonstige Eigentumsrechte. Die Übertragbarkeit der Reststrommengen sei zum einen auf deutsche Kraftwerke begrenzt und außerdem insofern beeinträchtigt, als die Strommengen nach § 7 Abs. 1b Satz 1 AtomG nur von alten auf neue Anlagen übertragen werden dürfen. [804] Ohne eine Kernkraftwerksanlage, in der

797 BVerfGE 143, 246 Rn. 196.
798 Vgl. *Roller* ZUR 2017, 277 (285).
799 BVerfGE 143, 246 Rn. 200.
800 So auch *Shirvani* DÖV 2017, 281 (283).
801 Dafür *Huber* DVBl. 2003, 157 (159 f.).; *Kloepfer* DVBl. 2011, 1437 (1438); *Di Fabio* in Di Fabio/Durner/Wagner, Kernenergieausstieg 2011, 9 (25); ablehnend *Ossenbühl*, Verfassungsrechtliche Fragen eines beschleunigten Ausstiegs aus der Kernenergie, S. 17 ff.; *Kahl/Bews* JURA 2014, 1004 (1016).
802 Zum Ganzen BVerfGE 143, 246 Rn. 234.
803 BVerfGE 143, 246 Rn. 235.
804 BVerfGE 143, 246 Rn. 236.

Reststrommengen erzeugt werden können, seien Reststrommengen wertlos.[805] Problemtisch sei außerdem, dass die Reststrommengen nicht auf erheblichen Eigenleistungen der Energieversorger beruhten. Dieses Merkmal müsse jedoch vorliegen, damit es sich um ein „vermögenswertes öffentliches Recht" im Sinne von Art. 14 Abs. 1 GG handele.[806]

Die Argumentation des Gerichts ist im Ergebnis zwar korrekt, überzeugt jedoch nur teilweise. Zunächst leuchtet es nicht ein, allein aufgrund der Beschränkungen, unter denen die Übertragbarkeit der Reststrommengen gestellt sind, die gesonderte Eigentumsfähigkeit jener abzusprechen. Eigentum unterliegt regelmäßig Beschränkungen, weshalb dies nichts an der Eigentumsqualität ändert. Des Weiteren überzeugt die Argumentation unter Zugrundelegung der Rechtsprechung des Gerichts im Bereich des Sozialversicherungsrecht nicht.[807] Die Reststrommengen stellen unzweifelhaft eine Konkretisierung der Nutzungsbefugnis an den Kernkraftwerken dar. Sie bestimmen als Bemessungsgrundlage die Dauer der weiteren Betriebszeit. Da diese Nutzungsbefugnis erst aus der Betriebsgenehmigung folgt,[808] sind auch die Reststrommengen unter dem Regime des präventiven Verbots mit Erlaubnisvorbehalt aus § 7 Abs. 1 Satz 1 AtomG öffentlich-rechtlicher Natur.[809] Ob es sich bei den Reststrommengen allerdings um ein von Art. 14 GG geschütztes subjektiv-öffentliches Recht handelt, macht das Bundesverfassungsgericht nach ständiger Rechtsprechung von weiteren Kriterien abhängig. So soll die Rechtsposition nur dann Eigentumsschutz erfahren, wenn sie sich als Äquivalent eigener Leistung darstelle und nicht ausschließlich auf staatlicher Gewährung beruhe.[810] Speziell in Bezug auf sozialversicherungsrechtliche Positionen wird die Eigentumsfähigkeit davon abhängig gemacht, dass die subjektiv-öffentliche Rechtsposition auf „nicht unerheblichen Eigenleistungen" beruhe.[811] Dies soll auch vorliegend gelten.

Die Reststrommengen stellen jedoch keine staatlich gewährte Begünstigung für die Energieversorger dar, sondern sind die mengenmäßige Betriebslaufzeit bis zur endgültigen Stilllegung als Folge der vorzeitigen Entziehung der

805 BVerfGE 143, 246 Rn. 236.

806 BVerfGE 143, 246 Rn. 237.

807 Siehe hierzu ausführlicher oben D.I.a)aa)(2).

808 Siehe oben D.I.3.a)aa)(1).

809 *Huber* DVBl. 2003, 157 (159); anders *Ossenbühl*, Verfassungsrechtliche Fragen eines beschleunigten Ausstiegs aus der Kernenergie, S. 18 f.

810 Siehe nur BVerfGE 14, 288 (293 f.); BVerfGE 58, 81 (112); *Papier/Shirvani* in Maunz/Dürig, GG, Art. 14 Rn. 236.

811 BVerfGE 69, 272 (300).

Betriebsberechtigung. Besitzt die auf der unbefristeten Genehmigung basierende Nutzungsbefugnis der Kernkraftwerke einen eigenständigen Eigentumsschutz nach Art. 14 Abs. 1 GG, so gilt dies erst recht für die Reststrommengen. Dennoch sind sie nur Teil der insgesamt vorhandenen Nutzungsbefugnis. Im Zeitpunkt der Ausstiegsentscheidung im Jahr 2002 wurde durch die Reststrommengen keine neue Rechtposition gewährt bzw. kein neues subjektiv-öffentliches Recht geschaffen. Die Reststrommengen dienten nur als Umrechnungswert der verbleibenden Restlaufzeit bis zur endgültigen Stilllegung.[812] Dementsprechend ist es obsolet, eine „erhebliche Eigenleistung" der Energieversorger zu verlangen, da es auf die Anerkennung der Reststrommengen als ein unter Art. 14 Abs. 1 GG fallendes subjektiv-öffentliches Recht nicht ankommt. Der Anspruch der Energieversorger auf Verstrombarkeit der Reststrommengen fällt unter den Eigentumsschutz von Art. 14 GG, weil er lediglich Ausfluss der bereits ursprünglich unbegrenzt gewährten Nutzungsbefugnis an den Kernkraftwerken ist, welche auch nach Rechtsprechung des Bundesverfassungsgerichts[813] unstreitig eigenständigen Eigentumsschutz besitzt.[814]

Eine „erhebliche Eigenleistung" der Energieversorger lehnt das Bundesverfassungsgericht sodann mit einem Hinweis darauf ab, dass die Reststrommengen nicht als *direkte Kompensation* für die mit dem Ausstieg wertlos werdenden Investitionen konzipiert wurden, sondern lediglich ein Merkmal der zeitlichen Beschränkung des Betriebs darstellten.[815] Gleichzeitig stellt das Bundesverfassungsgericht fest, dass die Gewährung der Reststrommengen allerdings zur *Wahrung des Verhältnismäßigkeitsgrundsatzes* im Hinblick auf die mit dem Ausstieg verbundenen Grundrechtsbeeinträchtigungen erfolgte. Dies entspricht im Ergebnis den obigen Ausführungen. Die Reststrommengen sind eine transformierte Übergangsfrist zur Wahrung schutzwürdiger Vertrauensinteressen der Energieversorger. Da die Reststrommenge als *auflösende Bedingung* eine Beschränkung der zuvor durch eine zeitlich unbefristete Betriebsgenehmigung

812 So auch *de Witt* UPR 2011, 281 (284).

813 BVerfGE 143, 246 Rn. 228, 229.

814 Zu den Stimmen in der Literatur, die die in Vertrauen auf die Reststrommengen getätigten Investitionen als Eigenleistung ansehen: *Kloepfer* DVBl. 2011, 1437 (1438); *Bruch/Greve* DÖV 2011, 798 (795); ablehnend *Kahl/Bews* JURA 2014, 1016: „Würden solche nachträglichen Aufwendungen im Vertrauen auf den Fortbestand einer öffentlich-rechtlichen Begünstigung diese zu einer Eigentumsposition i.S.d. Art. 14 Abs. 1 GG erstarken lassen, hätte der Private die eigenhändige Ausweitung des Schutzbereichs in der Hand."

815 BVerfGE 143, 246 Rn. 237.

konkretisierten Nutzungsbefugnis darstellt, kann sie keine über diese Nutzbarkeit hinausgehende Eigentumsposition begründen.[816]

Das Bundesverfassungsgericht kommt somit über Umwege zum richtigen Ergebnis. Wichtig an dieser Stelle ist daher die Erkenntnis, dass die Begründung aufgrund ihrer Mängel nicht auf andere Regelungsbereiche übertragen werden sollte. Die pauschale Heranziehung des Erfordernisses „erheblicher Eigenleistung" verengt den Eigentumsbegriff unzumutbar und ist vorliegend nicht sachgerecht. So ist im Ergebnis festzuhalten, dass die Reststrommengen kein eigenständiges Eigentumsrecht darstellen.

d) Eigentumsfähigkeit der Zusatzstrommengen aus der 11. AtomG-Novelle vom 8. Dezember 2010

Entsprechend seiner Begründung zur Eigentumsfähigkeit der Reststrommengen 2002 verneint das Bundesverfassungsgericht auch die eigenständige Eigentumsqualität der Zusatzstrommengen im Sinne von Art. 14 Abs. 1 GG. Insofern attestiert das Gericht den Elektrizitätsmengen einen gleichrangigen Schutz über die dadurch eröffneten Nutzungsmöglichkeiten, jedoch keinen darüber hinausgehenden.[817] Die Verlängerung der Laufzeiten durch die Zusatzstrommengen 2010 sei Teil der Nutzungsbefugnis der Kernkraftwerke.[818]

e) Enger Enteignungsbegriff und Vertrauensschutz

aa) Güterbeschaffungsvorgang als konstitutives Element der Enteignung

Nach ständiger Rechtsprechung des Bundesverfassungsgerichts setzt die Enteignung „die vollständige oder teilweise Entziehung subjektiver, durch Art. 14 Abs. 1 Satz 1 GG gewährleisteter Rechtspositionen" [819] voraus. Das Bundesverfassungsgericht befand, dass es sich bei der Nutzungsbeschränkung durch die nachträgliche Befristung des Leistungsbetriebs um eine Inhalts- und Schrankenbestimmung des Eigentums handelt. [820] Der Senat stellte darauf ab, dass es zur Annahme einer Enteignung bereits am Entzug konkreter Eigentumspositionen fehle. Das Gericht argumentierte, dass der Entzug der Reststrom- sowie

---

816 *Kahl/Bews* JURA 2014, 1016.

817 BVerfGE 143, 246 Rn. 239.

818 BVerfGE 143, 246 Rn. 264.

819 Zitat BVerfGE 143, 246 Rn. 245 unter Verweis auf BVerfGE 101, 239 (259); 102, 1 (15 f.); 104, 1 (9); 134, 242 (289).

820 BVerfGE 143, 246 Rn. 248 ff.

Zusatzstrommengen, lediglich zu einer Beschränkung von Nutzungsmöglichkeiten an den Kernkraftwerken, aber nicht zu einem Entzug von Eigentumsrechten führt.[821] Durch die im Vorfeld getroffene zutreffende Entscheidung, die Elektrizitätsmengen nicht als eigenständige Eigentumspositionen anzusehen, hat das Gericht insoweit die weitere eigentumsrechtliche Bewertung vorbestimmt. Mangels konkreter Rechtsposition kann ein Entzug jener nicht stattgefunden haben. Insofern liegt aus diesem Grund bereits keine Enteignung vor.

Dieses Ergebnis wird durch die Rechtsprechungsänderung des Gerichts zu den Voraussetzungen einer Enteignung nach Art. 14 Abs. 3 GG unterstrichen. Ein wichtiger Eckpfeiler des Urteils zum beschleunigten Atomausstieg ist insbesondere, dass das Bundesverfassungsgericht den Enteignungsbegriff neu konturiert, indem es die Güterbeschaffung zu einem konstitutiven Merkmal der Enteignung erhebt. Diese Rückkehr zum sogenannten „klassischen Enteignungsbegriff"[822] wurde bereits nach dem Beschluss der Gerichts zur Baulandumlegung aus dem Jahr 2001[823] diskutiert.[824] In seinem Urteil zum beschleunigten Atomausstieg macht das Gericht nun deutlich, dass eine Enteignung zwingend voraussetze, dass der hoheitliche Eingriff in das Eigentumsrecht zugleich ein Güterbeschaffungsvorgang zugunsten der öffentlichen Hand oder des sonst Enteignungsbegünstigten ist.[825] Der Eigentumsentzug muss mit einem „Übergang des Eigentums auf den Staat oder einem Drittbegünstigten verbunden sein".[826] An diesem mangele es im vorliegenden Fall, da durch die 13. AtomG-Novelle kein „Gut" entzogen und auf Dritte übertragen wurde.[827]

bb) Auswirkungen des engen Enteignungsbegriffs auf den eigentumsrechtlichen Vertrauensschutz aus Art. 14 GG

Die Einordnung der 13. AtomG-Novelle als Inhalts- und Schrankenbestimmung oder als Enteignung bildet eine der maßgeblichen Weichenstellungen für die Qualität des eigentumsrechtlichen Vertrauensschutzes. Eine Enteignung darf nach Art. 14 Abs. 3 Satz 2 GG nur durch ein Gesetz erfolgen, das Art und

---

821 BVerfGE 143, 246 Rn. 245 sowie 263 f.

822 *Papier/Shirvani* in Maunz/Dürig, GG, Art. 14, Rn. 629 f.; *Stern*, Das Staatsrecht der Bundesrepublik Deutschland, Bd. IV/1, S. 2262.

823 BVerfGE 104, 1.

824 Meinungsstand in *Stern*, Das Staatsrecht der Bundesrepublik Deutschland, Bd. IV/1, S. 2263 ff.

825 BVerfGE 143, 246 Rn. 246.

826 BVerfGE 143, 246 Rn. 253, 245.

827 BVerfGE 143, 246 Rn. 266 f.

Ausmaß der Entschädigung regelt. Das Bestandsinteresse des Eigentümers ist *ipso iure* schutzwürdig und muss im Rahmen einer Ausgleichsregelung Beachtung finden. Eine Inhalts- und Schrankenbestimmung kann zwar auch ausgleichspflichtig sein, dies dann allerdings nur als Ergebnis der Abwägung der widerstreitenden Interessen. Ist die Inhalts- und Schrankenbestimmung für den Betroffenen auch in Anbetracht etwaiger Vertrauensschutzaspekte zumutbar, ist sie nicht ausgleichsbedürftig. Die Rechtfertigungsschwelle einer vertrauensenttäuschenden Inhalts- und Schrankenbestimmung bleibt unter Vertrauensschutzgesichtspunkten jedenfalls hinter der unmittelbaren Ausgleichspflicht des Art. 14 Abs. 3 GG zurück. Mit der Beschränkung der Enteignung auf die zwangsweise Güterbeschaffung reduziert das Bundesverfassungsgericht die Anwendungsfälle des Art. 14 Abs. 3 GG maßgeblich. Zwar ist dem Gericht zuzustimmen, dass hierdurch eine klarere Abgrenzung zur Inhalts- und Schrankenbestimmung vorgenommen werden kann,[828] allerdings zu dem Preis, dass der enge Enteignungsbegriff es dem Gesetzgeber ermöglicht, unter dem Deckmantel einer Inhalts- und Schrankenbestimmung Maßnahmen zu treffen, die rein faktisch einem Entzug der Eigentumsposition gleichkommen.[829] Auf diesem Weg wird die Warnfunktion der Enteignung unterlaufen. Der Gesetzgeber darf ohne Zwang zur formalen und inhaltlichen Beachtung des Junktims Eigentum entwerten. Dies bringt für den Gesetzgeber mehrere Vorteile. Einer davon ist die nur abgeschwächte Sachverhaltsaufklärungspflicht bei einer Inhalts- und Schrankenbestimmung. Obschon das Grundgesetz keine gesonderte Sachaufklärungspflicht im Gesetzgebungsverfahren kennt, sind Grundrechtseingriffe auf hinreichende Tatsachen zu stützen.[830] Diese fallen je nach Grundrechtsbeeinträchtigung entsprechend unterschiedlich aus. Schuldet der Gesetzgeber aufgrund einer gesetzlichen Enteignung eine Kompensation, so ist die Festsetzung deren Höhe nur nach exakter Aufklärung des Sachverhalts möglich.[831] Bei der Regulierung eines Wirtschaftsbereichs durch die Ausgestaltung von Inhalt und Schranken des Unternehmereigentums muss der Vertrauensschaden nicht exakt beziffert werden. Stattdessen dürfen die Regelungen lediglich nicht unzumutbar sein, was den Gesetzgeber in Anbetracht seines vom Bundesverfassungsgericht insbesondere im Bereich der Wirtschaftsregulierung attestieren Einschätzungs- und Beurteilungsspielraums[832] keineswegs vor unüberwindbare Hürden stellt.

828 BVerfGE 143, 246 Rn. 254.
829 *Börner* RdE 2017, 119 (123).
830 Siehe oben D.II.4.aa)(1).
831 Vgl. *Börner* RdE 2017, 119 (124).
832 Siehe hierzu oben D.II.4.a)bb)(2).

Dementsprechend verkürzt die Neujustierung des Enteignungsbegriffs gleichzeitig die Reichweite des eigentumsrechtlichen Vertrauensschutzes. Hieran ändert sich auch nichts dadurch, dass das Gericht erklärt, an Einschränkungen der Nutzungsbefugnis seien gesteigerte Anforderungen im Rahmen der Verhältnismäßigkeit zu stellen, wenn diese zu einem Entzug konkreter Eigentumspositionen führen, ohne der Güterbeschaffung zu dienen.[833] Da der Entzug von durch Art. 14 Abs. 1 GG geschützten konkret-subjektiven Rechtspositionen künftig nicht mehr ausreicht, um den Tatbestand der Enteignung zu erfüllen und die damit verfassungsrechtlich vorgesehene Entschädigungspflicht auszulösen, die dem Bestandsinteresse der Betroffenen Rechnung trägt, kann der eigentumsrechtliche Vertrauensschutz letztlich nur noch als Abwägungstopos im Rahmen der Verhältnismäßigkeitsprüfung einer Inhalts- und Schrankenbestimmung begriffen werden.[834]

f) Zusammenfassung

Die vom Bundesverfassungsgericht vorgenommene Einordnung der 13. AtomG-Novelle als Inhalts- und Schrankenbestimmung des Eigentums der Energieversorger ist im Ergebnis zutreffend. Die Begründung des Gerichts ist allerdings aus mehreren Gründen eigentums- sowie investitionsfeindlich.

Die pauschale Heranziehung der Rechtsprechung zum Sozialversicherungsrecht bei der Frage nach der Eigentumsfähigkeit der Elektrizitätsmengen wird der Rechtsposition der Energieversorger nicht gerecht. Die Reststrommengen stellen die Quantifizierung der verbleibenden, eigentumsfähigen Nutzbarkeit der Kernkraftwerke dar, die, unabhängig von der Problematik um die Eigentumsfähigkeit öffentlicher Rechtspositionen, als Teil der Nutzungsbefugnis an den Kernkraftwerken geschützt ist. In diesem Zusammenhang sei erneut daran erinnert, dass bei der vom Bundesverfassungsgericht vorgenommenen Reduzierung der Eigentumsfähigkeit subjektiv-öffentlicher Rechtspositionen auf die Fälle, in denen diese durch „erheblicher Eigenleistung“ erlangt wurden, Vorsicht geboten ist. Bei der Neujustierung von Genehmigungsrecht kann nicht derselbe Maßstab angesetzt werden wie in jenen Bereichen, in denen der Staat seine Pflicht zur Leistungserbringung erfüllt. Im Bereich der Wirtschaftsregulierung tritt der Staat nur selten als alleiniger Leistungsgeber auf.

---

833 BVerfGE 143, 246 Ls. 1.

834 Vgl. auch *Schwarz*, Vertrauensschutz als Verfassungsprinzip, S. 182.

Investitionsfeindlich ist weiterhin das Erfordernis eines Güterbeschaffungsvorgangs als konstitutives Element der Enteignung. Der enge Eigentumsbegriff minimiert die Anwendungsfälle des Junktims aus Art. 14 Abs. 3 GG, wodurch gleichzeitig die schärfste Form von eigentumsrechtlichem Vertrauensschutz an Durchschlagskraft verliert. Es besteht die Gefahr, dass Vertrauensschutz im Rahmen der Eigentumsfreiheit letztlich nur noch als Abwägungstopos in der Verhältnismäßigkeit einer Inhalts- und Schrankenbestimmung dient. Im Ergebnis ist festzuhalten, dass durch die neue Rechtsprechung des Bundesverfassungsgerichts der eigentumsrechtliche Vertrauensschutz und damit auch der Investitionsschutz insgesamt geschwächt wurde.

4. Vereinbarkeit des Entzugs der Zusatzstrommengen mit dem verfassungsrechtlichen Vertrauensschutz aus Art. 14 GG

Das Bundesverfassungsgericht sieht die durch den Entzug der Zusatzstrommengen bewirkte Eigentumsbelastung als zulässige Inhalts- und Schrankenbestimmung nach Art. 14 Abs. 1 GG an.[835] Die Schutzwürdigkeit des Vertrauens in den Bestand der Zusatzstrommengen sei mehrfach eingeschränkt.[836] Die Schutzwürdigkeit der Investitionen, die im Vertrauen auf die dadurch verlängerten Laufzeiten getätigt wurden, wird an anderer Stelle diskutiert, weshalb sich die folgende Analyse ebenso nur auf den Vertrauensschaden der Zusatzstrommengen beschränkt.[837]

a) Gewicht der Gemeinwohlbelange

Der Entzug der Zusatzstrommengen bewirkt, dass den Energieversorgern die gewerbliche Nutzungsbefugnis der Kernkraftwerke für durchschnittlich zwölf Jahre genommen wird. Die Abschaltung der Kernkraftwerke erfolgt um zwölf Jahre früher, wodurch das von der Atomkraft ausgehende unbeherrschbare Risiko für Mensch und Natur um ein erhebliches minimiert wird. Die dadurch eintretende Beschleunigung des Atomausstiegs dient dem Schutz von Leben und Gesundheit der Bevölkerung (Art. 2 Abs. 2 GG) und der natürlichen Lebensgrundlagen (Art. 20a GG) und damit absolut schützenswerten Gemeinschaftswerten.[838] Laut Bundesverfassungsgericht gilt dies unabhängig davon, dass sich

835 BVerfGE 143, 246 Rn. 291.
836 BVerfGE 143, 246 Rn. 295.
837 Siehe unten D.III.6.
838 BVerfGE 143, 246 Rn. 303.

das grundsätzliche Risiko der Nutzung der Kernenergie nicht geändert hat, sondern lediglich die Bewertung dieser Gefahr eine andere ist.[839] Auch wenn man die Vergleichbarkeit der tatsächlichen Ereignisse in Japan und der potentiellen Ereignisse in Deutschland anzuzweifeln vermag,[840] hat die Realität des Reaktorunfalls substantiellen Einfluss auf die Bewertung des Restrisikos genommen.[841] Die Risikowahrnehmung hat sich durch den Unfall in Fukushima verändert. Da es sich bei der Atomkraft um eine Hochrisikotechnologie handelt, sei der Gesetzgeber befugt, die Zulässigkeit dieser Technologie allein von der Akzeptanz der Gesellschaft abhängig zu machen.[842] Diesbezüglich kann auf die vorstehenden Ausführungen verwiesen werden.[843] Insgesamt ist daher das Gewicht der Gemeinwohlbelange als hoch zu bewerten.

b) Schutzwürdigkeit des Vertrauens

aa) Erheblicher Vertrauensschaden

Für eine hohe Schutzwürdigkeit des Vertrauens der Energieversorger spricht zuvörderst der erhebliche Vertrauensschaden, der aufgrund der Streichung der Zusatzstrommengen eintritt. Der Entzug von insgesamt 1.804 TWh Verstromungskapazität entspricht einer Zwölfjahresleistung. Der Gesetzgeber strich damit eine weitere Nutzungsdauer von über einem Jahrzehnt. Auch das Bundesverfassungsgericht erkennt an, dass der Umfang der entzogenen Nutzungskapazität und damit die Betroffenheit der grundrechtlichen Rechtsgüter und die Intensität der Nachteile enorm ist.[844] Dementsprechend wiegt der Vertrauensschaden schwer.

bb) Atomkonsens II

Zugunsten der Schutzwürdigkeit des Vertrauens der Energieversorger muss außerdem der Atomkonsens II berücksichtigt werden. Auch wenn dieser keine

---

839 BVerfGE 143, 246 Rn. 304.

840 So *Degenhart* DVBl. 2013, 207 (208); *Cosack/Enders* DVBl. 2011, 1446 ff.

841 Vgl. Bericht der Ethik-Kommission „Sichere Energieversorgung" v. 30.05.2011, Deutschland Energiewende, Gemeinschaftswerk für die Zukunft, S. 11, abrufbar unter https://www.nachhaltigkeitsrat.de/wp-content/uploads/migration/documents/2011-05-30-abschlussbericht-ethikkommission_property_publicationFile.pdf, zuletzt abgerufen am 05.05.2021.

842 BVerfGE 143, 246 Rn. 307 ff.

843 Siehe oben D.I.4.a).

844 Vgl. auch BVerfGE 143, 246 Rn. 294.

eigenständige Vertrauensgrundlage bildet, fließt die dort getroffene Zusage über die Zusatzstrommengen in die Bewertung der Schutzwürdigkeit des Vertrauens mit ein.[845] Teilweise wird vertreten, dass die Gewährung der Zusatzstrommengen aufgrund der 11. AtomG-Novelle nur politisch bedingt und weniger schutzwürdig sei. Im Gegensatz dazu beruhten die Reststrommengen auf einer tatsächlichen Vereinbarung und seien damit stärker geschützt.[846] Diese Ansicht verkennt allerdings, dass es für die Frage nach der vertrauensschützenden Dimension dieser vorgesetzlichen Absprachen unerheblich ist, ob die Elektrizitätsmengen vertraglich ausgehandelt wurden, oder als ein „Staatsgeschenk" lediglich vertraglich festgehalten wurden. In beiden Fällen ist der Staat vertrauensstiftend aufgetreten und hat das spätere Gesetzeswerk vertraglich vorgefasst. So listet der Atomkonsens II explizit die später gesetzlich in Anlage 3a zu § 7 Abs. 1a AtomG hinzutretenden Zusatzstrommengen auf.[847] Durch den dem Gesetz vorgelagerten Atomkonsens II ist das Vertrauen der Energieversorger in die Zusatzstrommengen stärker zu gewichten.

cc) Sozialer Bezug der Kernenergie

Das Bundesverfassungsgericht setzt zutreffend zunächst die Schutzwürdigkeit des Vertrauens herab, weil es sich bei dem betroffenen unternehmerischen Eigentum der Energieversorger um Eigentum mit einem besonders ausgeprägten sozialen Bezug handelt.[848] Die Atomkraft ist eine Hochrisikotechnologie mit extremen Schadensfallrisiken für das Gemeinwesen. Daneben ist die Problematik der Endlagerung radioaktiver Abfallprodukte weiterhin ungeklärt. Dem Atomrecht komme daher eine Sonderstellung zu, die den Gesetzgeber dazu befähige, von verfassungsrechtlichen Grundsätzen abzuweichen, die in sonstigen Wirtschaftsbereichen gelten.[849] Insofern kann auf die vorstehenden Ausführungen verwiesen werden.[850]

---

845 Siehe oben D.II.1.a)cc).

846 *Börner* RdE 2017, 119 (122).

847 Eckpunktevereinbarung oder „Term Sheet" zum Förderfondsvertrag v. 06.09.2010, S. 9; abrufbar unter https://archiv.bundesregierung.de/resource/blob/656928/401580/51cf8704b490c3e9132e55b236b5eba8/2010-09-09-foerderfondsvertrag-data.pdf, zuletzt abgerufen am 05.05.2021.

848 BVerfGE 143, 246 Rn. 297.

849 BVerfGE 143, 246 Rn. 298.

850 Siehe oben D.II.6.b)cc).

dd) Staatlich veranlasste Dispositionen

Weiterhin bewertet das Bundesverfassungsgericht das Vertrauen in die Zusatzstrommengen deshalb als eingeschränkt, weil sie auf staatlicher Veranlassung und nicht auf einer Eigenleistung der betroffenen Unternehmer beruhen.[851] Die Zusatzstrommengen seien lediglich Ergebnis einer klimapolitischen Entscheidung. Die Laufzeiten wurden erweitert, sodass die Kernenergie als Brückentechnologie in der Energiewende fungieren kann. In der Konsequenz stellten die Zusatzstrommengen einen durch politische Entscheidung zugewiesenen Vorteil dar, den der Gesetzgeber entsprechend einfach wieder entziehen könne. Insbesondere seien sie – anders als die Reststrommengen von 2002 – keine Kompensation für anderweitige Einschränkungen des Eigentums.[852]

Zum Problemkreis staatlich veranlasster Dispositionen gilt das bereits gesagte.[853] Dem Bundesverfassungsgericht ist zwar im Ergebnis zuzustimmen, dass die Zusatzstrommengen aufgrund staatlicher Gewährung weniger schutzwürdig sind, allerdings nur deshalb, weil die vorliegende Rechtsposition eine erhebliche Sozialbindung aufweist. Staatliche Veranlassung und mangelnde Eigenleistung des Begünstigten lassen *per se* keine Herabsetzung der Schutzwürdigkeit des Vertrauens zu. Vielmehr ist das Vertrauen aufgrund der erheblichen Verhaltenslenkung von Seiten des Staats umso schutzwürdiger.[854]

ee) Zeitraum berechtigten Vertrauens

Weiterhin führt das Gericht aus, dass kein allgemeines Vertrauen auf den Bestand der Zusatzstrommengen entstanden sein könne, da der Zeitraum für die Begründung schutzwürdigen Vertrauens zu kurz sei.[855] Zur Ermittlung des Zeitpunkts der Begründung schutzwürdigen Vertrauens stellt das Gericht richtigerweise auf den 13. Dezember 2010, den Tag der Verkündung der 11. AtomG-Novelle im Bundesgesetzblatt, ab.[856] Einen genauen Zeitpunkt der Vertrauenszerstörung nennt das Bundesverfassungsgericht allerdings nicht. Vielmehr kommt es zu dem Ergebnis, dass jedenfalls angesichts des Atom-Moratoriums am 16. März 2011 und der Verkündung der 13. AtomG-Novelle am 6. August 2011 der Zeitraum zu kurz sei, um „die generelle Annahme begründen zu können,

851 BVerfGE 143, 246 Rn. 300.
852 BVerfGE 143, 246 Rn. 300.
853 Siehe oben C.I.2.b)bb).
854 Siehe oben C.I.2.b)bb).
855 BVerfGE 143, 246 Rn. 302.
856 Siehe oben C.I.2.b)cc).

dass die Kernkraftwerksbetreiber sich bereits nachhaltig auf die durchschnittlich zwölfjährige Laufzeitverlängerung eingerichtet und schon in entsprechendem Umfang Investitionen getätigt hätten."[857] Es verneint somit berechtigtes Vertrauen vollständig.[858]

Die vom Gericht vorgenommene Ermittlung des Zeitraums berechtigten Vertrauens ist unpräzise und wird dem verfassungsrechtlichen Grundsatz des Vertrauensschutzes nicht gerecht. Zunächst macht es einen wesentlichen Unterschied, ob für die Vertrauenszerstörung auf das Moratorium oder auf die Verkündung der 13. AtomG-Novelle abgestellt wird. Bei erstem beläuft sich der Zeitraum auf drei Monate[859], bei letzterem auf sieben Monate,[860] also mehr als das doppelte. Dabei ist die Auffassung des Gerichts, das Moratorium könne das Vertrauen der Energieversorger zerstören, abzulehnen. Normfremde Einflüsse sind lediglich in der Lage, Einfluss auf den Vertrauensgrad zu nehmen. Und dies auch nur, wenn besondere Umstände des Einzelfalls eine Herabsetzung des Vertrauens erfordern. Solche sind aber vorliegend nicht gegeben. Insbesondere konnten die Energieversorger durch Ausnutzung der alten Rechtslage den Entzug der Zusatzstrommengen nicht umgehen. Hier auf sogenannte „Ankündigungseffekte" abzustellen, macht keinen Sinn.

Die Vertrauenszerstörung trat erst mit der Verkündung der 13. AtomG-Novelle ein. In diesen Zeitraum von sieben Monaten fallen zwei Geschäftsquartale. Dass diese Zeit zu kurz sei, um Vertrauen in den Bestand der Zusatzstrommengen zu begründen und entsprechende unternehmerische Investitionen zu tätigen, ist nicht plausibel.

Zuletzt ist mit Verwunderung festzustellen, dass das Gericht wenig später, im Rahmen seiner Bewertung des Investitionsschutzes hinsichtlich der Zusatzstrommengen, zur Vertrauensbegründung auf den Gesetzesbeschluss des Bundestags über die 11. AtomG-Novelle am 28. Oktober 2010 abstellt.[861] Zöge man dieses Ereignis auch hier heran, so würde sich der Zeitraum berechtigten Vertrauens sogar auf neun Monate belaufen.[862] Warum das Gericht hier einen anderen Zeitpunkt zur Vertrauensbegründung wählt, ist nicht nachvollziehbar. Diese

857 BVerfGE 143, 246 Rn. 302.

858 Vgl. auch BVerfGE 143, 246 Rn. 309, „mangels berechtigten Vertrauens".

859 13.12.2010 (Verkündung der 11. AtomG-Novelle) bis 16.03.2011 (Atom-Moratorium).

860 13.12.2010 (Verkündung der 11. AtomG-Novelle) bis 05.08.2011 (Verkündung der 13. AtomG-Novelle).

861 BVerfGE 143, 246 Rn. 377.

862 28.10.2010 (Gesetzesbeschluss über 11. AtomG-Novelle) bis 05.08.2011 (Verkündung der 13. AtomG-Novelle).

Widersprüchlichkeit begründet aber die Annahme, dass das Gericht dazu neigt, je nach gewünschtem Ergebnis den Zeitraum berechtigen Vertrauens flexibel zu gestalten. Dies ist in Anbetracht des Vertrauensschutzes der Energieversorger unerträglich. Da die Vorhersehbarkeits-Rechtsprechung des Bundesverfassungsgerichts erkennbar zu willkürlichen und inkonsistenten Ergebnissen führt, ist sie aufzugeben.

Richtig ist, dass der Zeitraum berechtigten Vertrauens am 13. Dezember 2010 (Verkündung der 11. AtomG-Novelle) begann und am 5. August 2011 (Verkündung der 13. AtomG-Novelle) endete. Dieser Zeitraum von sieben Monaten ist lang genug, um berechtigtes Vertrauen in den Bestand der Zusatzstrommengen begründen zu können.

c) *Gesamtabwägung und Ergebnis*

Nach Einstellung der vorstehenden Gesichtspunkte in die Abwägung kommt das Bundesverfassungsgericht zu dem Ergebnis, dass es sich beim Entzug der Zusatzstrommengen um keine ausgleichspflichtige Inhalts- und Schrankenbestimmung handelt. Der Entzug der Zusatzstrommengen sei auch ohne Kompensation gerechtfertigt. Dies gelte selbst dann, wenn es sich bei den Zusatzstrommengen um eigenständige Eigentumspositionen im Sinne von Art. 14 Abs. 1 GG handele.[863]

Als Gründe nennt das Gericht zunächst die mangelnde Eigenleistung der Energieversorger in Bezug auf die Zusatzstrommengen und das mangelnde berechtigte Vertrauen, welche das Bestandsinteresse als gering erscheinen lassen. Beide Argrumente wurden bereits vorstehend entkräftet.[864] Die Energieversorger genossen schutzwürdiges Vertrauen in den Bestand der Zusatzstrommengen. Hinzukommt, dass nicht unbedenklich ist, dass das Erfordernis der Eigenleistung bereits bei der Frage nach der selbständigen Eigentumsfähigkeit der Zusatzstrommengen vorgebracht wurde. So soll die Tatsache, dass es sich bei den Zusatzstrommengen um eine staatliche Leistung handele, den Schutzbereich der Eigentumsfreiheit einschränken und darüber hinaus maßgeblich dazu beitragen, dass auf der Ebene der Rechtfertigung des Eingriffs der Entzug der Nutzungsbefugnis zumutbar ist. Durch diese Doppel-Berücksichtigung von Seiten des Bundesverfassungsgerichts kommt es zu einem Ungleichgewicht der anzulegenden Parameter.

---

863 BVerfGE 143, 246 Rn. 309.

864 Siehe oben D.II.4.b)dd) und ee).

Das Gericht sieht jedoch zu Recht die hohe Sozialpflichtigkeit des unternehmerischen Eigentums der Energieversorger als maßgeblichen Grund dafür an, die Schutzwürdigkeit des Eigentums an der durch die Zusatzstrommengen vermittelte Nutzungsbefugnis als gering einzustufen. Unter allein eigentumsrechtlicher Betrachtung stünde dem abrupten Entzug der Zusatzstrommengen damit nichts im Wege. Dass dieses Ergebnis unter Vertrauensschutzgesichtspunkten allerdings nicht zutreffend sein kann, erschließt sich bereits daraus, dass sich mit der vom Gericht vorgenommenen Argumentation auch das entschädigungslose Verstromungsdefizit hinsichtlich der Reststrommengen rechtfertigen ließe.[865]

Kalkuliert man das schutzwürdige Vertrauen der Energieversorger in die Abwägung mit ein, so kann selbst das Abstellen auf die Sozialpflichtigkeit des Kraftwerkeigentums nicht dazu führen, dass die Änderungsgründe des Gesetzgebers überwiegen und der Entzug der Zusatzstrommengen entschädigungs- bzw. übergangslos hinzunehmen ist. Unter Vertrauensgesichtspunkten vermag das *per-se* Argument der Hochrisikotechnologie dem Gesetzgeber keine gesetzgeberische „Narrenfreiheit" gewähren. Zwar kann das Vertrauensschutzprinzip den Entzug der Zusatzstrommengen nicht abwehren, allerdings ist der Gesetzgeber gehalten, Ausgleichsmaßnahmen zu treffen. Der vom Gesetzgeber vorgenommene abrupte und entschädigungslose Entzug der Nutzungsbefugnis an den Anlagen ist jedenfalls mit dem Vertrauensschutz der Energieversorger unvereinbar.

Die Art und die Höhe der Kompensation liegt dabei im Gestaltungsermessen des Gesetzgebers. Da allerdings eine Übergangsfrist mit dem Regelungszweck des beschleunigten Atomausstiegs unvereinbar wäre, führt nur eine finanzielle Entschädigung zum gebotenen Ausgleich. Dabei ist der Ersatz des durch den Eigentumseingriff entstandenen Vermögensverlustes zu gewähren, der sich in der Höhe an der entzogenen Substanz orientiert. Es muss jedoch nicht zwingend der volle Wertersatz geleistet werden. Das Bundesverfassungsgericht verlangt lediglich den Ausgleich des erforderlichen Maßes, um die Angemessenheit sicherzustellen.[866] Insofern bestand auch die Möglichkeit, unter Berücksichtigung des Vertrauensschutzes der Energieversorger zu einem ausgewogenen Ergebnis zu kommen.

Zusammenfassend gilt, dass der Zeitraum berechtigten Vertrauens zu kurz berechnet sowie in der Folge die Vertrauensschutzposition der Energieversorger

---

865 Siehe unten D.II.5. das BVerfG hält das die festen Abschalttermine für ausgleichspflichtige Inhalts- und Schrankenbestimmungen.

866 BVerfGE 143, 246 Rn. 404.

zu Unrecht verneint wurde. Einziger Argumentationspunkt, der durchzugreifen vermag, ist der erhebliche soziale Bezug der Atomkraft als Hochrisikotechnologie. Dieser kann zwar bewirken, dass die Inhalts- und Schrankenbestimmung bei allein eigentumsrechtlicher Betrachtung zulässig ist, jedoch unter Vertrauensgesichtspunkten eines Ausgleichs bedarf.

5. Vereinbarkeit der festen Abschalttermine mit dem verfassungsrechtlichen Vertrauensschutz aus Art. 14 GG

Das Vertrauen der Energieversorger in Bezug auf die 2002 zugewiesenen Reststrommengen ist zentraler Gegenstand des Urteils vom Bundesverfassungsgericht zum beschleunigten Atomausstieg. Unter Einbeziehung des Bestandsinteresses der Energieversorger in die seit 2002 geltende Rechtslage in die Abwägung der Verhältnismäßigkeitsprüfung kommt das Gericht zu dem Ergebnis, dass die in der 13. AtomG-Novelle geregelten festen Abschalttermine eine unzumutbare und daher ausgleichpflichtige Inhalts- und Schrankenbestimmung darstellt.[867] Dabei beschränkt sich das Gericht in seinen Ausführungen zunächst auf die ungenutzten Reststrommengen als unmittelbare Eigentumsbelastung und damit als primärer Vertrauensschaden der Energieversorger. Die in Vertrauen auf die Restlaufzeit getätigten Investitionen sollen einer hiervon gesonderten verfassungsrechtlichen Bewertung unterliegen.[868]

a) Gewicht der Gemeinwohlbelange

Die mit der 13. AtomG-Novelle festgesetzten Abschalttermine dienen dazu, einen festen Zeitraum bis zum endgültigen Ausstieg aus der gewerblichen Nutzung der Kernenergie zu fixieren. Das bisherige System des Atomgesetzes erlaubte es den Energieversorgern, Elektrizitätsmengen von einem älteren auf ein jüngeres Kraftwerk zu übertragen. Neben dem dadurch erzielten wirtschaftlichen Vorteil konnten so die Laufzeiten der jeweiligen Kraftwerke verlängert und das endgültige vom Netz gehen hinausgezögert werden.[869] Durch die festen Abschalttermine wird der Zeitraum des von der Kerntechnik ausgehenden Risikos für Mensch und Natur überschaubar und in der Zeitfolge das Risiko selbst erheblich minimiert. Das Ende der Hochrisikotechnologie ist konkret absehbar.[870] Die so

867 BVerfGE 143, 246 Rn. 310 ff.
868 Siehe unten D.II.6.
869 BVerfGE 143, 246 Rn. 363.
870 BVerfGE 143, 246 Rn. 363.

bewirkte Beschleunigung des Atomausstiegs dient den hochwertigen Schutzgütern von Leben und Gesundheit der Bevölkerung (Art. 2 Abs. 2 GG) und der natürlichen Lebensgrundlagen (Art. 20a GG) und ist daher von erheblichem Gewicht.[871]

b) Schutzwürdigkeit des Vertrauens

aa) Höhe der nicht verstrombaren Reststrommengen

Zur Ermittlung der Höhe der ungenutzten Reststrommengen kommt es auf eine konzerninterne Betrachtung an. Hierzu können unterschiedliche Parameter herangezogen werden. Das Bundesverfassungsgericht zieht vier unterschiedliche Berechnungsgrundlagen heran: zwei Prognosen stammen von RWE sowie jeweils eine Prognose von der Bundesregierung und von Greenpeace. Laut dem Senat bedürfe allerdings keiner Entscheidung, welche der unterschiedlichen Prognoseansätze zur Bewertung der Verhältnismäßigkeit maßgeblich sein sollen, da selbst die optimistischste Prognose in Bezug auf die Auslastung einen erheblichen Umfang an nicht verstrombaren Reststrommengen für RWE und Vattenfall bedeute.[872] Die festen Abschalttermine der einzelnen Kernkraftwerke führe dazu, dass jedenfalls RWE und Vattenfall substantielle Teile ihrer ursprünglich zugewiesenen Reststrommengen nicht mehr konzernintern nutzen können. Konkret stellt das Bundesverfassungsgericht fest, dass Vattenfall voraussichtlich etwa 30 % der 2002 zugeteilten Reststrommengen nicht mehr in konzerneigenen Kraftwerken verstromen kann.[873] Für RWE belaufe sich die Prognose zwar nur auf einen Anteil zwischen 5 und 6 %, was aber in absoluten Zahlen ca. vier Jahresproduktionsmengen eines Kraftwerks entspreche und daher ebenfalls zu einer nicht unerheblichen Eigentumsbelastung führe.[874] Die Menge der nicht verstrombaren Reststrommengen ist daher in quantitativer Sicht gravierend.[875] Die durch die festen Abschalttermine bewirkte Eigentumsbelastung wiegt schwer.

871 BVerfGE 143, 246 Rn. 366.
872 BVerfGE 143, 246 Rn. 328.
873 BVerfGE 143, 246 Rn. 331 f.
874 BVerfGE 143, 246 Rn. 333.
875 BVerfGE 143, 246 Rn. 330 ff.

bb) Reststrommengen als vertrauensschützende Übergangsregelung

Erhebliche Bedeutung lässt das Bundesverfassungsgericht zu Recht dem Umstand zukommen, dass die Reststrommengen zentraler Gegenstand der Übergangsregelung des Ausstiegsgesetzes 2002 sind, die der Gesetzgeber aus Vertrauensschutzgründen erlassen hat.[876] Die Reststrommengen besitzen insofern eine Kompensationsfunktion bzgl. der Eigentumseinschränkung durch das Ausstiegsgesetz 2002 und daher eine erhöhte Schutzwürdigkeit im Vergleich zu den 2010 gewährten Zusatzstrommengen. Der Gesetzgeber hat mit der Übergangsregelung einen besonderen Vertrauenstatbestand geschaffen, der nur unter besonderen Voraussetzungen vorzeitig zurückgenommen werden darf.

Fraglich ist, ob dieser besondere Vertrauenstatbestand auch gegenüber dem Beschleunigungsziel der 13. AtomG-Novelle Stand hält. Nur zu erwartende schwere Nachteile für wichtige Gemeinschaftsgüter in dem Fall, in dem die geltende Übergangsvorschrift bestehen bleibt, sollen laut Bundesverfassungsgericht eine Rücknahme der Übergangsregelung rechtfertigen.[877] Diese liegen hier unstreitig vor. Wie bereits erläutert dienen die festen Abschalttermine dazu, den Zeitraum des vorhandenen, unbeherrschbaren Risikos für Mensch und Natur zu verkürzen. Im Schadensfall drohen schwere Nachteile für die wichtigen Gemeinschaftsgüter aus Art. 2 Abs. 2 GG sowie Art. 20a GG, weshalb die festen Abschalttermine der Risikominimierung dienen. Die Tatsache, dass das Bundesverfassungsgericht das von der Nutzung der Atomkraft ausgehende Risiko an dieser Stelle zur Rechtfertigung der festen Abschalttermine nicht ausreichen lässt, ist nicht einleuchtend. Dies steht jedenfalls im Widerspruch zu seiner bisherigen Argumentationslinie.

Grundsätzlich kann jedoch festgehalten werden, dass der Gesetzgeber hieran gebunden ist, wenn er Rechtspositionen zugunsten von Vertrauensschutzinteressen schafft und insoweit seiner verfassungsrechtlichen Pflicht der Herstellung praktischer Konkordanz genügt. Übergangsvorschriften und Entschädigungsregelungen, die als Kompensation für einen früheren Eingriff in geschützte Rechtspositionen dienen, entziehen sich dem Zugriffsrecht des Gesetzgebers. Es tritt insoweit eine Selbstbindung des Gesetzgebers ein. Das Vertrauen derjenigen, die von einer Ausgleichsregelung profitieren, ist überragend schutzwürdig.

---

876 BVerfGE 143, 246 Rn. 335.

877 BVerfGE 143, 246 Rn. 336 mit Verweis auf BVerfGE 102, 68 (97f.); 116, 96 (131).

cc) Kompensationscharakter der Reststrommengen

Des Weiteren stellen die Reststrommengen eine besondere Vertrauensposition dar, weil sie als Kompensation für den Verlust der bis 2002 unbefristet geltenden Nutzungsbefugnis der Kernkraftwerke dienen. Sie ermöglichen den Betreibern zum einen die Amortisation ihrer Investitionen, die in die Anlagen geflossen sind, sowie einen angemessenen Gewinn. Insofern sind die Reststrommengen Ausgleich für den Entzug der ursprünglich unbeschränkt geltenden Betriebsberechtigung, indem sie die Verhältnismäßigkeit der vorzeitigen Stilllegung der Anlagen wahren.[878] Dies gelte insbesondere für die Reststrommengen des Atomkraftwerks Mülheim-Kärlich, die eine Gegenleistung für den Verzicht auf die Durchsetzung eines geldwerten Anspruchs darstellten und damit besondere Qualität aufwiesen.[879]

Zweifeln darüber, ob Eigentumsschutz nach Art. 14 Abs. 1 GG aufgrund staatlicher Leistungsgewährung entfällt, entgegnet das Bundesverfassungsgericht damit, dass das Anlageneigentum sowie dessen Nutzbarkeit auf den Investitionen der Kraftwerkseigentümer und damit auf einer Eigenleistung beruhen.[880] Da die Reststrommengen lediglich Teil dieser Nutzungsbefugnis sind, gilt diese Eigenschaft der Eigenleistung zwangsläufig auch für sie. Die staatliche Förderung der Atomkraft schließe die Eigentumsfähigkeit des Anlageneigentums und dessen Nutzbarkeit nicht aus, auch wenn „eine solche Förderung in mancherlei Hinsicht den Spielraum des Gesetzgebers bei der Gestaltung von Inhalt- und Schranken dieses Eigentums erleichtern“[881].

dd) Ungleichbehandlung von RWE und Vattenfall nach Art. 3 Abs. 1 GG

Die Regelungen der 13. AtomG-Novelle führen dazu, dass nur RWE und Vattenfall die im Jahr 2002 gewährten Reststrommengen nicht vollständig verstromen können, während E.On und EnBW einen Überschuss an Elektrizitätsmengen besitzen. Konkret verfügt der Konzern E.On bis zum endgültigen Abschalttermin seiner Kernkraftwerke nach Verbrauch der Reststrommengen über einen Kapazitätsüberschuss von über 35.000 GWh. EnBW von mindestens 9.000 GWh.[882] Das Bundesverfassungsgericht erkennt an, dass RWE und Vattenfall daher

878 BVerfGE 143, 246 Rn. 344.
879 BVerfGE 143, 246 Rn. 346.
880 BVerfGE 143, 246 Rn. 345.
881 BVerfGE 143, 246 Rn. 345.
882 BVerfGE 143, 246 Rn. 350.

gegenüber ihren Konkurrenten erheblich schlechter gestellt sind und sieht hierin eine rechtfertigungsbedürftige Ungleichbehandlung nach Art. 3 Abs. 1 GG.

Grund für das erhebliche Verstromungsdefizit beim Konzern RWE sind die Mülheim-Kärlich-Strommengen. Diesen stand nie ein betriebsbereites Kernkraftwerk gegenüber, weshalb sie nur auf andere Kernkraftwerke im Eigentum von RWE übertragen werden konnten. In der Konsequenz wurde die Laufzeit der übrigen Kernkraftwerke von RWE deutlich über die 32 Jahre Regellaufzeit verlängert, weshalb die festen Abschalttermine RWE besonders hart treffen. Das Bundesverfassungsgericht ist der Ansicht, dass der Gesetzgeber diesen Umstand bei der Ausgestaltung der 13. AtomG-Novelle hätte berücksichtigen müssen. Es sei zudem kein sachlicher Grund erkennbar, der diese Ungleichbehandlung zu tragen vermag. Insbesondere rechtfertige das Ziel der Beschleunigung des Atomausstiegs die Schlechterstellung von RWE nicht.[883]

Entsprechendes gelte auch für Vattenfall. Hier läge der Grund für die Schlechterstellung des Konzerns insbesondere in der Einordnung des Kraftwerks Krümmel in die erste Gruppe von § 7 Abs. 1a Satz 1 Nr. 1 AtG, wonach der Leistungsbetrieb des Kraftwerks mit Ablauf des 6. August 2011 abrupt enden musste.[884] Aufgrund dessen konnte das Kraftwerk Krümmel, als einziges Kernkraftwerk, die 32 Jahre Regellaufzeit nicht erreichen.[885] Sachliche Gründe für die abrupte Abschaltung des Kraftwerks Krümmel seien nicht ersichtlich. Auch die nachträglich von der Bundesregierung angeführten Sicherheitsmängel könnten die Einordnung des Kraftwerks Krümmel in die erste Gruppe nicht rechtfertigen.[886] Bei der Ungleichbehandlung von Vattenfall handele es sich nicht um eine hinzunehmende Prognoseungenauigkeit.[887] Auch die gesetzgeberische Typisierungsbefugnis könne diese Ungleichbehandlung nicht tragen.[888]

Die Ungleichbehandlung der Energieversorger RWE und Vattenfall ist vor diesem Hintergrund nicht gerechtfertigt und mit Art. 3 Abs. 1 GG unvereinbar. Diese Feststellung fließt maßgeblich in die verfassungsrechtliche Bewertung der Ausgestaltung der Inhalts- und Schrankenbestimmung des Eigentums ein. Insofern kommt dem Gleichheitssatz aus Art. 3 Abs. 1 GG vorliegend eine mittelbar vertrauensschützende Dimension zu. Die willkürliche bzw. unverhältnismäßige

---

883 BVerfGE 143, 246 Rn. 354.
884 BVerfGE 143, 246 Rn. 355 f.
885 BVerfGE 143, 246 Rn. 357.
886 BVerfGE 143, 246 Rn. 359 ff.
887 BVerfGE 143, 246 Rn. 361.
888 BVerfGE 143, 246 Rn. 362.

Behandlung des Eigentums der konkurrierenden Energieversorger von Seiten des Gesetzgebers wird abgewehrt.

ee) Atomkonsens I

Auch wenn das Bundesverfassungsgericht hierzu keine Ausführungen vorgenommen hat, ist das Vertrauen der Energieversorger durch den Atomkonsens I insofern gestärkt worden, als der Staat die darin ausgehandelten Modalitäten des Atomausstiegs vertraglich zugesagt hat.[889] In der Einleitung zum Atomkonsens I heißt es: „Beide Seiten werden ihren Teil dazu beitragen, dass der Inhalt dieser Vereinbarung dauerhaft umgesetzt wird.“. Das hierauf gegründete Vertrauen verdient daher besonderen Schutz.

Ziel der konsensualen Lösung war es zuvörderst, für Akzeptanz bei den durch den Atomausstieg Betroffenen zu sorgen. So sollte der Rechtsfrieden gewahrt und die Wahrscheinlichkeit von Rechtsstreitigkeiten verringert werden. Die Energieversorgungsunternehmen verhandelten gemeinsam mit der Bundesregierung ein Konzept zur Beendigung der Kernenergienutzung. Die Vertragsparteien bestimmten einander gleichrangig den Prozess zur Beendigung der friedlichen Nutzung der Kernenergie. Die daraufhin folgende gesetzliche Umsetzung des Atomausstiegs war Vertragsinhalt der vorherigen Konsensvereinbarung. Insofern bewirkt der Atomkonsens I ein deutliches „Mehr“ an Vertrauen, das auf das Ausstiegsgesetz von 2002 gründet.[890]

c) Gesamtabwägung und Ergebnis

Das Bundesverfassungsgericht kommt zu dem zutreffenden Ergebnis, dass die Verstromungsdefizite für RWE und Vattenfall unzumutbar und daher ausgleichsbedürftig sind. Die Abwägung der Bedeutung der festen Abschalttermine für das Gemeinwohl mit dem Vertrauensschaden der Energieversorger RWE und Vattenfall ergibt, dass dem Bestandsinteresse der Betroffenen in die Fortgeltung der seit 2002 bestehenden Rechtslage ein größeres Gewicht zukommt. Aufgrund der Entscheidung des Gesetzgebers zur geordneten Beendigung der Kernenergienutzung, die 2002 Gesetz wurde, ist die Eigentumsposition der Energieversorgungsunternehmen zwar bereits „bemakelt“. Demgegenüber erhielten die Energieversorgungsunternehmer aufgrund des Gesetzes ein „Mehr“ an Vertrauensschutz, da sie sich nach der Entscheidung über den Atomausstieg

---

889 Siehe zur Begründung D.II.1.a)cc).

890 So auch *Schmitz/Helleberg/Martini* NVwZ 2017, 1332 ff.

zumindest auf die verbliebene Nutzungserlaubnis verlassen können müssen. Die Reststrommengen als Übergangsregelung bilden einen besonderen Vertrauenstatbestand, dem in der Abwägung der widerstreitenden Interessen ein besonders großes Gewicht zukommt.

Des Weiteren stellt das Bundesverfassungsgericht fest, dass eine Regelung, die das Verstrombarkeitsdefizit vermieden hätte, die Gemeinwohlbelange (Leben und Gesundheit Art. 2 Abs.2 Satz 1 GG; Schutz der natürlichen Lebensgrundlagen Art. 20a GG) nur in relativ geringem Maße belasten würde.[891] Das Verstrombarkeitsdefizit hätte daher, ohne hiermit das Gesamtausstiegsdatum in Frage zu stellen, durch eine andere Staffelung der kraftwerksbezogenen Endzeitpunkte vermieden werden können. Bemerkenswert hieran ist, dass das Bundesverfassungsgericht damit in der Tendenz seine im Steuerrecht entwickelte gesteigerte Rechtfertigungslast für unechte Rückwirkungen heranzieht.[892] Es reicht vorliegend nicht aus, dass die Bedeutung der Gemeinwohlgründe das Verstromungsdefizit der Konzerne RWE und Vattenfall überwiegt. Das Gericht fragt vielmehr nach einem gesonderten Rechtfertigungsgrund für die Einbeziehung der Reststrommengen 2002 in die neue von der 13. AtomG geschaffenen Rechtslage. Insofern wägt der Senat die Dringlichkeit der die festen Abschalttermine rechtfertigenden Gründe mit dem enttäuschten Vertrauen der Energieversorger ab und kommt zu dem Ergebnis, dass auch mit Verstromung der besonders schutzwürdigen Reststrommengen das gesetzgeberische Ziel nicht beeinträchtigt wäre.

Erschwerend kommt die Ungleichbehandlung hinzu, die ebenso durch eine sachgerechtere Staffelung der Abschalttermine hätte vermieden werden können, ohne das Ziel der Beschleunigung des Atomausstiegs zu gefährden. In der Summe ist den Erwägungen des Bundesverfassungsgerichts hinsichtlich der nicht genutzten Reststrommengen zuzustimmen. Sie tragen dem Vertrauensschutz der Energieversorger ausreichend Rechnung.

6. Vertrauensschutz aus Art. 14 GG für frustrierte Investitionen

Einer gesonderten Prüfung unterzieht das Bundesverfassungsgericht die Frage nach dem Vertrauensschutz für frustrierte Investitionen, die in Erwartung der Nutzbarkeit der Elektrizitätsmengen getätigt wurden.

---

891 BVerfGE 143, 246 Rn. 366.

892 Siehe oben C.IV.3.c).

a) *Frustrierte Investitionen hinsichtlich der nicht verstrombaren Reststrommengen*

Da der Gesetzgeber nach Rechtsauffassung des Bundesverfassungsgerichts für das Verstrombarkeitsdefizit bereits eine angemessene Entschädigung, Laufzeitverlängerung oder einen anderweitigen Ausgleich regeln muss, bedürfe es keiner gesonderten Ausgleichsregelung für etwaige frustrierte Investitionen in Erwartung der vollständigen Verstrombarkeit der Reststrommengen von 2002. Werden die Reststrommengen verstromt oder in sonstiger Weise durch ein rechtliches Surrogat gewährt, lägen schon keine frustrierten Investitionen vor. Eine doppelte Kompensation sei verfassungsrechtlich ausgeschlossen.[893]

Das vom Gericht aufgestellte Verbot der Doppelkompensation ist plausibel und kann insbesondere mit der Funktion des Vertrauensschutzgrundsatzes gerechtfertigt werden. Die Maxime „kein Nachteil“[894] ist je nach Sachlage zu erreichen.[895] Regelt der Gesetzgeber zugunsten der Energieversorger einen Ausgleich für das Verstromungsdefizit, ist der Nachteil durch das vertrauensenttäuschende Ereignis der 13. AtomG-Novelle vermieden worden und insoweit ausreichend, um dem Vertrauensschutzinteresse zu genügen. Eine Garantie der Erfüllung *aller* Investitionserwartungen vermag auch das Institut des Vertrauensschutzes nicht zu leisten.[896]

b) *Kompensation für Vollbremsungsschäden?*

Mit der vorstehenden Argumentation lässt sich allerdings nicht begründen, warum das Bundesverfassungsgericht die übrigen unter der 13. AtomG-Novelle entstandenen Vermögensnachteile, die sogenannten „Vollbremsungsschäden“ (längere Nachbetriebsphasen, Engpass bei Castorbehältern, nicht ausgenutzte Brennelemente) von der Ausgleichspflicht ausschließt. Durch die Pflicht zum Ausgleich der entzogenen Reststrommengen werden diese Vermögensnachteile nicht abgewendet.

Das Bundesverfassungsgericht trägt vor, es handele sich diesbezüglich um eine zulässige Inhalts- und Schrankenbestimmung des Eigentums, die im Rahmen der grundlegenden Neuorganisierung des Rechtsgebiets hinzunehmen sei.[897] Als Umstellungslasten seien sie bei einem Systemwechsel den Eigentümer

---

893 Zum Ganzen BVerfGE 143, 246 Rn. 374.

894 Siehe oben C.III.3.dd).

895 *Weber-Dürler*, Vertrauensschutz, S. 146.

896 Vgl. auch BVerfGE 143, 246 Rn. 372.

897 BVerfGE 143, 246 Rn. 385.

grundsätzlich zumutbar. Außerdem wären die genannten Vermögensnachteile sowieso zu einem späteren Zeitpunkt eingetreten.

Diese Argumentation ist vor dem Hintergrund des zuvor konstatierten „besonderen Vertrauenstatbestands" der Reststrommengenregelung des Ausstiegsgesetzes 2002 nicht nachvollziehbar. Die in Rede stehenden Investitionen sind im Hinblick auf die Reststrommengen 2002 getätigt worden, die nach Aussage des Gerichts besonderen Vertrauensschutz genießen.[898] Die entstandenen Vollbremsungsschäden stellen einen Schaden dar, der hinsichtlich der Schutzwürdigkeit des dahinterstehenden Vertrauens auf derselben Stufe steht, wie das Vertrauen in die Verstrombarkeit der Reststrommengen. Die Reststrommengen verschafften den Energieversorgern besondere Planungssicherheit hinsichtlich der verbleibenden Laufzeit der Kernkraftwerke. Sie mussten nicht damit rechnen, dass der Gesetzgeber mittels abrupter Terminbestimmung die Kraftwerke vom Netz gehen nehmen lässt. Beiden Vertrauensschäden (Verstromungsdefizit und Ausbremsungsschäden) liegt eine gemeinsame Vertrauensgrundlage (Ausstiegsgesetz 2002) zugrunde. Die Vertrauensgrundlage bestimmt maßgeblich die Vertrauensdichte. Verlangt das Bundesverfassungsgericht für die Nichtverstormbarkeit der Reststrommengen eine Ausgleichsregelung, so ist es angesichts identischer Vertrauenstatbestände nur konsequent, auch eine Ausgleichspflicht für die entsprechend schutzwürdigen Vollbremsungsschäden zu verlangen. Es ist demgegenüber höchst zweifelhaft, die Gemeinwohlgründe in letzterem Fall scheinbar allein aufgrund der Schadensart höher zu gewichten und eine zulässige Inhalts- und Schrankenbestimmung anzunehmen. Durch diese Widersprüchlichkeit und Inkonsequenz lässt das Bundesverfassungsgericht den Grundsatz des Vertrauensschutzes zu einem politisch erstrebenswerten Leitziel ohne Wirksamkeit verkommen.

c) Frustrierte Investitionen hinsichtlich der gestrichenen Zusatzstrommengen

Hinsichtlich frustrierter Investitionen im Vertrauen auf die Nutzbarkeit der Zusatzstrommengen fordert das Bundesverfassungsgericht einen Ausgleich. Ungeachtet der erklärten Befugnis des Gesetzgebers, die Zusatzstrommengen entschädigungslos zu streichen, wurde in Bezug auf die auf ihrer Zuteilung beruhenden Investitionen ein Vertrauensschutztatbestand zugunsten der Unternehmen geschaffen. Während das Gericht das Vertrauen in den Bestand der

898 So auch *Shirvani* DÖV 2017, 281 (286).

Zusatzstrommengen verneint, gesteht es den Energieversorgern schutzwürdiges Vertrauen für die diesbezüglich getätigten Investitionen zu.

aa) Gewicht der Gemeinwohlbelange

Für die Frage nach dem Gewicht der Gemeinwohlbelange kann auf die obige Erörterung verwiesen werden. Davon abweichende oder zusätzliche Aspekte sind nicht ersichtlich.

bb) Schutzwürdigkeit des Vertrauens

(1) Erheblicher Vertrauensschaden

Relevanter Vertrauensschaden bilden die entwerteten unternehmerischen Investitionen im Vertrauen auf die verlängerten Laufzeiten. Zu nennen sind unter anderem der Einbau neuer Kernbrennstäbe sowie die Durchführung umfänglicher Kraftwerksrevisionen in Erwartung deutlich verlängerter Laufzeiten für Kernkraftwerke, die dann doch sofort abgeschaltet werden mussten. Der wirtschaftliche Schaden, der den Energieversorgern hierdurch entstanden ist, beläuft sich auf mehrere Millionen Euro und ist daher erheblich.[899]

(2) Zeitraum berechtigten Vertrauens

Für eine nur geringe Schutzwürdigkeit des Vertrauens der Energieversorger nennt das Bundesverfassungsgericht erneut den nur kurzen Zeitraum berechtigten Vertrauens.[900] Anders als zuvor ist das Gericht jedoch nun der Auffassung, dass mit Beschluss des Bundestages über die 11. AtomG-Novelle am 28. Oktober 2010 schutzwürdiges Vertrauen im Grundsatz entstanden ist. Zerstört worden sei es durch das Atommoratorium am 16. März 2011. Diesen Zeitraum von 5 Monaten lässt das Gericht vorliegend genügen, um schutzwürdiges Vertrauen zu bejahen. Warum es diesen Zeitraum bei der Beurteilung berechtigten Vertrauens auf den Bestand der Zusatzstrommengen nicht ebenso herangezogen hat, ist schleierhaft. Das Anknüpfen an einen anderen Vertrauensschaden rechtfertigt es jedenfalls nicht, die Entstehung schutzwürdigen Vertrauens im Ergebnis unterschiedlich zu bewerten. Hinsichtlich beider Vertrauensschäden bildet die 11. AtomG-Novelle die Vertrauensgrundlage und gleichzeitig gemeinsame Berechnungsgrundlage für den Zeitraum berechtigten Vertrauens. Der Zeitraum berechtigten Vertrauens ist in beiden Fällen gleich. Hierzu kann auf die

899 Siehe oben D.II.1.b)cc).

900 BVerfGE 143, 246 Rn. 377.

obigen Ausführungen verwiesen werden.[901] Der angegebene Zeitraum war lang genug, um berechtigtes Vertrauen entstehen zu lassen.

(3) Systemwidriges Handeln des Gesetzgebers durch die 11. AtomG-Novelle

Zuletzt ist das systemwidrige Vorgehen des Gesetzgebers in die Abwägung miteinzubeziehen. Das Bundesverfassungsgericht sieht in der Streichung der Zusatzstrommengen durch die 13. AtomG-Novelle eine widersprüchliche Abweichung von dem zuvor vorgenommenen Systemwechsel des Gesetzgebers, die Nutzung der Kernenergie als Brückentechnologie für einen längeren Zeitraum fortzuführen.[902]

> „Die Kraftwerkbetreiber durften sich hierdurch zu Investitionen in ihre Anlagen ermutigt fühlen und mussten nicht damit rechnen, dass der Gesetzgeber noch in derselben Legislaturperiode von der energiepolitischen Grundsatzentscheidung der 11. AtomG-Novelle wieder Abstand nehmen würde."[903]

Die Widersprüchlichkeit der 13. AtomG-Novelle führt zwar nicht zu deren Verfassungswidrigkeit,[904] allerdings ist dem Bundesverfassungsgericht zuzustimmen, wenn es aufgrund der widersprüchlichen Vorgehensweise des Gesetzgebers die Schutzwürdigkeit des Vertrauens der Energieversorger als gewichtiger bewertet. Die Energieversorger mussten nicht damit rechnen, dass nur wenige Monate nach der gesetzlich angeordneten Laufzeitverlängerung ein erneuter Richtungswechsel um 180 Grad erfolgt. Mit der Festsetzung zusätzlicher Strommengen durch die 11. AtomG-Novelle 2010 ist das Vertrauen der Energieversorgungsunternehmen in die fortwährende Nutzungsbefugnis der Kernkraftwerke auf eine breitere Grundlage gestellt worden. Insoweit wiegt das Vertrauen der Energieversorger schwer. Warum dieser Aspekt vom Bundesverfassungsgericht nicht auch im Rahmen des Vertrauens in den Bestand der Zusatzstrommengen beachtet wurde, bleibt allerdings erneut unklar.

cc) Gesamtabwägung und Ergebnis

Das Bundesverfassungsgericht kommt zu dem Ergebnis, dass für Investitionen, die im Vertrauen auf die Zusatzstrommengen 2010 vorgenommen wurden,

---

901 Siehe oben D.II.4.b)ee).
902 BVerfGE 143, 246 Rn. 376.
903 BVerfGE 143, 246 Rn. 376.
904 Siehe oben C.IV.3.d).

ein angemessener Ausgleich hätte vorgesehen werden müssen. Zwar wögen die überragenden Gemeinwohlgründe für einen beschleunigten Atomausstieg schwer, allerdings seien diese nicht in der Lage, den Gesetzgeber von den Folgen der von ihm selbst gesetzten Ursache berechtigen Vertrauens in Investitionen zu entbinden.[905]

Das Ergebnis des Bundesverfassungsgerichts verdient Zustimmung. Jedoch verwirrt es mit Blick auf das zuvor noch schutz*un*würdig bewertete Vertrauen in den Bestand der Zusatzstrommengen. Die Widersprüchlichkeit dieser Judikatur blieb in der Literatur zu Recht nicht ohne Kritik. Wie kann es sein, dass das Vertrauen zu schwach ist, um Entschädigungsansprüche zu begründen, aber gewichtig genug, um Investitionsschutz zu begründen?[906] Eigentums- und Investitionsvertrauen kann sich zwar unterscheiden, die vom Gericht herangezogenen Gesichtspunkte, auf denen es diese Unterscheidung stützt, sind jedoch fragwürdig.

Nach der hier vertretenen Ansicht leitet sich die Vertrauensschutzposition unmittelbar aus dem nach Art. 14 Abs. 1 GG geschützten Eigentum ab. „In Art. 14 Abs. 1 GG hat der rechtsstaatliche Grundsatz des Vertrauensschutzes für vermögenswerte Güter eine eigene Ausprägung gefunden."[907] Dabei wurzelt das berechtigte Vertrauen in der Nutzungsbefugnis der Zusatzstrommengen und ist untrennbar mit dieser Eigentumsposition verbunden. Es handelt sich um dieselbe Vertrauensgrundlage, sodass das schutzwürdige Vertrauen durch Gesichtspunkte wie der Zeitraum der Vertrauensbegründung nicht unterschiedlich zu gewichten sein kann. Nach Ansicht des Gerichts beruht die Eigentumsposition der Zusatzstrommengen auf einem staatlichen Geschenk, weshalb die in Vertrauen auf die Zusatzstrommengen getätigte Investition seitens der Energieversorger staatlich veranlasst und damit beide Vertrauenspositionen weniger schutzwürdig wären. Eine abweichende Bewertung der beiden Vertrauenspositionen kann nur darauf gegründet werden, dass es sich vorliegend um unterschiedliche Vertrauensschäden handelt. Die Art und das Ausmaß der Schäden – der ersatzlose Entzug der Zusatzstrommengen einerseits und die frustrierten Investitionen in die Anlagen andererseits – waren angesichts ihrer gleichlaufenden Erheblichkeit jedoch nicht geeignet, eine unterschiedliche Schutzwürdigkeit des Vertrauens zu begründen. Die durch den Entzug der Zusatzstrommengen betroffene Vertrauensschutzposition

---

905 BVerfGE 143, 246 Rn. 379.

906 Vgl. *Shirvani* DÖV 2017, 281 (285).

907 Siehe oben C.V.1.a).

der Energieversorger löst sowohl eine Ausgleichspflicht hinsichtlich der frustrierten Investitionen als auch hinsichtlich des Entzugs „wohlerworbener Rechte“[908] aus. Die unterschiedlichen Abwägungsmaßstäbe, die das Gericht anwendet, überzeugen daher nicht.

7. Zusammenfassung

Das Bundesverfassungsgericht bewertet den beschleunigten Atomausstieg durch die 13. AtomG-Novelle als überwiegend verfassungsmäßig. Während frustrierte Investitionen hinsichtlich der 2010 kurzfristig gewährten Zusatzstrommengen entschädigt werden müssen, ist der Entzug der Zusatzstrommengen als gerechtfertigte Inhalts- und Schrankenbestimmung zulässig. Einer Kompensation bezüglich der von den Energieversorgern vorgetragenen Vollbremsungsschäden bedarf es nicht. Die Reststrommengen aus dem Jahr 2002 genießen demgegenüber als Übergangsregelung besonderen Vertrauensschutz und durften nicht entschädigungslos entzogen werden.

Unterm Strich durfte der Gesetzgeber auf Grundlage der 13. AtomG-Novelle den beschleunigten Atomausstieg vorantreiben und so in die unternehmerische Freiheit der Energieversorger eingreifen. Diese hatten den Eingriff aber nicht völlig entschädigungslos hinzunehmen. Das Bundesverfassungsgericht gibt den Energieversorgern zwei Ansatzpunkte für Entschädigungen, deren Höhe erst noch ermittelt werden muss: Die Reststrommengen von 2002 müssen voll ausgeschöpft werden können und die durch den abrupten Ausstieg 2011 nutzlos gewordenen Investitionen auf die Laufzeitverlängerung 2010 sind ersatzfähig.

Hinsichtlich der nicht verstrombaren Reststrommengen zeigt das Urteil drei Regelungsoptionen[909] zur Behebung des Grundrechtsverstoßes auf: eine Laufzeitverlängerung, Regelungen zur Übertragung von nicht mehr verstrombaren Elektrizitätsmengen an Konzerne mit überschießenden Verstromungskapazitäten und den staatlichen finanziellen Ausgleich. Dabei soll laut Gericht eine Regelung zur konzernüberschreitenden Weitergabe unter den konkreten Marktbedingungen einer Übertragung von Reststrommengen zur Beseitigung des Grundrechtsverstoßes nicht ausreichen, wenn die Beschwerdeführerinnen dabei einfach den Bedingungen des Reststrommengenmarkts überlassen bleiben. Nachdem die gesetzliche Regelung einer

908 Siehe oben C.V.1.b).

909 BVerfGE 143, 246 Rn. 404 f.

Übertragung der nicht verstrombaren Reststrommengen durch die 16. AtomG-Novelle[910] mit Beschluss des Bundesverfassungsgerichts vom 29. September 2020[911] scheiterte, sieht der Entwurf zur 18. AtomG-Novelle[912] nunmehr einen Ausgleich in Geld vor.

Insofern ist zuzustimmen, dass die in der Entscheidung niedergelegte Formel die Balance zwischen notwendiger Handlungsfreiheit des Gesetzgebers und berechtigten Vertrauen des Bürgers aufsucht.[913] Jedoch weist das Urteil an einigen Stellen einen Kompromisscharakter auf, der zulasten der bestehenden Verfassungsdogmatik zu Investitions- und Vertrauensschutz geht. So wurde durch das Erfordernis des Güterbeschaffungsvorgangs der Anwendungsbereich der Enteignung eingeschränkt und gleichzeitig die Sozialpflichtigkeit des Eigentums ausgeweitet. Die Maßstäbe, die das Gericht zugunsten des Bestandinteresses der Energieversorger anlegt, sind teilweise unvollständig sowie nicht sachgerecht. So lässt das Gericht insbesondere die Atomkonsensvereinbarungen als Faktoren in der Bestimmung der Schutzwürdigkeit des Vertrauens der Energieversorger außer Acht. Auch die vielfach kritisierte Vorhersehbarkeitsrechtsprechung des Gerichts führt zu einer Fehlgewichtung des Bestandsinteresses der Energieversorger.

Das Gericht bedient sich dem alles überragenden Parameter der Hochrisikotechnologie, ohne diesen näher zu bestimmen. Dies wäre im Hinblick auf zukünftige Strategiewechsel in der Wirtschaftsordnung wünschenswert gewesen. Insbesondere deswegen, weil die hiermit konkurrierenden Gemeinwohlgründe der Volksgesundheit und der Schutz der Umwelt zwar überragendes Gewicht besitzen, jedoch letztlich auf einer geänderten Risikobewertung ohne neue Erkenntnisse überhaupt erst Eingang in die Rechtfertigungsgründe des gesetzgeberischen Handelns finden. Eine Abwägung gestaltet sich hier besonders schwierig. Der Lebensschutz als Gesetzeszweck bereitet ohnehin verfassungsrechtliche Probleme. Denn das Leben ist das einzige Schutzgut, das nur eine Eingriffsnorm kennt, nämlich den Tod. Differenzierte Lösungen sind daher so gut wie nicht möglich. Die maßgebliche

910 Drs BGBl. I S. 1122 (2018).

911 BVerfG NVwZ 2021, 390.

912 Entwurf eines Achtzehnten Gesetzes zur Änderung des Atomgesetzes der BR, abrufbar unter: https://www.bmu.de/fileadmin/Daten_BMU/Download_PDF/Glaeserne_Gesetze/19._Lp/18_atg_aend_gesetz/Entwurf/18_atg_aend_gesetz_refe_bf.pdf, zuletzt am 3.05.2021.

913 Siehe *Eichberger* RdE 2018, 453 ff.

Weichenstellung bei der Prüfung eines Grundrechtseingriffs ist somit das Ziel bzw. der Zweck des Gesetzes.

Auch wenn die Zulässigkeit eines abrupten Strategiewechsels auf die Hochrisikotechnologie der Atomkraft beschränkt bleiben soll, werden die vorhandenen Maßstäbe, an denen sich Strategiewechsel des Gesetzgebers messen lassen müssen, noch stärker unter dem Vorbehalt und der Prämisse der schweren Vorhersehbarkeit verfassungsrechtlicher Abwägungsjurisprudenz stehen.[914]

---

914 Vgl. *Shirvani* DÖV 2017, 281 (286).

E. Ergebnisse in Thesen

1. Ein Strategiewechsel des Gesetzgebers allein aufgrund einer geänderten politischen Wertung ist möglich. Der Gesetzgeber ist befugt, aufgrund einer geänderten Sicherheitsphilosophie auch ohne neue Erkenntnisse die Verwendung einer Technik für die Zukunft auszuschließen. Den Gesetzgeber trifft insoweit auch keine Bindung an eine bereits vorgenommene verfassungsrechtliche Ausgangsbewertung. (D.I.4.)
2. Das Vertrauensschutzprinzip kann politisch motivierte Strategiewechsel nicht abwehren. Allerdings ist es in der Lage, den abrupten Wechsel abzufedern, indem es den Gesetzgeber dazu verpflichtet, Ausgleichsmaßnahmen vorzusehen. Übergangsregelungen oder eine Entschädigung können die schutzwürdige Vertrauensposition angemessen berücksichtigen. Der Begriff der Amortisation dient aus verfassungsrechtlicher Perspektive nur der Orientierung. Der Gesetzgeber schuldet nicht den vollen Wertersatz, sondern lediglich den Ausgleich des erforderlichen Maßes, um die Angemessenheit des gesetzgeberischen Eingriffs sicherzustellen. Der Einzelne ist so zu stellen, wie er stünde, wenn sein Vertrauen nicht geweckt worden wäre. Entgangener Gewinn muss aus verfassungsrechtlicher Sicht nicht ersetzt werden. Ebenso wenig schuldet der Gesetzgeber die Erfüllung jeglicher Investitionserwartungen. (C.III.3.)
3. Der mit dem Ausstiegsgesetz von 2002 eingeleitete Atomausstieg zeigt, wann die Rückwirkungsdogmatik des Bundesverfassungsgerichts nicht durchgreift. Der mit dem Ausstiegsgesetz festgeschriebene Ausschluss weiterer Kernkraftwerksgenehmigungen ist ebenso wie der Zugriff auf bestandsgeschützte Anlagen in der Lage, unternehmerisches Vertrauen in die bestehende Rechtslage zu enttäuschen. In ersterem Fall greift jedoch kein Vertrauensschutz aufgrund des Rückwirkungsverbots, da eine Regelung mit Wirkung allein für die Zukunft vorliegt. (D.I.3.b)
4. Vertrauensschutz jenseits der Rückwirkungsdogmatik ist nach der Rechtsprechung des Bundesverfassungsgerichts im Rahmen der Berufsfreiheit nach Art. 12 GG zu finden. Der dort verortete Schutz des Fortwirkungsinteresses in eine bislang zulässige berufliche Tätigkeit ist jedoch aufgrund der geringstmöglichen Eingriffsstufe der Berufsausübungsregelung vergleichsweise gering. Insbesondere ist das allgemeine Vertrauen in den Bestand einer Rechtslage nicht geschützt. Vielmehr kann nur ein besonderer Vertrauenstatbestand, der zu einer Selbstbindung des Gesetzgebers führt, eine Ausnahme von diesem Grundsatz rechtfertigen. (D.I.5.)

5. Einen solchen besonderen Vertrauenstatbestand bilden die Reststrommengen aus dem Jahr 2002. Sie stellen die Übergangsbestimmungen zur Wahrung der Verhältnismäßigkeit der ursprünglichen Ausstiegsentscheidung dar. Der teilweise Entzug der 2002 festgesetzten Reststrommengen durch die 13. AtomG-Novelle war insbesondere aus diesem Grund nicht ersatzlos möglich. (D.II.5.)
6. Abseits dieser besonderen Vertrauenstatbestände profitiert der Bürger nur in geringem Maße vom Grundsatz des Vertrauensschutzes. Das Urteil des Bundesverfassungsgerichts vom 6. Dezember 2016 zum beschleunigten Atomausstieg hat insofern zu einer Erleichterung staatlichen Handelns für weitere Strategiewechsel geführt. Das verfassungsrechtliche Gewicht des Vertrauens hängt demnach maßgeblich von der Abwägung des jeweiligen Gerichts in seiner Entscheidungsfindung ab. Die Rechtsprechung des Bundesverfassungsgerichts trägt dazu bei, dass das Vertrauensschutzprinzip in der Konturenlosigkeit unterzugehen droht. (D.II.6.)
7. Zunächst schwächt die neue Rechtsprechung zum Güterbeschaffungsvorgang als konstitutives Element der Enteignung den eigentumsrechtlichen Vertrauensschutz aus Art. 14 GG enorm. Das Gericht stellt außerdem klar, dass öffentlich-rechtliche Genehmigungen keine vermögenswerten Rechtspositionen im Sinne von Art. 14 GG sind. Die vom Bundesverfassungsgericht vorgenommene Ausweitung der Sozialbindung des Eigentums geht zulasten der Privatnützigkeit des Eigentums und der Abwehrdimension dieses Grundrechts und damit des in ihm verorteten Vertrauensschutzes. (D.II.3.)
8. Die Atomkonsensvereinbarungen zwischen der Bundesregierung und der Energieversorgungsunternehmen stellen mangels Bindung der gesamten Bundesrepublik Deutschland keine eigenständigen Vertrauensgrundlagen dar. (D.I.6.) Die Vereinbarungen können jedoch als normfremde Einflüsse ein „Mehr“ an Vertrauensschutz bewirken. Die Vertrauensgrundlage bildet das Gesetz. Das darauf gegründete Vertrauen ist aber durch den vorgelagerten Konsens zwischen Staat und Bürger über den Inhalt des Gesetzes schutzwürdiger. (D.II.1.)
9. Dem Grundsatz des Vertrauensschutzes muss insbesondere bei politisch motivierten Strategiewechseln eine besondere Bedeutung zukommen. Werden durch den politischen Strategiewechsel bestandsgeschützte Vertrauenspositionen beeinträchtigt, so ist hierfür ein angemessener Ausgleich erforderlich. Das Umschlagen der Sicherheitsphilosophie hängt von subjektiven Kriterien in der Bevölkerung ab. Diese subjektiven Kriterien werden zur Beurteilung der Hinnehmbarkeit des Restrisikos angelegt. Die Philosophie des Gesetzgebers hinsichtlich der Technik ist nicht in ihr selbst angelegt und daher auch nicht vom Verwender vorhersehbar. Sodass dieser aus Vertrauensschutzgesichtspunkten besonders schutzwürdig ist. (D.I.4.)

10. Das Bundesverfassungsgericht hat mit seinem Urteil vom 6. Dezember 2016 die Demokratie in ihrem Verhältnis zu ökonomischen Interessen, die in technischen Strukturen verfestigt sind, erheblich gestärkt. Es zeigt auf, dass letztlich demokratische Mehrheiten über die technischen Risiken bestimmen können, die eine Gesellschaft einzugehen bereit ist. Dabei hätte eine Objektivierung des Begriffs der sog. „Hochrisikotechnologie" den Vorteil gebracht, dass andere Technologien hiervon abzugrenzen wären. Im Falle einer Vergleichbarkeit könnten demgegenüber die vorliegenden Maßstäbe an einen Strategiewechsel der entsprechenden Technologie angelegt werden. Ohne weitere Maßstabsbildung birgt das *per-se* Argument der Hochrisikotechnologie die Gefahr, ein Parameter zu werden, der jegliches Privatinteresse überwiegt. (D.II.4.,5.,6.)
11. Dem Vertrauensschutzprinzip als subjektive Schutzgewähr muss als Abwägungstopos im Rahmen der Prüfung der Verhältnismäßigkeit des Grundrechtseingriffs mehr Bedeutung zukommen. Die Vorhersehbarkeitsrechtsprechung des Bundesverfassungsgerichts muss aufgegeben werden. Der Zeitpunkt der Vertrauensbegründung sowie der Vertrauenszerstörung bildet die Verkündung des jeweiligen Gesetzes. (C.III.) Die Unterscheidung des Bundesverfassungsgerichts zwischen echter und unechter Rückwirkung ist teilweise ungeeignet und führt zu einer unsachgemäßen Gewichtung des Fortwirkungsinteresses der Betroffenen. (C.IV.) Die Rechtsprechung verkürzt insoweit die Geltungskraft des Vertrauensschutzprinzips.
12. Das Spannungsgefüge zwischen dem Änderungsinteresse des Gesetzgebers und dem Bestandsinteresse des Bürgers verschiebt sich zugunsten der demokratischen Dynamik.

Literaturverzeichnis

Arnauld, Andreas von, Rechtssicherheit, Perspektivische Annäherung an eine idée directice des Rechts, Tübingen 2006.

Arndt, Hans-Wolfgang, Probleme rückwirkender Rechtsprechungsänderung: dargestellt anhand der Rechtsprechung des Bundesgerichtshofes, des Bundesfinanzhofes, des Bundesarbeitsgerichts und des Bundesverfassungsgerichts, Frankfurt 1974.

Aschke, Manfred, Übergangsregelungen als verfassungsrechtliches Problem, Frankfurt am Main 1987.

Bäcker, Carsten, Gesetzes Vertrauen – Zum Spannungsverhältnis zwischen Vertrauensschutz und materiellen öffentlichen Interessen, NVwZ 2017, S. 1414-1419.

Badura, Peter, Der Eigentumsschutz des eingerichteten und ausgeübten Gewerbebetriebes, in: Archiv des öffentlichen Rechts, 1973, Band 98, S. 153-173.

Battis, Ulrich, Systemgerechtigkeit, in: Festschrift für Hans Peter Ipsen zum 70. Geburtstag, Tübingen 1977, S. 11-30.

Benda, Ernst/Maihofer, Werner/Vogel, Hans-Jochen, Handbuch des Verfassungsrechts der Bundesrepublik Deutschland, 2. Auflage 1994, Berlin.

Berkemann, Jörg, Der Atomausstieg und das Bundesverfassungsgericht – Eine Rezension, DVBl. 2017, S. 793-856.

Birk, Dieter, Kontinuität und Vertrauensschutz, in: Peezer, Heinz-Jürgen (Hrsg.), Vertrauensschutz im Steuerrecht, Veröffentlichungen der Deutschen Steuerjuristischen Gesellschaft e.V., Band 27, Köln 2004, S. 9-23.

Blanke, Hermann-Josef, Vertrauensschutz im deutschen und europäischen Verwaltungsrecht, Tübingen 2000.

Borgmann, Klaus, Rechtliche Möglichkeiten und Grenzen des Ausstiegs aus der Kernenergie, Berlin 1994.

Börner, Achim Rüdiger, Was bedeutet das Urteil des Bundesverfassungsgerichts vom 06.12.2016 in Sachen Atomausstieg für den Investitionsschutz? RdE 2017, 119-128.

Börner, Achim-Rüdiger, Was bedeutet das Urteil des Bundesverfassungsgerichts vom 06.12.2016 in Sachen Atomausstieg für den Investitionsschutz? RdE 2017, S. 119-128.

Breuer, Rüdiger, Staatliche Berufsregelung und Wirtschaftslenkung, in: Isensee, Josef/Kirchhof, Paul (Hrsg.), Handbuch des Staatsrechts der Bundesrepublik Deutschland, Band 8, § 171, 3. Auflage, Heidelberg 2010.

Bryde, Brun-Otto/Kleindiek, Ralf, Der allgemeine Gleichheitssatz, JURA 1999, S. 36-45.

Burgi, Martin, Nach dem Atomausstiegsurteil des BVerfG: Veränderte Maßstäbe für Gesetzgebung und Verwaltungsvollzug im Atomrecht? NVwZ 2019, S. 585.592.

Calmes-Brunet, Sylvia, Rechtssicherheit und Vertrauensschutz im Verfassungsrecht, Ein Vergleich zwischen deutschem und französischem Recht, JuS 2014, S. 602-606.

Canaris, Claus-Wilhelm, Systemdenken und Systembegriff in der Jurisprudence: entwickelt am Beispiel des deutschen Privatrechts, Berlin 1983.

Coing, Helmut, Grundsätzliches zur Rückwirkung von Gesetzen, BB 1954, S.137-141.

Däuper, Olaf, Das Atomausstiegs-Urteil und seine Folgen, NuR 2017, S. 169-172.

de Witt, Siegfried, Ist der Atomausstieg 2011 mit Art. 14 GG vereinbar? UPR 2012, S. 281-285.

Dederer, Hans-Georg, Atomausstieg und Art 14 GG, Zugleich zur de facto-enteignenden Inhalts- und Schrankenbestimmung, JA 2000, S. 819-823.

Degenhart, Christoph, Grundlagen und Direktiven legislativer Abwägungsentscheidungen – Verfassungsfragen der 13. AtG-Novelle, DVBl. 2013, S. 207-214.

Denninger, Erhard, Verfassungsrechtliche Fragen des Ausstiegs aus der Nutzung der Kernenergie zur Stromerzeugung, Baden-Baden 2000.

Di Fabio, Udo, Ausstiegsordnung durch Vertrag, Gedanken zur Gestaltung des Kohleausstiegs, NVwZ, 2020, 1324.

Di Fabio, Udo, Beschleunigter Kernenergieausstieg und Eigentumsgarantie, in: Di Fabio, Udo Durner, Wolfgang/Wagner, Gerhard (Hrsg.), Kernenergieausstieg 2011, Baden-Baden 2013 (zitiert: *Di Fabio* in Di Fabio/Durner/Wagner, Kernenergieausstieg 2011).

Di Fabio, Udo, Der Ausstieg aus der wirtschaftlichen Nutzung der Kernenergie: Europarechtliche und verfassungsrechtliche Vorgaben, Köln 1999.

Di Fabio, Udo, Der Ausstieg aus der wirtschaftlichen Nutzung der Kernenergie, München 1999.

Di Fabio, Udo, Risikoentscheidungen im Rechtsstaat. Zum Wandel der Dogmatik im Öffentlichen Recht, insbesondere am Beispiel der Arzneimittelüberwachung, Tübingen 1994.

Dreier, Horst, Grundgesetz-Kommentar, Band I, hrsg. v. ders., 3. Auflage 2013, Tübingen (zitiert: *Bearbeiter* in Dreier).

Dreier, Horst, Grundgesetz-Kommentar, Band II, hrsg. v. ders., 3. Auflage 2015, Tübingen (zitiert: *Bearbeiter* in Dreier).

Dreier, Horst, Grundgesetz-Kommentar, Band III, hrsg. v. ders., 3. Auflage 2018, Tübingen (zitiert: *Bearbeiter* in Dreier).

Dürig, Günter, Zeit und Rechtsgleichheit, in Festschrift gewidmet der Tübinger Juristenfaktultät zu ihrem 500-jährigen Bestehen 1977 von ihren gegenwärtigen Mitgliedern und in deren Auftrag herausgegeben von Joachim Gernhuber, Tübingen 1977, S. 21-46.

Ebner, Stephan M., Vertrauensschutz und Kontinuitätsgewähr in der höchstrichterlichen Rechtsprechung am Beispiel des Steuerrechts, Frankfurt am Main 2010.

Enzensperger, Daniel, Der zweite Atomausstieg im Lichte des Verfassungsrechts, DÖV 2016, S. 939-947.

Epping, Volker/Hillgruber, Christian, BeckOK Grundgesetz, 43. Edition, Stand. 15.5.2020 (zitiert: *Bearbeiter* in Epping/Hillgruber).

Frenz, Walter, Atomrecht, Atomgesetz und Ausstiegsgesetze, Kommentar, Baden-Baden 2019.

Frenz, Walter/Ehlers, Christian, Die europäische Atompolitik nach dem Vertrag von Lissabon und aktuelle Fragen des Atommüllexports, RdE 2011, S. 41-46.

Gaßner, Hartmut/ Kendzia, Jens-Erik, Atomrechtliche Staatshaftung und Laufzeitverlängerungen, ZUR 2010, S. 456-460.

Giese, Friedrich, Können Verfassungsgesetze sich rückwirkende Kraft zulegen? DÖV 1954, S. 321-324.

Grabitz, Eberhard, Vertrauensschutz als Freiheitsschutz, DVBl. 1973, S. 675-684.

Grosche, Nils, Das allgemeine Rückwirkungsverbot – Ablösung vom Vertrauensschutz, in: Der Staat, Band 54, 2015, S. 309-347.

Grunsky, Wolfgang, Grenzen der Rückwirkung bei einer Änderung der Rechtsprechung: Vortrag gehalten vor der Juristischen Studiengesellschaft in Karlsruhe am 22. Januar 1970, Karlsruhe 1970.

Grzeszick, Bernd, Rückwirkung und Vertrauensschutz im Recht der Energiewende, Tübingen 2018

Hahn, Daniel, Der Gesetzgebungsvertrag als Rechtsproblem, Möglichkeiten und Grenzen legistischer Verhaltenszusagen der Bundesregierung gegenüber Privatrechtssubjekten durch Vertrag, Berlin 2017.

Hahn, Lothar, Technische Herausforderungen, in: Koch, Hans-Joachim/ Roßnagel, Alexander/ Schneider, Jens-Peter/ Wieland, Joachim (Hrsg.), 10. Deutsches Atomrechtssymposium, Baden-Baden 2000, S. 197-205 (zitiert: *Hahn* in Koch/Roßnagel/Schneider/Wieland, 10. Deutsches Atomrechtssyposium).

Hebeler, Timo, 50 Jahre Apotheken-Urteil des Bundesverfassungsgerichts – Was ist geblieben?, JA 2008, S. 413-417.

Hebeler, Timo, Die Einbringung von Gesetzesvorlagen gem. Art. 76 GG, JA 2017, S. 413-418.

Hebeler, Timo, Generationengerechtigkeit als verfassungsrechtliches Gebot in der sozialen Rentenversicherung, Baden-Baden 2001.

Hebeler, Timo, Ist der Gesetzgeber verpflichtet Gesetze zu begründen?, DÖV 2010, S. 754-762

Hesse, Konrad, Grundzüge des Verfassungsrechts der Bundesrepublik Deutschland, 20. Auflage, Heidelberg 1995.

Hey, Johanna, Abbau von Direktsubventionen und Steuervergünstigungen – verfassungsrechtliche terra incognita, StuW 1998, S. 298-316.

Hey, Johanna, Wird die Gesetzesverkündung wieder zum Maß des Vertrauensschutzes? BFH wendet sich gegen Vorhersehbarkeitsrechtsprechung des BVerfG, NJW 2007, 408-411.

Hofmann, Ekkehard, Abwägung im Recht, Chancen und Grenzen numerischer Verfahren im Öffentlichen Recht, Tübingen 2007.

Hofmann, Hasso, Privatwirtschaft und Staatskontrolle bei der Energieversorgung durch Atomkraft, München 1989.

Hohmuth, Timo, Die atomrechtspolitische Entwicklung in Deutschland seit 1980, Darstellung, Analyse, Materialien, Berlin 2014.

Hufen, Friedhelm, Berufsfreiheit – Erinnerung an ein Grundrecht, NJW 1994, S. 2913-2922.

IPCC, 2018: Summary for Policymakers. In: Global warming of 1.5°C. An IPCC Special Report on the impacts of global warming of 1.5°C above pre-industrial levels and related global greenhouse gas emission pathways, in the context of strengthening the global response to the threat of climate change, sustainable development, and efforts to eradicate poverty.

Isensee, Josef, Das Grundrecht als Abwehrrecht und als staatliche Schutzpflicht, in: Isensee, Josef/Kirchhof, Paul (Hrsg.), Handbuch des Staatsrechts der Bundesrepublik Deutschland, Band 5, § 111, 3. Auflage, Heidelberg 2010.

Jarass, Hans D./Pieroth, Bodo, Grundgesetz für die Bundesrepublik Deutschland, Kommentar, 16. Auflage, München 2020 (zitiert: *Bearbeiter* in Jarass/Pieroth).

Kahl, Wolfgang/ Ellerbrok, Torben, Vertrauensschutz im Genehmigungsrecht durch Stichtagsregelungen, EurUP 2018, S. 12-24.

Kahl, Wolfgang/Bews, James, Ökostromförderung und Verfassung, eine Untersuchung anhand des Erneuerbare-Energien-Gesetzes 2014, Baden-Baden 2015.

Kendzia, Jens-Erik, Die Zustimmungsbedürftigkeit der 11. Atomgesetznovelle, DÖV 2011, S. 359-362.

Kirchhof, Paul, Allgemeiner Gleichheitssatz, in: Isensee, Josef/Kirchhof, Paul (Hrsg.), Handbuch des Staatsrechts der Bundesrepublik Deutschland, Band 8, § 181, 3. Auflage, Heidelberg 2010.

Kirchhof, Paul, Allgemeiner Gleichheitssatz, in: Isensee, Josef/Kirchhof, Paul (Hrsg.), Handbuch des Staatsrechts der Bundesrepublik Deutschland, Band 5, § 124, 2. Auflage, Heidelberg 2000.

Kirchhof, Paul, Die verfassungsrechtlichen Grenzen rückwirkender Steuergesetze, DStR 2015, S. 717-723.

Kirchhof, Paul, Gleichheit in der Funktionenordnung, in: Isensee, Josef/Kirchhof, Paul (Hrsg.), Handbuch des Staatsrechts der Bundesrepublik Deutschland, Band 5, § 125, 2. Auflage, Heidelberg 2000

Kirchhof, Paul, Rückwirkung von Steuergesetzen, StuW 2000, S. 221-231.

Kischel, Uwe, Der Atomkonsens als rechtsverbindlicher Vertrag, Baden-Baden 2017

Kisker, Gunter, Die Rückwirkung von Gesetzen, Eine Untersuchung zum anglo-amerikanischen und deutschen Recht, Tübingen 1963.

Klein, Franz, Abgabenordnung einschließlich Steuerstrafrecht, 14. Auflage 2018, München (zitiert: *Bearbeiter* in Klein).

Klöck, Oliver, Der Atomausstieg im Konsens – ein Paradefall des umweltrechtlichen Kooperationsprinzips?, NuR 2001, S. 1-8.

Kloepfer, Michael, 13. Atomgesetznovelle und Grundrechte, DVBl. 2011, S.1437-1446.

Kloepfer, Michael, Gesetzgebung im Rechtsstaat, in: Veröffentlichungen der Vereinigung der Deutschen Staatsrechtslehrer, Band 40, 1982, S. 63-96.

Kloepfer, Michael, Rechtsfragen zur geordneten Beendigung gewerblicher Kernenergienutzung in Deutschland, DVBl. 2007, S. 1189-1252.

Kloepfer, Michael, Übergangsgerechtigkeit bei Gesetzesänderungen, DÖV 1987, S. 225-232.

Kloepfer, Michael, Vorwirkung von Gesetzen, München 1974.

Knittel, Wilhelm, Zum Problem der Rückwirkung bei einer Änderung der Rechtsprechung. Eine Untersuchung zum deutschen und US-amerikanischem Recht, Schriften zum deutschen und europäischen Zivil-, Handels- und Prozessrecht, Band 3, Bielefeld 1965.

Koch, Hans-Joachim, Der Atomausstieg und der verfassungsrechtliche Schutz des Eigentums, NJW 2000, S. 1529-1535.

Koch, Joachim/ Hofmann, Ekkehard/ Reese, Moritz, Handbuch Umweltrecht, 5. Auflage 2018, München (zitiert: *Bearbeiter* in Koch/Hofmann/Reese).

Kuczera, Bernhard, Das schwere Tohoku-Seebeben in Japan und die Auswirkungen auf das Kernkraftwerk Fukushima-Daichii, atw, Internationale Zeitschrift für Kernenergie, Jahrgang 56, Heft 5/4, 2011.

Lampert, Steffen, Investitionsschutz im Zulassungsrecht, 2019 Tübingen.

Lang, Joachim, Verfassungsrechtliche Zulässigkeit rückwirkender Steuergesetze, WPg 1998, S. 163-174.

Leisner-Egensperger, Anna, Die Einschränkung der Solarsubventionen, NVwZ 2012, S. 985-989.

Leisner, Anna, Kontinuität als Verfassungsprinzip unter besonderer Berücksichtigung des Steuerrechts, Tübingen 2002.

Leisner, Walter, Das Gesetzesvertrauen des Bürgers, Zur Theorie der Rechtsstaatlichkeit und der Rückwirkung der Gesetze, in: Festschrift für Friedrich Berber zum 75. Geburtstag, München 1973, S. 273-297.

Leisner, Walter, Eigentum, in: Isensee, Josef/ Kirchhof, Paul (Hrsg.), Handbuch des Staatsrechts der Bundesrepublik Deutschland, Band 8, § 173, 3. Auflage, Heidelberg 2010.

Leisner, Walter, Eigentumsschutz von Nutzungsmöglichkeiten, Betriebs-Berater 1992, Heft 2, S. 73-79.

Leisner, Walter, Sozialbindung des Eigentums, Berlin 1972.

Lepsius, Oliver, Brauchen wir einen Schutz des abstrakten Vertrauens in die Geltung von Gesetzen?, JZ 2015, S. 488-500.

Lepsius, Oliver, Risikosteuerung durch Verwaltungsrecht, Ermöglichung oder Begrenzung von Innovation? In: Veröffentlichungen der Vereinigung der Deutschen Staatsrechtslehrer, Band 63, 2004, S. 264-343.

Lepsius, Oliver, Zur Neubegründung des Rückwirkungsverbots aus er Gewaltenteilung, JZ 2014, S. 435-443.

Ludwigs, Markus, Das Urteil des BVerfG zum Atomausstiegsgesetz 2011 – Karlsruhe locuta, causa finita?, NVwZ-Beilage 2017, S. 3-9.

Ludwigs, Markus/Friedmann, Carolin, Die Grundrechtsberechtigung staatlich beherrschter Unternehmen und juristischer Personen des öffentlichen Rechts. Kontinuität oder Wandel der verfassungsrechtlichen Dogmatik?, NVwZ 2018, S. 22-28.

Luhmann, Niklas, Vertrauen, 5. Auflage, Konstanz und München 2015.

Mainka, Johannes, Vertrauensschutz im Öffentlichen Recht, Bonn 1963.

Mangoldt, Hermann/ Klein, Friedrich/ Starck, Christian, Grundgesetz Kommentar, hrsg. v. Huber, Peter M./ Voßkuhle, Andreas, Band 1, 7. Auflage 2018, München (zitiert: *Bearbeiter* in Mangoldt/Klein/Starck).

Mangoldt, Hermann/ Klein, Friedrich/ Starck, Christian, Grundgesetz Kommentar, hrsg. v. Huber, Peter M./ Voßkuhle, Andreas, Band 2, 7. Auflage 2018, München (zitiert: *Bearbeiter* in Mangoldt/Klein/Starck).

Mangoldt, Hermann/ Klein, Friedrich/ Starck, Christian, Grundgesetz Kommentar, hrsg. v. Huber, Peter M./ Voßkuhle, Andreas, Band 3, 7. Auflage 2018, München (zitiert: *Bearbeiter* in Mangoldt/Klein/Starck).

Maunz, Theodor/Dürig, Günter, Grundgesetz-Kommentar, hrsg. v. Herzog, Roman/Herdegen, Matthias/Klein, Hans H. u.a., Loseblattsammlung, Stand: 88. EL August 2019, München (zitiert: *Bearbeiter* in Maunz/Dürig).

Maurer, Hartmut, Kontinuitätsgewähr und Vertrauensschutz, in: Isensee, Josef/ Kirchhof, Paul (Hrsg.), Handbuch des Staatsrechts der Bundesrepublik Deutschland, Band 4, § 79, 3. Auflage, München 2006.

Meßerschmidt, Klaus, Gesetzgebungsermessen, Berlin 2000.

Meyer-Cording, Ulrich, Die Rückwirkung von Gesetzen, JZ 1952, S. 161-167.

Michael, Lothar, Das Verbot echter Rückwirkung als Schutz des abstrakten Vertrauens in die Geltung von Gesetzen und eines Kernbereichs der Judikative, JZ 2015, S. 425-476.

Michael, Lothar, Rechtsetzende Gewalt im kooperierenden Verfassungsstaat, Normprägende und normsetzende Absprachen zwischen Staat und Wirtschaft, Berlin 2002.

Moench, Christoph, Verfassungs- und europarechtliche Rahmenbedingungen des Kernenergieausstiegs, in: Ludwigs, Markus (Hrsg.), Der Atomausstieg und seine Folgen, Schriften zum Deutschen und Europäischen Infrastrukturrecht, Band 6, Berlin 2016, S. 13-46 (zitiert: Moench in Ludwids, Der Atomausstieg und seine Folgen).

Moench, Christoph/ Rutloff, Marc, Keine Zustimmungsbedürftigkeit einer gesetzlichen Verlängerung der Laufzeiten der Kernkraftwerke, DÖV 2011, S. 354-358.

Muckel, Stefan, Kriterien des verfassungsrechtlichen Vertrauensschutzes bei Gesetzesänderungen, Berlin 1989.

Münch, Ingo von/ Kunig, Philipp, Grundgesetz Kommentar, 6. Auflage 2012, München (zitiert: Bearbeiter in Münch/Künig).

Numberger, Ulrich, Vertrauensschutz im Zusammenhang mit der Energiewende, GewArch 2015, S. 150-156.

O'Hara, Laurence, Konsistenz und Konsens, Tübingen 2018.

Ossenbühl, Fritz, Die Not des Gesetzgebers im naturwissenschaftlich-technischen Zeitalter, Wiesbaden 2000.

Ossenbühl, Fritz, Die Rücknahme fehlerhafter begünstigender Verwaltungsakte, Berlin 1965.

Ossenbühl, Fritz, Verfassungsrechtliche Fragen eines Ausstiegs aus der friedlichen Nutzung der Kernenergie, in: Archiv des öffentlichen Rechts 1999, Band 124, S. 1-54.

Ossenbühl, Fritz, Verfassungsrechtliche Fragen eines beschleunigten Ausstiegs aus der friedlichen Nutzung der Kernenergie, Baden-Baden 2012.

Ossenbühl, Fritz, Vertrauensschutz im sozialen Rechtsstaat, DÖV 1972, S. 579-604.

Papenkort, Katja, Der Euratom-Vertrag im Lichte des Vertrags über eine Verfassung für Europa, Baden-Baden 2008.

Papier, Hans-Jürgen, Veranlassung und Verantwortung aus verfassungsrechtlicher Sicht, DVBl. 2011, S. 189-196.

Peine, Franz-Joseph, Systemgerechtigkeit, Die Selbstbindung des Gesetzgebers als Maßstab der Normenkontrolle, Baden-Baden 1985.

Pieroth, Bodo, Rückwirkung und Übergangsrecht, Verfassungsrechtliche Maßstäbe für intertemporale Gesetzgebung, Berlin 1981.

Rebentisch, Manfred, „Kernkraftwerks-Moratorium" versus Rechtsstaat, NVwZ 2011, S. 533-536.

Roller, Gerhard, Die verfassungsrechtliche Bewertung des Atomausstieges 2011, Das Urteil des Bundesverfassungsgerichts vom 6. Dezember 2016, ZUR 2017, S. 277-287.

Roller, Gerhard, Eigentums- und entschädigungsrechtliche Fragen einer Beendigung der Kernenergienutzung, in: Roßnagel, Alexander/Roller, Gerhard (Hrsg.), Die Beendigung der Kernenergienutzung durch Gesetz, Zwei Abhandlungen, Baden-Baden 1998 (zitiert: Roßnagel in Roßnagel/Roller, Die Beendigung der Kernenergienutzung durch Gesetz).

Roßnagel, Alexander, Demokratische Politik und Vertrauensschutz, in: Koch, Hans-Joachim/ Roßnagel, Alexander/ Schneider, Jens-Peter/ Wieland, Joachim (Hrsg.), 10. Deutsches Atomrechtssymposium, Baden-Baden 2000, S. 105-116 (zitiert: *Roßnagel* in Koch/Roßnagel/Schneider/Wieland, 10. Deutsches Atomrechtssyposium).

Roßnagel, Alexander, Zur verfassungsrechtlichen Zulässigkeit eines Gesetzes zur Beendigung der Kernenergienutzung, in: Roßnagel, Alexander/Roller, Gerhard (Hrsg.), Die Beendigung der Kernenergienutzung durch Gesetz, Zwei Abhandlungen, Baden-Baden 1998 (zitiert: Roßnagel in Roßnagel/Roller, Die Beendigung der Kernenergienutzung durch Gesetz).

Roßnagel, Alexander/Hentschel, Anja/Emanuel, Florian, Der Atomausstieg ist verfassungsgemäß, Zur Steuerung von Hochrisikotechnologien in einer demokratischen Gesellschaft, UPR 2017 S. 128-133.

Rüfner, Wolfgang, Anmerkung zu BVerfG, Beschl. v. 10.5.1983 – 1 BvR 820/79, JZ 1983, S. 752-756.

Rupp, Hans Heinrich, Das Grundrecht der Berufsfreiheit in der Rechtsprechung des Bundesverfassungsgerichts, in: Archiv des öffentlichen Rechts 1967, Band 97, S. 212-242.

Sachs, Michael, Grundgesetz Kommentar, hrsg. v. ders., 8. Auflage 2018, München (zitiert: *Bearbeiter* in: Sachs).

Schäfer, Björn, Vertrauensschutz in dynamischen Regulierungsgebieten am Beispiel des Energieeffizienzrechts, Berlin 2017.

Scheuing, Dieter H., Der Atomausstieg aus der Sicht des Europarechts, in: Bayer, Walter/ Huber, Peter M. (Hrsg), Rechtsfragen zum Atomausstieg, Berlin 2000, S. 87-122.

Schlenker, Rolf-Ulrich, Soziales Rückschrittsverbot und Grundgesetz, Aspekte verfassungsrechtlicher Einwirkung auf die Stabilität sozialer Rechtslagen, Berlin 1986.

Schlömer, Jan, Der beschleunigte Ausstieg aus der friedlichen Nutzung der Kernenergie, Eine atom-, verfassungs- und europarechtliche Bewertung des Atommoratoriums und der 13. Atomrechtsnovelle, Baden-Baden 2013.

Schmidt-Preuß, Matthias, Atomausstieg und Eigentum, NJW 2000, 1524-1529.

Schmidt-Preuß, Matthias, Rechtsfragen des Ausstiegs aus der Kernenergie, Baden-Baden 2000.

Schneehain, Alexander W., Der Atomausstieg, Eine Analyse aus verfassungs- und verwaltungsrechtlicher Sicht, Göttingen 2005.

Schorkopf, Frank, Die „vereinbarte" Novellierung des Atomgesetzes, NVwZ 2000, S. 1111-1114.

Schröder, Meinard, Verfassungsrechtlicher Investitionsschutz beim Atomausstieg, NVwZ 2013, 105-111.

Schroeder, Werner, Der Euratom-Vertrag, Grundzüge und aktuelle Rechtsprobleme, JA 1995, S. 728-736.

Schwarz, Kyrill-A., Rückwirkung von Gesetzen, JA 2013, S. 683-687.

Schwarz, Kyrill-A., Vertrauensschutz als Verfassungsprinzip, Eine Analyse des nationalen Rechts, des Gemeinschaftsrechts und der Beziehungen zwischen den beiden Rechtsakten, Göttingen 2001.

Sellner, Dieter/Fellernberg, Frank, Atomausstieg und Energiewende 2011 – Das Gesetzespaket im Überblick, NVwZ 2011, S. 1025-1035.

Shirvani, Foroud, Atomausstieg und mäandernde Gesetzgebung, Zum Atomausstiegsurteil des Bundesverfassungsgerichts, DÖV 2017, S. 281-286.

Stelkens, Paul/Bonk, Joachim/Sachs, Michael, Verwaltungsverfahrensgesetz Kommentar, 9. Auflage, München 2018.

Stephan, Frederic, Verfassungsrechtlicher Vertrauensschutz bei Politikänderungen, Atomausstieg und Reform im Spielhallenrecht, Halle an der Saale 2015.

Stern, Klaus, Das Staatsrecht der Bundesrepublik Deutschland, Band IV/1, Die einzelnen Grundrechte, Der Schutz und die freiheitliche Entfaltung des Individuums, München 2006.

Stern, Klaus, Zur Problematik rückwirkender Gesetze, in: Festschrift für Theodor Maunz zum 80. Geburtstag, München 1981, S. 381-393.

Stötzel, Martin, Vertrauensschutz und Gesetzesrückwirkung, Grundtypen abgestufter Vertrauensschutzpositionen, abgeleitet aus der Rückwirkungsrechtsprechung des Bundesverfassungsgerichts, Frankfurt am Main 2002.

Tappe, Henning, Das Haushaltsgesetz als Zeitgesetz, Berlin 2008.

Tappe, Henning, Festlegende Gleichheit - folgerichtige Gesetzgebung als Verfassungsgebot?, JZ 2016, S. 27-33.

Tauschinsky, Eljalill/Böttner, Robert, „It's complicated" – der unklare Beziehungsstatus zwischen der EU und Euratom, EuZW 2018, S. 674-680.

Tipke, Klaus/Lang, Joachim, Steuerrecht, 23. Auflage 2018, Köln (zitiert: *Bearbeiter* in Tipke/Lang).

v. Komorowski, Alexis, Rechtsfragen des Atomausstiegs, JURA 2001, S. 17-21.

Wagner, Hellmut, Atomkompromiss und Ausstiegsgesetz, NVwZ 2001, S. 1089-1098.

Weber-Dürler, Beatrice, Vertrauensschutz im öffentlichen Recht, Basel und Frankfurt am Main 1983.

Werder, Alexander, Dispositionsschutz bei der Änderung von Steuergesetzen zwischen Rückwirkungsverbot und Kontinuitätsgebot, Berlin 2005.

Wieland, Rudolf, Stilllegung von Kraftwerken, Technische Aspekte, in: Ossenbühl, Fritz (Hrsg.), Deutscher Atomrechtstag 2002, Baden-Baden 2003, S. 165-170 (zitiert: *Wieland* in Ossenbühl, Deutscher Atomrechtstag 2002).

Winter, Gerd, Aufstieg und Fall der Kernenergie in Deutschland, ZfU 2012, S. 209-246.

Wissenschaftlicher Dienst des Deutschen Bundestages, Stilllegung von Kohlekraftwerken, 2018.

www.ingramcontent.com/pod-product-compliance
Ingram Content Group UK Ltd.
Pitfield, Milton Keynes, MK11 3LW, UK
UKHW021935290926
8980IPUK00016B/1640

9 783631 855645